臺灣歷史與文化 研究輯刊

三 編

第 15 冊

臺灣日治時期（1895～1945）的媽祖信仰
——以北港朝天宮爲新信仰中心的考察

李 佳 洲 著

花木蘭文化出版社

國家圖書館出版品預行編目資料

臺灣日治時期（1895～1945）的媽祖信仰——以北港朝天宮
為新信仰中心的考察／李佳洲 著 — 初版 — 新北市：花木蘭
文化出版社，2013〔民102〕
序 6+ 目 4+224 面；19×26 公分
（臺灣歷史與文化研究輯刊 三編；第 15 冊）
ISBN：978-986-322-477-8（精裝）
1. 媽祖　2. 民間信仰　3. 日據時期
733.08　　　　　　　　　　　　　　　　　　102017312

ISBN-978-986-322-477-8

9 789863 224778

臺灣歷史與文化研究輯刊
三 編 第十五冊　　　　　　　　ISBN：978-986-322-477-8

臺灣日治時期（1895～1945）的媽祖信仰
——以北港朝天宮爲新信仰中心的考察

作　　者　李佳洲
總 編 輯　杜潔祥
出　　版　花木蘭文化出版社
發 行 所　花木蘭文化出版社
發 行 人　高小娟
聯絡地址　235 新北市中和區中安街七二號十三樓
　　　　　電話：02-2923-1455 ／傳眞：02-2923-1452
網　　址　http://www.huamulan.tw 信箱 sut81518@gmail.com
印　　刷　普羅文化出版廣告事業
初　　版　2013 年 9 月
定　　價　三編　18 冊（精裝）新臺幣 40,000 元

臺灣日治時期（1895～1945）的媽祖信仰
——以北港朝天宮為新信仰中心的考察

李佳洲 著

作者簡介

李佳洲，彰化市人，國立臺灣師範大學台灣文學所，目前任教於屏東縣日新工商職業學校。作者關懷台灣媽祖信仰文化、台灣傳統戲曲與民間藝陣。著有〈政教合一體制下的祭祀活動——以清代台南大天后宮為例〉、〈日治時期彰化南瑤宮的祭典活動——以台灣日日新報之所見〉（與林美容教授合著）等

提　要

　　在清代台灣的媽祖廟中，台南大天后宮由於是府城的祀典官廟，可說是地位最高者。其後因日人治台，台南大天后宮不再是最重要的信仰中心。北港朝天宮繼之崛起。

　　朝天宮在清代即享有知名度，日人治台後，由於總督府國家權力介入，以及地方領導階層經營得宜，因此全台各地紛紛往北港進香、迎請北港媽，讓北港朝天宮成為台灣最富盛名的媽祖廟。日人更喻之為台灣媽祖信仰的總本山。因此，本文透過日治時期報章的考察，探討日治時期北港朝天宮崛起之因素，更進一步瞭解日治時期台灣幾個有名的媽祖廟與北港朝天宮之間此消彼長的情形與發展脈絡。

　　本文試著以日治時期的北港朝天宮為主體，聚焦在以下三個主題的探討：（一）考察北港朝天宮媽祖信仰崛起之因素。（二）詮釋日治時期各地媽祖廟前往北港朝天宮進香的現象，並以中部地區的彰化南瑤宮、大甲鎮瀾宮為例來加以說明，並討論這兩座廟宇對北港朝天宮媽祖信仰地位的影響。（三）分析北港朝天宮媽祖落府城的起源，探討此一活動究竟是是謁祖進香？還是繞境？亦或迎請媽祖？其所引起的效應為何？對北港朝天宮崛起影響又為何？

　　透過上述三大主題的探討可以發現：北港朝天宮在日治時期眾多媽祖廟中崛起主要是總督府之宗教政策及北港地區菁英共同經營的結果。其次是彰化南瑤宮與大甲鎮瀾宮這兩個自清代以來即前往朝天宮進香的進香集團，在日治時期頻繁的進香活動，更推升了北港朝天宮的地位。另外，北港媽祖落府城的慣例及台南民眾熱情的歡迎亦為北港媽祖信仰地位發揮了推波助瀾的功效。

推薦序

林美容

　　李佳洲先生是我在台灣師範大學台文所指導的碩士，他碩士論文的研究主要是透過日治時期《台灣日日新報》的報導，研究北港朝天宮之地位在日治時期媽祖廟中崛起的原因。經過他的研究發現，我們可以了解到日治時期殖民政府有意提升其地位，再加上北港地方士紳協力經營得宜，而彰化南瑤宮與大甲鎮瀾宮屢屢前往進香，即便是清代台南府城大天后宮，北港朝天宮也因緣際會發展了「落府城」的廟會活動，而鞏固了北港朝天宮發展的實質地位。

　　我個人深覺佳洲的研究發現是具有重大意義的，日本帝國要在台灣建立其統治威權，勢必要把清代統治意涵的府城大天后宮之地位移除掉，另立一個新的信仰象徵，什麼原因讓北港朝天宮雀屏中選並不清楚，但是自清末以來，北港朝天宮即展現相當的發展意圖，北港地方士紳配合得宜，否則從我研究彰化南瑤宮的立場來看，南瑤宮信仰人群的生態應該比較偏向新港奉天宮的，即便是我在 1980 年代調查的時候，南瑤宮的笨港進香，主要的進香目的地仍以新港奉天宮居多。從北港與新港兩個媽祖廟的競逐關係而言，在日治時期北港朝天宮大大的佔了上風，不論南瑤宮進香的實況如何，大甲鎮瀾宮的進香人潮，再加上朝天宮落府城的風潮，朝天宮很順當的被日本殖民政府封上台灣媽祖廟總本山的名號，地位屹立不搖。當然戰後的發展又是不同的故事，不可諱言大甲鎮瀾宮的崛起，挑戰了北港朝天宮的地位，其間也是一樣牽涉到與政權更迭有關的媽祖政治學。但是北港朝天宮畢竟發展的基礎穩固，特別是其長久以來在台灣南北各地建立分香子廟的發展策略，對北港媽的香火大有助益，這是其他媽祖廟很難望其項背的。佳洲在他的論文裡也

耙梳了分香子廟大致的情況。

　　現在佳洲把他的論文正式出版，公諸於世，這事要感謝花木蘭文化出版社的美意，不惜工本，願意讓台灣優秀的碩士論文有正式出版的機會。當然佳洲也很珍惜這樣的機會，努力的修飾論文，增強了可讀性，也補充了一些圖片。很希望此書可以引起讀者廣泛的興趣與討論。台灣的媽祖研究需要不同學科的協力，與各種不同研究材料的發掘，本書是歷史研究的徑路，但也見有人類學研究的興味，讀者無妨細細體會。

林美容

慈濟大學宗所教授

推薦序

林茂賢

　　臺灣民間俗諺：「第一北港媽，第二鯤鯓王，第三大道公」顯見北港媽祖在臺灣人心目中的地位。

　　北港媽祖是如何成為臺灣家喻戶曉的神祇呢？以往學者探討北港媽祖地位崛起的因素有：日治時期總督府的國家權力、近代的鐵道交通、祭祀圈的神明會等幾項重要原因。但本書作者試圖從與北港朝天宮關係密切的廟宇；台南大天后宮、彰化南瑤宮、大甲鎮瀾宮等宮廟來歸納北港媽祖崛起的原因，也試著藉由史料來「再現」當今這些知名宮廟日治時期北港進香的現場，讀起來頗感親切，也為北港朝天宮的研究增加一個新的思考。

　　本書作者佳洲為筆者大學學生，許多師長是對他的第一印像是這個人看起來有點「古意」；說他「古意」他總是會笑笑的回答：「那個叫呆」。筆者建議往後佳洲若想繼續在民間信仰的領域繼續耕耘，筆者希望佳洲可以發揮「古意」執著的精神，多閱讀文獻、多參與田野，做好基本功。

林茂賢

國立台中教育大學副教授

自　序

　　日治時期日人曾經讚譽：「北港朝天宮，臺灣媽祖總本山。」一語道出北港朝天宮在臺灣媽祖廟中的地位。

　　在多數臺灣人的記憶裏，北港朝天宮除了是媽祖分靈最多的宮廟外，同時也是創下許多第一紀錄的廟宇：如第一個以廣告方式招攬旅遊、第一個以媽祖為名推出藥酒商品、第一個以環島方式遶境祈福、也是第一個辦理媽祖文化節及學術研討會的廟宇。另外有幾件知名的「公案」也是轟動一時，例如：戰後初期與新港奉天宮的「笨港毀滅論」之爭、1980 年代後期的「大甲媽祖回娘家」等重大議題，皆與「北港朝天宮」有關，至今仍舊是廣大民眾茶餘飯後的話題。

　　然而究竟創下了哪些紀錄或誰是「笨港天后廟」的正統，在廣大信眾的心中都不是最重要的事，有共同走過的生活經驗、共同經歷過的情感才是珍貴的「歷史記憶」。本書的撰寫動機就是在這種情懷下出發。

　　這本書也是筆者研究所的碩士論文，後經過多次的增訂、修改而成為現今的面貌。能夠完成這本書必需感謝指導教授林美容老師悉心的指導及推薦、還有林茂賢老師對筆者在媽祖信仰研究及田野工作方面的啟發、也感謝出版社高小娟小姐的厚愛、北港朝天宮紀仁智組長的建議以及日新工商康校長、**好友**阿碩的鼓勵。在這本書中若有許多不足之處，再祈請方家不吝指正。

　　在重新檢示這些文章期間，腦海中憶起了童年時，阿媽牽著我的小手站在初秋開滿管芒花的大肚溪岸，訴說「媽祖婆和大道公」的愛情故事。我相信那些一代傳一代的信仰精神，每一個臺灣母親會繼續傳承下去。

後學

佳洲

2013.08.01 於屏東潮州

目
次

第一章 緒 論

　　在台灣民間信仰中媽祖信仰是普遍且主流的信仰。在眾多奉祀媽祖的廟宇中以北港朝天宮媽祖分出最多、傳播最廣〔註1〕，也是台灣媽祖廟中的最具代表性的廟宇。北港崛起於日人治台期間（1895～1945），並持續發展為媽祖信仰中的主流，其影響力也由戰後（1945～）延續至今。

　　本文嘗試考察日治時期北港朝天宮媽祖信仰地位崛起的原因，並延伸探討與北港朝天宮關係密切的知名廟宇；彰化南瑤宮、大甲鎮瀾宮、祀典台南大天后宮，它們與北港朝天宮的互動情形以及對北港朝天宮媽祖信仰地位的影響。

　　以下為本文之緒論，將依序說明：研究動機與關懷、相關名詞界定與研究範疇、研究成果的檢討、研究材料與文本蒐羅、研究方法、章節架構等。

第一節　研究動機

一、研究動機

　　日治時期（1895～1945）《台灣日日新報》曾譽北港朝天宮為台灣媽祖信仰的總本山〔註2〕。由此可窺知，北港朝天宮媽祖信仰地位崛起於日治時期。

　　媽祖信仰的宗教實踐主要表現在進香活動上；進香活動的原始目的是為了掬取祖廟的「靈火」，但隨著台灣社會演變過程掬取靈火的儀式已呈現多

〔註1〕 台灣省文獻委員會編：《重修台灣省通志卷三住民志》（南投市：台灣省文獻會，1989年），頁1032。
〔註2〕 〈北港媽祖來る三日より大祭執行〉，大正12年（1923）4月21日，第4版。

樣性內涵，割火儀式已不只侷限於有直接香火來源的祖廟，有一些廟宇是到較先建立的，或有特別權威或神明相當靈驗的廟宇割火〔註3〕。由於北港朝天宮在日治期間已富有盛名，許多廟宇紛紛前往北港進香。其中最知名的莫過於中部地區的彰化南瑤宮及大甲鎮瀾宮，這兩間廟宇也在戰後各自引領風潮。

戰後1940年代至1980年代後期以彰化南瑤宮笨港進香最為知名〔註4〕，80年代至今以大甲鎮瀾宮最為盛大。但兩者分別在80年代不再前往北港朝天宮進香而喧騰一時〔註5〕，並在之後重新建立起自己祖廟的香火認同。究竟南瑤宮與鎮瀾宮是為何要前往北港進香？這對朝天宮媽祖信仰的崛起有什麼樣的影響呢？

北港朝天宮除了接受全台各地進香團前來進香之外，朝天宮媽祖亦接受台灣各地迎請，其中最知名的是接受府城居民迎請南下的巡歷活動。但府城地方人士卻認為，北港媽前往府城是對祀典大天宮媽祖進香。究竟「北港媽落府」是府城民眾迎請媽祖？還是北港媽祖前往大天后宮進香呢？

「歷史是一個過去、現代、未來的連續體。」了解現在固有助於了解過去，而研究過去更有助於理解現代〔註6〕。欲瞭解台灣媽祖信仰的大致輪廓，

〔註3〕黃美英：《台灣媽祖的香火與儀式》（台北市：自立晚報，1994年），頁84。

〔註4〕據李獻璋在戰後觀察所言：「南瑤宮至笨港進香……，是台灣島內祭典中最為狂熱的行事。」詳見李獻璋著，鄭彭年譯：《媽祖信仰研究》（香港：澳門海事博物館，1995年），頁288。

〔註5〕據北港朝天宮前總幹事吳祥言：「約民國75年農曆3月19日上午8時餘，南瑤宮媽祖抵達北港朝天宮進香。每年農曆3月19、20、20二天朝天宮媽祖循例繞境古笨港地區，相當忙碌。南瑤宮因4、5年未往朝天宮進香，三媽會進香大總理等人不知農曆3月19日朝天宮董事與總幹事吳祥等人恭送媽祖鑾駕出廟後即至宮門前等候南瑤宮總、董。但因媽祖儀仗甚盛，炮火沖天，南瑤宮媽祖根本無法靠近朝天宮。南瑤宮總、董久候不奈，以為朝天宮是故意整人，怒氣沖沖的走到郭、吳二人面前，烙下：『你們朝天宮是在幹什麼？』即轉頭前往新港方向而去。」詳見蔡相煇：〈南瑤宮笨港進香釋〉，收入《2008年彰化研究學術研討會——媽祖信仰國際學術研討會》（彰化市：彰化縣文化局，2008年），頁123～124。大甲鎮瀾宮則起因於媒體屢次以「回娘家」來報導鎮瀾宮北港進香之行，引起兩間媽祖廟的「分靈」之爭的誤會，最後鎮瀾宮決議自民國77年（1988）起改往新港奉天宮，而名目也由「大甲鎮瀾宮天上聖母北港進香」改為「大甲鎮瀾宮天上聖母遶境進香」。詳見於郭金潤：《大甲媽祖進香》（台中縣豐原市：台中縣立文化中心，1993年），頁105～119。

〔註6〕李亦園等：《人文學概論》（台北縣蘆洲市：國立空中大學，1994年），頁17。

對於日治時期北港天宮的探討與考察是必要的。基於這樣的驅使，開啓了本文的寫作動機。

二、媽祖信仰與台灣歷史的關懷

俗諺云：「唐山過臺灣，心肝結歸丸。」、「落海靠媽祖，起岸靠王爺」是早期漢人移民渡海來台時的寫照。來到台灣安居之後便開始展開農墾，也慢慢的發展出村庄或聚落。

傳統漢人地域社會的村庄及聚落，知名人類學家林美容對民間信仰活動所形成的地域性宗教組織，依地域範圍的大小與組織特性，分成二種型態：（一）社區性祭祀圈：地方居民基於對天、地、神、鬼共同祭祀需要而形成的義務性宗教組織。在村庄中爲祭祀公廟主神或是做平安戲、拜好兄弟等活動，只要是當地區民，就有義務參加公廟的組織活動。我們可以從村里拜拜中收取「丁口錢」做爲共同祀神明的費用得到印證。（二）區域性信仰圈：一地方廟的主神奇信徒已跨越所屬地方社區，成爲區域性、自願性的組織。最好的例子是南瑤宮媽祖會，會員將近四萬人，實包含四萬個家族，每會設有總理、董事，並有固定的進香、過爐、作會的活動〔註7〕。這些組織從建立到發展與來自中國的漢人移民台灣「土著化〔註8〕」過程幾近重疊，透過這些宗教組織及大大小小的村庄聚落能微觀到有別於政治史之外的民眾生活圖像。

因此，媽祖信仰不只是海洋史、移民史，也是漢人揮別移民歲月後，落地生根的生活史。

〔註7〕林美容：《台灣文化與歷史的重構》（台北市：自立晚報，1996年），頁216～217。

〔註8〕陳其南認爲：清初以來，漢人已逐漸從原住民手中取得對台灣的控制權，台灣也逐漸由一個海外的邊疆成爲中國本土的延伸。從1683到1895年的兩百年中，台灣的漢人移民社會逐漸從一個邊疆環境中掙脫出來，成爲人口眾多、安全富庶的土著社會。整個清代可以說是由台灣來台漢人由移民社會（immigrant society）走向「土著化」（indigeniza-tion）變成爲土著社會（native society）的過程。頻繁發生的祖籍分類械鬥是一個最佳說明。這或許暗示了一種社會人羣認同的嘗試和危機期，不同的成分尋找各自的指涉點。詳見陳其南：《台灣的傳統中國社會增訂版》（台北市：允晨文化，1987年），頁92。

第二節　相關名詞界定與研究範疇

一、相關名詞界定

（一）台灣日治時期

本文中的台灣日治時期是指 1895 年（清光緒 21 年，日明治 28 年）5月，日本根據馬關條約取得台灣，並於 6 月 17 日在台北舉行「台灣史政典禮」，展開長達 51 年的殖民統治〔註9〕。

日本殖民統治時期，其行政區劃的調整多達十次，由 1895 年的三縣一廳（台北縣、台灣縣、台南縣及澎湖島廳）演變至 1926 年（日昭和元年）的五州三廳（台北州、新竹州、台中州、台南州、高雄州及澎湖廳、台東廳、花蓮港廳），變動幅度很大。而其台灣總督的出身，則歷經武官總督、文官總督、武官總督三個階段〔註10〕。

由於，日治時期的台灣因受到日本帝國殖民統治之故，因此，本期台灣史定位，不論其行政區域如何調整、台灣總督的出身如何，均爲外國史〔註11〕。

（二）北港朝天宮

本文所指北港朝天宮是據台灣省文獻委員會所纂《重修台灣省通志卷二土地志勝蹟篇》記載：

> 朝天宮位於北港鎮中山路，俗稱北港媽祖，是台灣信徒最多，香火最盛廟宇。相傳清康熙 33 年（1964），福建湄洲朝天閣的僧人樹璧，從湄洲奉請媽祖神像來台，從笨港（今北港）登陸，當時笨港，荒地初闢，人口日增，他們均來自福建漳泉，素感神靈，無從瞻拜，故見僧人奉神像來，遂議留樹璧建祠奉祀，於是結茅爲舍。康熙 39 年（1700），居民以瓦易茅，雍正 8 年（1930）釀金重建，規模漸具，乾隆 16 年（1751），因丹青剝落，再修一次。至乾隆 16 年（1771）笨港縣承薛肇熿蒞任，以故制平常，不足以昭妥靈，乃謀於貢生陳瑞玉、監生蔡大成等，捐款重修擴大，自乾隆 38 年（1773）10 月興工，至 39 年 12 月（1774）竣工，建築佛殿二棟，下照拜

〔註 9〕黃秀政：《台灣史》（台北市：五南，2004 年），頁 6。
〔註10〕同上註，頁 6。
〔註11〕同上註，頁 6。

亭二棟，東畔室仔六棟，正殿奉祀天上聖母，後殿奉祀佛祖。咸豐
5 年（1855）又興工擴建，成四進式，前爲拜亭，兼東西廂房，二
進祀天上聖母，三進祀觀音佛祖、三官大帝、文昌帝君，四進祀聖
父母兄姊。日據後，於光緒 31 年（1905），雲嘉地區發生大地震，
廟宇震毀泰半，地方上乃募款整建，自光緒 34 年 8 月（1908）開
工，至民國元年一月竣工，即今朝天宮全貌，基地共一千餘坪，廟
貌巍峨壯麗。正殿祀媽祖，前面是毓麟宮，後面是雙公廟，左面是
聚奎閣，右面是凌虛殿，宮的西邊有文昌廟，左邊有三界公祠，一
切規格悉依古式。屋頂是崇脊飛簷，門柱牆壁天花板的雕飾，精巧
而繁複，加上油飾彩畫，更是眩爛奪目。每逢農曆三月二十三日媽
祖誕辰，從正月開始，香客便絡繹於途，到了祭典當日，整個朝天
宮人山人海，萬頭鑽動，令人嘆爲觀止〔註12〕。

《重修台灣省通志卷二土地志勝蹟篇》又云：

民國 45（1956）年，又在宮前之中央市場增建了一座宗聖臺，分
三層，下層屬攤販場地，中層是戲台，上層則是露台，樓高七丈，
站在露台上眺望，北港風光，盡收眼底。民國 48（1959）年，朝
天宮因受風雨剝蝕，金粉脫落，棟樑亦有腐朽，又予重修：民國
57（1968）年又加建鐘鼓樓兩樓，至民國 59（1970）年 3 月完成〔註
13〕。朝天宮是頗具規模的廟宇，坐北朝南，正面寬 37 點 5 公尺，
進深 55 點 5 公尺，共分四進：目前殿內仍有不少古物、古匾。如
雍正 4 年（1726）的「神昭海表」、道光 14 年（1843）的「海天靈
眖」及光緒御筆的「慈雲灑潤」等古匾；左右牆壁有咸豐 2 年狀元
莊俊元題字，二等子爵王得祿所獻的鐘鼓等。三進有乾隆乙未年
（1775）的蟠龍石柱，係由隴石雕成，石珠爲八角形，上刻花草蟲
獸圖案。此外尚有乾隆 40 年（1775）的「重修諸羅縣笨港天后宮
碑記」等〔註14〕。

〔註12〕台灣省文獻會：《重修台灣省通志卷二土地志勝蹟篇》（南投市：台灣省文獻
　　　　會，1989 年），頁 127～128。
〔註13〕同上註，頁 128。
〔註14〕同上註，頁 128。

二、研究範疇

　　本文空間上以北港朝天宮為主要討論範圍。而時間上則與日治時期（1895～1945）為斷限進行貫時性的研究，並進一步延伸出與北港朝天宮有相關的事物；舉凡報紙、期刊、文物、地方上相關人士、分香子廟、進香廟宇等皆在本文的討論範圍內。

第三節　相關研究成果的回顧

　　在台灣媽祖信仰之研究除了清代官方史書所記載及散見文人的筆記之外，採用科學方法及系統性的學術研究則始自日治時期。

　　明治 28 年（1895）日人治台之後，為了制訂統治政策之需要，在台灣展開各項社會習俗調查，寺廟及其相關活動為調查項目之一〔註15〕。

　　大正 4 年（1915）余清芳等人以宗教號召抗日的西來庵事件發生後，台灣總督民政局成立社寺課，透過政府行政體系對台灣各州、廳管轄寺廟、宗祠、神明會進行田野調查。調查項目包含奉祀主神及其來由、創建年代、信徒人數、廟宇建築及基地面積、寺廟財產及管理者等。大正 8 年（1919），台灣總督府編印完成《台灣宗教調查報告書第一卷》，除了詳細統計寺廟、宗祠、神明會數目，信仰神明的總類、數目及分佈，擁有財產等之外，書前由主持社寺課長丸井圭治郎親撰《台灣宗教》，詳細介紹台灣傳統宗教、祠廟、神明會沿革及祭祀儀式、神職人員等，並認為寺廟是中國儒家思想的產物，對社會教化有其貢獻。大正 7 年（1918）伊能嘉矩運用台灣總督府宗教調查的成果在東京帝國大學《人類學雜誌》發表與媽祖信仰相關之研究〔註16〕。

　　昭和 18 年（1943），日本京都帝國大學史學科畢業生愛田宕松男及早稻田大學哲學科畢業生李獻璋分別以《天妃考》及《媽祖的研究》為畢業論文〔註17〕。

　　戰後國民政府來台之後，民國 40 年代（1951～）起至 60 年代（1971～）間李獻璋陸續從事媽祖信仰研究的工作。除了將二次大戰前台灣及中國大陸各家研究成果總其成外，亦積極參與台灣各地區媽祖廟及亞洲地區媽祖信仰的研究工作。他在民國 68 年（1979）將所著有關媽祖研究諸論文修訂後彙為

〔註15〕蔡相煇：《媽祖信仰研究》（台北市：秀威資訊科技，2006 年），頁 3。
〔註16〕同上註，頁 3～4。
〔註17〕同上註，頁 5。

一編，以媽祖信仰之研究爲名，交由東京泰山社印行〔註 18〕，爲亞洲地區媽祖信仰奠基之作。

　　民國 70 年代，國內各大學研究所研究生開始從事媽祖信仰相關研究，並開始有不同學科的研究方法進行跨領域的研究〔註 19〕。爲媽祖信仰從傳統的史學研究注入不同學科的跨領域對話。民國 70 年代（1981～）後期蔡相輝先生《台灣的王爺與媽祖》（台北：台原出版社，1989）在《台灣的王爺與媽祖》中回顧了海峽兩岸日治時期及國民政府在大陸時期近人對媽祖信仰研究概況；如日人伊能嘉矩、台灣的夏琦、旅日華僑李獻璋及中國的韓槐、容肇祖等人對媽祖信仰研究的概況及成果，由此該書內容可知：截至民國 70 年代後期止，海峽兩岸及日本對媽祖信仰研究已累積了可觀質量的成果。

　　民國 80 年代張珣教授在《新史學》針對媽祖信仰研究的中文文獻 170 篇論文、英文 20 篇論文，而時間上自 1925 年至 1995 年之間發表的作品作了回顧並分成八個子題：一、媽祖事蹟與傳說。二、媽祖的經典與祭典。三、進香研究。四、祭典活動與組織。五、媽祖廟之間的戰爭。六、媽祖信仰與政治。七、媽祖信仰的傳播。八、其它等分別加以討論〔註 20〕。

　　民國 90 年（2001）江燦騰發表的〈評石萬壽著《台灣媽祖的信仰》——兼論媽祖研究信仰的新方向〉文中則論及了有關媽祖信仰研究的四種類書：歷史類、人類學、專輯或綜合論文集、一般性介紹等。而這四種類書其實是涵蓋了媽祖信仰研究上不同學科的研究方法以及該領域代表性學者的著作〔註 21〕。

　　民國 91 年（2002）林美容教授的〈台灣媽祖研究相關書目介紹〉則是針對台灣媽祖信仰相關書目做了總體性的介紹，可做爲媽祖信仰研究基礎之目錄〔註 22〕。

　　民國 95 年（2006）蔡相輝〈近百年來媽祖研究概況〉則擴大回顧海峽兩岸近代學者自 1895 年以來對媽祖信仰研究概況之回顧，包括發表於期刊之論

〔註 18〕 詳見蔡相輝：《台灣的王爺與媽祖》（台北市：臺原，1989 年），頁 123～124。
〔註 19〕 蔡相輝：《媽祖信仰研究》，頁 8～9。
〔註 20〕 張珣：〈台灣的媽祖信仰——研究回顧〉，《新史學》6 卷 4 期（1995 年 12 月），頁 89。
〔註 21〕 江燦騰：〈評石萬壽著《台灣的媽祖信仰——兼論媽祖研究新方向》〉，《成大宗教與文化學報》1 期（2001 年 12 月），頁 311～312。
〔註 22〕 林美容：〈台灣媽祖研究相關書目介紹〉，《台灣史料研究》18 期（2002 年 3 月），頁 135～165。

文、重要學位論文、媽祖學術研討會論文、媽祖廟志等〔註 23〕。該文亦收錄在蔡相煇的《媽祖信仰研究》一書。

民國 98 年（2009）張珣《媽祖信仰的追尋》〈民主與環保：台灣媽祖文化新趨勢〉中回顧了台灣媽祖文化之新發展，及其可能對亞洲媽祖文化的影響。這些現象分別是；一、熱衷前往湄洲祖廟謁祖進香。二、熱衷於競爭系譜上排行大小。三、熱衷於建立媽祖廟之間的網絡。四、與現代傳播媒體合作。五、社區運動的象徵領袖。六、進而挑戰政府政策〔註 24〕等。

由上述媽祖信仰研究回顧之文獻能瞭解：從日治時期至今，台灣媽祖信仰的研究已涵蓋不同學科，更跨越不同領域。而議題範圍也從二次大戰前的媽祖信史考證延伸到戰後媒體所熱門大甲媽祖進香。而自民國 89 年（2000～）起出現文化政策評估、地方政治、文化創意產業與媽祖信仰結合的議題〔註 25〕，有無限延伸的趨勢。這與台灣的民主政治日漸成熟、社會文化多元的氛圍有關。

因此相關文獻回顧僅以與本文探討議題——日治時期的北港朝天宮來做為回顧，並分為；北港媽祖信仰的地位形成、神明會、與台灣總督府、與其他媽祖廟的關係及其他等五個子題來加以探討，相關敘述如下：

一、有關北港媽祖信仰地位形成研究回顧

曾月吟是第一個探討朝天宮在日治時期發展過程的研究者，其學位論文《日據時期朝天宮與北港地區之發展》中日治時期的北港朝天宮發展分成三個階段：

（一）1895 至 1907 年間，日本初據台灣，為安撫台灣民心，故對原台灣

〔註 23〕 蔡相煇：〈近百年來媽祖研究概況〉，《台北文獻直字》152 期（2005 年 6 月），頁 171～205。

〔註 24〕 張珣：《媽祖信仰的追尋（續篇）》（台北市：博揚，2009 年），頁 240。

〔註 25〕 例如林鳳滿：《文化節慶產品層次之重要性與表現評估——以臺中縣大甲媽祖國際觀光文化節為例》（台北：台北教育大學文化產業學系暨藝文產業設計與經營碩士班論文，2008 年）以及洪瑩發：《戰後大甲媽祖信仰的發展與轉變》（台南：台南大學台灣文化研究所碩士論文，2004 年）、陳寶玲：《文化創意產業導入體驗行銷之研究——以大甲媽祖遶境為例》（台中縣：亞洲大學經營管理學系碩士在職專班，2009 年）……等。有關這些面向的研究議題多圍繞在每年大甲媽祖遶境進香期間，由台中縣政府所辦理的「大甲媽祖國際觀光文化節」為主，其中節慶效益評估最多。

原有的信仰方式並未作太多干涉，因此，臺灣人信仰、進香的方式仍承自光緒年間以來的習慣。（二）1808 至 1929 年間，由於全島各地迎神賽會的活動大增，乃使北港媽祖得以藉機向外拓展其影響力。因此，此階段可說是北港朝天的拓展時期。此時朝天宮對內大肆整修廟宇，對外則積極開拓。1908 年縱貫鐵路的完成，加上 1911 年北港製糖會社成立後，北港通往嘉義、斗南、大林、梅山、民雄等地的輕便鐵路陸續完成，乃使其對外交通益趨便利。此後前往北港的進香客乃漸用鐵路往來的方式，取代以往徒步或肩輿、舟筏、牛車等工具的方式了。此外，1912 年爲了朝天宮重修，北港媽祖以繞境南北的方式籌募重建基金，再加上 1914 年奉迎北港媽祖塑像等活動，更擴大了北港媽祖信仰圈的範圍，不僅拓展了朝天宮知名度，同時也讓信奉北港媽祖的地區從中、南部延伸至北部，雖然以往亦有北部香客至北港進香，但多屬私人性質，至此，則開始出現團體奉迎或進香方式了。（三）1930 年代以後，北港朝天宮媽祖信仰重鎮的地位已告確立，其儼然已成爲全島信仰之中心〔註26〕。

　　曾氏的論文也是第一個指出縱貫鐵路的開通，是北港朝天宮發展轉捩點。同文曾改寫爲〈日據時期朝天宮的發展——以《台灣日日新報》所見爲主〉發表於北港朝天宮主辦的媽祖信仰與國際學術研討會〔註27〕。

　　曾月吟對於北港朝天宮在日治時期的研究，彌補了戰後以來學者集中在清代論述的空白，而使用大量的《台灣日日新報》爲史料也爲之後的學者及研究者提供了不少新的方向與思維。

　　由王見川主編的《民間宗教信仰第三輯——中國近現代民間教門媽祖信仰專輯》中收錄了一篇與日治時期媽祖信仰有關的文章——〈光復前的北港朝天宮——兼論其與其他媽祖廟之關係〉。

　　該文中討論了北港朝天宮的由來及名稱之確立，也針對自戰後以來爭論不休的「笨港天后宮媽祖廟正統」議題上發表新的看法。而日治時期的部份則使用《台灣日日新報》的報導來討論北港朝天宮走向公共化的經過以及朝天宮媽祖祭典的發展過程。文中最後總結朝天宮之所以從清末至日據時期仍

〔註26〕 曾月吟：《日據時期朝天宮與北港地區之發展》（嘉義縣：國立中正大學歷史系碩士論文，1995 年），頁 104～105。

〔註27〕 曾月吟：〈日據時期朝天宮的發展——以《台灣日日新報》所見爲主〉，載於《媽祖信仰與國際學術研討會論文集》，北港朝天宮董事會主編：（雲林縣北港鎮：北港朝天宮董事會，1997 年），頁 246～307。

位居如此崇高地位，主要與幾項因素有關：（一）廟中供奉之媽祖靈驗異常。
（二）日本政府的扶植。（三）報紙的宣揚。（四）交通事業的推波助瀾。（五）
各地迎奉、進香者的造勢。〔註28〕同文修訂後亦收錄於作者另一書《臺灣的
寺廟與齋堂》〔註29〕中。

　　王見川、李世偉在另一篇文章〈歷史、權力與香火——北港朝天宮宗教
地位形成之分析〉一文中則提出與曾月吟不同看法：「北港朝天宮媽祖在咸
豐初年已名滿台灣府城，成爲當地人最崇奉的神明。至同治中期，北港媽祖
廟聲威擴及臺灣中北部，朝天宮逐漸成爲全台最著名的媽祖廟。」而日治時
期則是北港朝天宮「逐漸強化、擴其影響力的過程，……這個擴展過程也鞏
固朝天宮是全台媽祖信仰中心地位〔註30〕。」另外文中也舉出了日治時期
不同統治階段的代表性學者岡松參太郎、山本曾太郎、山根勇藏、宮本廷人
等對朝天宮的觀察來驗證北港朝天宮在日治時期總本山地位〔註31〕。文中
最後則以；（一）寺廟歷史因素。（二）與政治權力關係。（三）與湄洲媽祖
的關係。（四）與靈驗事蹟之關係。來辨證北港朝天宮成爲全台信仰中心的
原因〔註32〕。

二、北港朝天宮神明會研究回顧

　　鄭志明、孔健中《北港朝天宮的神明會》（嘉義縣大林鎮：南華大學，1998
年）鄭志明教授針對有關各項神明會的概念進行深入的討論，並引用法律觀
點對台灣民間的神明會提出看法。此外，該書中調查了北港朝天宮四大類六
十一種神明會的沿革、主祀神、組織制度、祭典等。最後總結北港朝天宮宗
教地位的形成最核心的因素是有朝天宮神明會的帶動。

〔註28〕　王見川主編：《民間宗教信仰第三輯——中國近現代民間教門媽祖信仰專輯》
　　　　　（台北市：南天，1998 年），頁 265～266。
〔註29〕　王見川：《台灣的寺廟與齋堂》（台北縣蘆洲市：博揚，2004 年），頁 45～67。
〔註30〕　王見川：《台灣的民間宗教與信仰》（台北縣蘆洲市：博揚，2000 年），頁 246。
〔註31〕　岡松參太郎、山本曾太郎分別在 1910 年的《台灣私法》及 1918 年 12 卷 8 號
　　　　　的《台法月報》提及了對朝天宮的看法，山根勇藏則是在其著作《台灣民族
　　　　　性百談》中說：「現今台灣媽祖廟總數約三百二十間，其中以台南州北港郡北
　　　　　港街媽祖廟朝天宮，最受島民信奉。」，而代表皇民化時期的宮本廷人在他的
　　　　　報告中的「（百姓）最信仰的廟部份」說明：「朝天宮……維持區域全島，信
　　　　　徒約三萬人，參拜者年約百五十萬人」詳見上註，頁 246～247。
〔註32〕　詳見上註，頁 248～251。

　　蔡碧峰〈日治時期北港朝天宮神明會〉則探討了北港朝天宮神明會的種類、組織、經費與運作情形。文中最後則探討了朝天宮媽祖遶境北港鎮內日期的演變及神明會在皇民化時期所做的轉變〔註 33〕。

三、北港朝天宮與台灣總督府關係的研究回顧

　　蔡相煇在《台灣媽祖信仰研究》（台北市：秀威資訊科技，2006 年）中第 11 章的〈日據時期北港朝天宮〉主要討論了北港朝天宮面對現代化台灣社會——日治時期，所做轉型的過程研究。內容可分為五個部份；（一）朝天宮的創建與朝天宮經營。（二）朝天宮的重建。（三）朝天宮管理制度的建立。（四）北港媽祖終止府城巡歷。（五）皇民化運動下的北港朝天宮。

　　文中認為：北港朝天宮成為北港地區公共性廟宇除了朝天宮重修、住持僧統產生斷層外，士紳官商的介入是主要關鍵。另外，北港媽祖自清代到日治時期往台南是應當地士紳迎請而非分靈進香。文中最後則引用宮本廷人的調查報告說明皇民化運動期間寺廟整頓北港朝天宮的影響。此章是蔡相煇先生修訂曾發表於 1995 年 9 月《中國歷史學會史學會史學集刊》以及同年淡江大學歷史系所舉辦的〈臺灣史國際學術研討會〉的文章。

　　蔡相煇先生為雲林縣北港人，對北港朝天宮或北港鎮內的文史如數家珍，對台灣與中國海峽兩岸的媽祖信仰亦有專門性研究及獨到見解，本書可作為媽祖信仰系統性的入門之作。

　　鄭螢憶在《暨南史學》與《台灣風物》先後發表二篇與日治時期北港朝天宮有關的研究；在〈科技、信仰與地方發展——日治時期私設鐵路與北港朝天宮之關係〉說明了國家政策、私設鐵路會社競爭與北港朝天宮的發展，說明鐵路這種科技與信仰兩者之間共生關係，而總督府則基於統治需求，在兩者之間扮演推手〔註 34〕。另一篇〈台灣總督府與民間信仰：以日治時期北港朝天宮為例〉則是上一篇的擴大，從國家控制的視角切入日治時期朝天宮發展過程，試圖解釋總督府統治考量、民間信仰是如何被統治者利用作為統

〔註33〕　蔡碧峰：〈日治時期北港朝天宮神明會〉，收入於《「走！到民間去」庶民生活與文化學術研討會論文集》《嘉義：國立嘉義大學台灣文學所，2009 年》，頁 287～303。
〔註34〕　鄭螢憶：〈信仰科技與地方發展——日治時期私設鐵路與北港朝天宮之關係〉，《暨南史學第十、十一合輯號》，10、11 期（2008 年 7 月），頁 107。

治手段的過程，並附帶說明地方菁英如何參與運作，來呈現政治與信仰互動關係〔註35〕。鄭螢憶由國家控制的角度切入北港朝天宮的研究，爲近年有關北港朝天宮研究上少見的重大發展。

四、北港朝天宮與其他媽祖廟關係的研究回顧

（一）與彰化南瑤宮關係

王見川〈南瑤宮、聚星觀、台灣正劇與其他：《水竹居主人》所見日治時期台灣宗教信仰與戲劇〉中由台中豐原地方仕紳張麗俊又稱水竹居主人，生前所留下的《水竹居主人日記》推測彰化南瑤宮媽祖在日治時期活動情形：（1）張麗俊及其家人頗爲崇信南瑤宮媽祖，故常往進香。（2）葫蘆墩人常迎請南瑤宮媽祖前往奉祀、遶境。（3）葫蘆墩專屬南瑤宮六媽的信仰圈。另外對照林美容教對南瑤宮十個媽祖會中的「老六媽會」認爲：這個「老六媽會」，似乎又稱「六媽聖母厚德季會」，其駕前至少有一曲館「和樂軒」〔註36〕。

（二）與大甲鎮瀾宮的關係

黃敦厚先生在1996年《民俗曲藝》第103期中發表的〈大甲媽祖進香源流初探〉一文可做爲日治時期各地媽祖廟宇與北港朝天宮互動關係的一項重要研究。黃敦厚先生爲大甲人，家族中的先輩及長者皆擔任過鎮瀾宮的各項工作如神轎班、頭家爐主等各項不同任務。對鎮瀾宮內外大小事務及大甲地區的文化風貌、文學地景皆相當熟稔。

黃敦厚先生在文中實際訪查日治時期曾參與鎮瀾宮神轎班的地方長者，取得第一手的口述歷史資料，他認爲：大甲鎮瀾宮清代有20年一次湄洲謁祖進香的說法，英文版的《漢聲雜誌》即採訪到此一說法；而橫圳竹圍內黃家族人更流傳著鎮瀾宮的媽祖由大安港（一說溫寮港）直接搭乘帆船前往湄洲祖廟進香的史實。由於日治初期大安港商業機能衰退及中部海線鐵路通車，造成了鎮瀾宮湄洲進香停頓，再加上當時鎮瀾宮重修，藉著辦理進香活動募款，當地牛販以北港朝天宮有聖父母殿可以前往合火爲由，合理化了北港進

〔註35〕鄭螢憶：〈台灣總督府與民間信仰：以日治時期北港朝天宮爲例〉，《台灣風物》，59卷3期（2009年3月），頁29。

〔註36〕王見川：〈南瑤宮、聚星觀、台灣正劇與其他：《水竹居主人》所見日治時期台灣宗教信仰與戲劇〉，收入於《水竹居主人日記學術研討會論文集》（台中縣清水鎮：台中縣文化局，2005年），頁7～12。

香的行動和意義，於是在日治時期開啓了大甲鎮瀾宮進香活動的歷史契機。
至於日治時期的進香年代及次數已不可考〔註37〕。

（二）與祀典台南大天后宮關係

蔡相煇在《台灣媽祖信仰研究》中的第十章〈北港朝天宮與臺南大天后
宮分合〉則是對日治期時期北港朝天宮與台南大天后宮分合的過程做出了詳
盡說明，文中比較了北港朝天宮與台南大天宮二間廟宇的背景如祀神、商港
都市、住持、郊行、地方領導階層等並引用了《台灣日日新報》說明了北港
朝天宮南下府城的歷史及臺南大天后鎮南媽的由來〔註38〕。該文作者曾發表
於89年的《臺灣文獻》第51卷第4期以及同年國立中正大學所舉辦的南臺
灣鄉土文化學術研討會。

陳梅卿〈日據時代台南大天宮之遶境──以《台灣日日新報記載爲例》〉
主要是討論了日治時期台南大天后宮循歷史因素迎北港媽祖到新塑鎮南媽祖
之後，鎮南媽祖遶境台南的過程。主要問題意識有：（1）日人治台後，台南
大天后宮遶境台南的實況，統治期間共遶境幾次？（2）此期間台南大天后宮
遶境目的爲何，單純的宗教與經濟目的，無其他目的嗎？（3）遶境路情況及
路線。（4）遶境與日本當局政策之關連〔註39〕。陳梅卿〈日據時代台南大天
宮之遶境──以《台灣日日新報記載爲例》〉一文爲筆者引起宗教與社會關係
之間極大的興趣。

五、其他與本文有關的研究回顧

王見川、李世偉合著的《台灣媽祖廟閱覽》（台北縣蘆洲市：博陽文化，
2000年）作者運用了日治時期的報刊、檔案爲史料將有關「媽祖信仰」依年
代分爲；日據初期、鼎盛期、皇民化等三個不同階段。並以政權轉移爲日治
初期；商業化、教派媽祖的出現、湄洲媽祖來台、台灣人到中國湄洲祖廟進
香等社會現象做爲鼎盛期的依據；最後以「皇民化運動」展開做爲日治時期

〔註37〕詳見黃敦厚：〈大甲媽祖進香源流初探〉，《民俗曲藝》，103期（1996年9月），
　　　　頁51～52。
〔註38〕蔡相煇：《媽祖信仰研究》（台北市：秀威資訊科技，2006年），頁413～441。
〔註39〕陳梅卿：〈日據時代台南大天宮之遶境──以《台灣日日新報記載爲例》〉載
　　　　於「媽祖與馬祖」國際學術研討會會議論文》，連江縣馬祖文物民俗館主編：
　　　　《連江縣：連江縣政府，2007年》，頁14～2。

媽祖信仰發展的段落。此外，書中亦補充台灣由南到北各大媽祖廟日治時期的史料如關渡宮、大甲鎮瀾宮、鹿港天后宮、北港朝天宮、台南大天后宮等是近十年來少見具有系統性的對台灣日治時期媽祖信仰作爲論述的作品，但稍加遺憾之處是，該書是較爲大眾性作品，但仍不失爲討論日治時期媽祖信仰情境的佳作。

黃敦厚先生的《台灣媽祖文化語彙全紀錄》在這篇論文主要探討的焦點是因台灣媽祖信仰文化而產生的相關語彙、俗諺如北港媽祖遶境、大甲媽祖進香、安座、爐丹……等，並解釋這些文化語彙的緣由。此外，亦討論了大甲媽祖進香史、媽祖廟轄下基本街庄消長情形、及台灣各地媽祖廟的沿革等。方法上主要是以文獻配合人類學的田野工作及史學的口述歷史。

有關日治時期北港朝天宮的部份，黃敦厚則是綜合了曾月吟與蔡相煇的看法：北港朝天宮在日治時期香火鼎盛的原因除了清代所奠定的信仰中心基礎之外，鐵道的建設亦是朝天宮形成大本山的原因〔註40〕。

在社區意識蓬勃的今天，地方文史工作者對於掌握地區域發展的過程與脈動往往能有更詳細及深入的瞭解，因此，地方文史工作者的田野研究成果，能彌補史料、文獻上的不足。

陳仕賢在《台灣的媽祖廟》（台北縣新店市：遠足文化，2006 年）中介紹了台灣媽祖信仰清代、日治、戰後三個不同時間的情形。有關日治時期部份提及了大正年間中部地區迎請媽祖以刺激景氣以及昭和 10 年（1935）中部地區大地震，居民認爲是媽祖庇佑的新聞報導。另外，對於從清代到戰後北、中、南各地媽祖廟的建築、古蹟、文物，在不同時期整建、修復的情形，書中也有詳實的紀錄。雖然，日治時期部份著墨不多，但就古蹟、文物的部分對照史料文獻中提及人物及所屬的文物，亦增加了不少歷史現場的臨場感。

經由上述的文獻回顧，有關日治時期北港天宮媽祖信仰研究，多集中在下列幾個面向：

（一）日治時期北港朝天宮媽祖信仰崛起之因素。

（二）日治時期前彰化南瑤宮與大甲鎮瀾宮往北港朝天宮進香之情形。

（三）台南大天后宮迎北港媽祖的經過與「鎮南媽祖」產生之後續效應。

但也能發現，前述研究成果仍存有若干疑問。試舉例說明如下：

〔註40〕黃敦厚：《台灣媽祖文化語彙全紀錄》（台中市：國立中興大學中國文學系碩士論文，2004 年），頁 107。

（一）北港朝天宮媽祖信仰地位之崛起與台灣總督府、交通運輸等有重要影響，但僅有這些原因而已嗎？亦或有其他因素呢？廟宇是人爲經營的，究竟日治時期北港地區社會的領導階層在當時究竟扮演了什麼樣的角色？與日本政府官方是如何互動的？對北港朝天宮媽祖信仰的地位又會帶來什麼影響？

（二）彰化南瑤宮與大甲鎮瀾宮在日治時期進香的情形究竟爲何呢？而進香的年代、次數又有幾次呢？而日治時期彰化南瑤宮與大甲鎮瀾宮內部是如何看待與北港朝天宮之間的關係？社會上的民眾如何參與北港朝天宮的進香呢？這二大媽祖廟對北港朝天宮媽祖信仰會產生如何的效應？

（三）北港朝天宮與台南大天后宮之間有什麼樣的淵源關係呢？北港朝天宮是基於什麼樣的原因要出巡府城？府城地方人士爲何要熱烈的迎請北港媽祖？而北港媽祖出巡對沿途及府城當地居民的生活、信仰會帶來什麼樣的改變？

因此，筆者認爲，在日治時期北港朝天宮媽祖信仰地位崛起與彰化南瑤宮、大甲鎮瀾宮、台南大天后宮等知名廟宇往來互動的經過仍然有許多值得討論的空間。

透過上述，本文的問題意識試歸納如下：

（一）探究清國與日本二個國家在政權遞嬗之際，北港朝天宮媽祖信仰如何在眾多媽祖廟中崛起？而北港地方菁英在當時所扮演的角色？

（二）分析媽祖信仰中的宗教實踐——「進香」的意義與文化意涵，並討論日治時期彰化南瑤宮與大甲鎮瀾宮前往北港進香時的熱烈情形以及對北港朝天宮媽祖信仰地位的是否有提升作用？

（三）詮釋「北港媽落府」對北港媽祖信仰地位的影響及府城地區媽祖信仰所帶來的改變？

第四節　研究材料與文本蒐羅

所謂歷史，不外是以往實際發生的事件（簡言之爲往事），或者是以往實際發生的事件的紀錄（往事的紀錄）。以往實際發生事件的留存，靠幾種情況，一爲當事人親記，二爲當代人傳述，三爲文獻與實體物的遺存。上述這三種情況亦即所謂事實（facts）或史料〔註41〕。

〔註41〕杜維運：《史學方法論（增訂新版）》（台北市：杜維運發行，三民總經銷，2001

在歷史學研究中，史料具有相當的重要性，誠如傅斯年：「近代歷史學只是史料學〔註 42〕。」而二十世紀史學家主張將所有的史料分爲原始史料（primary sources or orginal authorities）與轉手史料（secondary sources or derivative authori-ties）兩種，而西方近代史學家更喜將直接史料與間接史料，這與將史料分爲原始史料與轉手史料沒有太大差別〔註 43〕。

杜維運認爲：所謂直接史料，是與已發生的事件有直接關係的史料。如某一件事情發生了，當時或稍後被記錄下來，或事件自身遺留都是直接史料。其次是指一切與事件有直接關係的史料，無論遺物或記載；同時人對第三者的記載，是最低限度的一種直接史料；同時直接史料必須是第一手的史料，或原手史料，而不是第二手史料，或轉手史料，史料一經轉抄或編纂，即成轉手的或第二手的，就性質上講，即降爲間接史料，而非直接史料了〔註 44〕。

然而，台灣媽祖信仰的發展過程久遠，有關北港朝天宮及其有淵源的相關廟宇之史料繁多，無論是直接史料或間接史料都應多方參酌使用加以互相辯證，方能一窺北港朝天宮或相關淵源廟宇的發展過程，因此，在研究材料的使用上，本文便不以直接史料或間接史料二分，而是將有關的史料文獻予以列出討論。

與本文有關的研究材料與文本有，如下列所述：

一、臺灣文獻叢刊

二十世紀英國歷史學家卡耳（Edward Care）：「歷史是歷史家與事實之間不斷交互作用的過程，現在和過去之間永無終止的對話〔註 45〕。」所以，了解現在有助於了解過去，而研究過去更有助於理解現代〔註 46〕。

本文在時間上雖以台灣日治時期（1895～1945）的北港朝天宮爲新信仰中心做爲探討議題，但北港朝天宮在清代康熙時期已開始建廟發展並在清代後期已形成民間媽祖廟的信仰中心，且與北港朝天宮有所淵源的廟宇多在清

年），頁 24。
〔註 42〕王晴佳：《台灣史學史五十年（1950～2000）：傳承、方法、趨向》（台北市：麥田出版，2002 年），頁 17。
〔註 43〕杜維運：《史學方法論（增訂新版）》，頁 154。
〔註 44〕同上註，頁 155。
〔註 45〕周樑楷：《歷史學的思維》（台北市：正中，1993 年），頁 20。
〔註 46〕李亦園等：《人文學概論》，頁 17。

代即與朝天宮發生關係，欲了解北港朝天宮與有所淵源的之廟宇互動過程之緣故，由過去——清代來了解現代——日治時期是最好的方式。

　　台灣銀行經濟研究室編輯出版的《台灣文獻叢刊》咸認爲是完整地彙輯了漢文的台灣史資料，也是到目前爲止研究清代台灣史的最重要憑藉。檢視《台灣文獻叢刊》三〇九種五九五冊的內容，除約佔四分之一的南明史資料外，又以皇帝實錄的選輯（如《清高宗實錄選輯》、《清德宗實錄選輯》等）、政書及相關法規資料（如《清會典台灣事例》、《福建省例》、《台灣府賦役冊》、《新竹縣制度考》等）、官員奏疏／公牘檔案（如《劉壯肅公奏議》、《靖海紀事》、《東征集》、《甲戌公牘鈔存》、《台灣海防檔案》、《台案彙錄》、《清季外交史料選輯》等）爲最多。扣除上述之實錄、政書／法規、奏疏／公牘之後，《台灣文獻叢刊》便所剩無幾了，內容殆爲方志、筆記、詩文集〔註47〕。

　　其中的詩文集、筆記，又會發現絕大多數都是出於來台任官或游幕者之手。這些來自大陸的游宦人士，或因在任地觀風問俗而有所記載，或彙輯文案成例、治民理番議論，用供爲政參考，而有所編纂，或彙輯文牘以爲自己施政辯護，或爲打發邊地無聊而吟誦以至成編。這從其詩文集／筆記題名《台陽筆記》、《裨海紀遊》、《海東札記》、《海國見聞錄》、《台陽見聞錄》、《使署閒情》、《治台必告錄》、《巡台退思錄》、《台灣雜詠》等便可窺知其性質〔註48〕。

　　而台灣方志的部份，當初台灣方志編纂的緣起，除延續中國方志傳統外，更具時代意義之處在於：清廷爲了熟諳各地山川形勢、風土民情，也爲增進中央地與地方之聯繫與統治，明令各地特殊的山川形勢、風土民情，也爲增進中央與地方之聯繫與統治，明令各地必須按時編纂方志。台灣方志編纂始於清治時期，其種類依纂輯範圍之異，可分爲「府志」、「縣志」、「廳志」及「縣內採訪冊」等類別。尤其每隔數年即有序修、重修，反映出特定歷史脈絡下之情境，保存頗多研究素材。各地人物、史事、及藝文之蒐集與記載，不僅蘊含政治、經濟、軍事、社會及風俗等資料；且從方志的書寫策略看來，多寓含教化的目的〔註49〕。

〔註47〕 吳密察：〈「歷史的出現」台灣史學家素描〉，《當代雜誌》，2006 年 4 月，頁33。

〔註48〕 同上註，頁 33。

〔註49〕 林淑慧：《台灣清治時期散文的文化軌跡》（台北市：台灣學生書局，2007 年），頁 22～23。

由於大清帝國將台灣納入帝國版圖後，媽祖信仰隨後受到清廷官方重視，台灣當地官員除了春、秋前往媽祖廟致祭外，媽祖信仰也隨著台灣當地的風俗及人民活動情形零散記載在各類書的編目中。因此，要瞭解北港朝天宮的建廟與相關媽祖之間的關係，需從清代的史料爬梳起。

二、日治時期的調查報告

日本殖民政府雖沒有明訂出收集台灣史料的具體政策或計畫，但是為了在台灣從事統治，卻必須對台灣民間的習慣進行調查研究〔註50〕。據「臨時台灣舊慣調查會」的調查事業報告書云：

> 臺灣因歷經不同政權，作為施政根基的禮制習俗不得不效法前朝。然因日治初期臺灣民主國對抗，致使前清統治時期的重要文書悉數焚於兵燹，是故，日本當局要統治臺灣便倍感困難，也難免對舊慣事宜有捕風捉影之憾。如何處理此等難題，並針對行政、立法與司法三大政綱加以調理，必與舊慣調查事業計畫有密切關聯。又因尊重臺灣舊慣為諸般施政基礎，故無論行政官廳或司法官衙發一令、決一案，每每以審明舊慣為先務，雖然當時政務多端，彼等仍專注於此等事業。又當伴隨調查時必然會產生各種案件，致使吏員調查工作任務過於繁重，然有關動產、不動產、人事、商權、債權舊慣及農工商經濟的舊慣，到底當時施行如何，仍有必要作調查，以利諸般政務之整頓〔註51〕。

明治34年（1901）總督府設置「臨時台灣舊慣調查會」聘請京都帝國大學法學部教授岡松參太郎主持，舉凡土地開發、土地私有權關係、土地買賣、親屬關係、婚姻關係、商業活動習慣等都在調查範圍之內，後來還將調查範圍擴大到原住民習慣。明治36年（1903）起，出版了調查報告書《清國行政法》、《臺灣私法》《蕃族慣習調查報告書》、《蕃族調查報告書》、《臺灣蕃族慣習研究》等鉅著〔註52〕。

日人治台期間，認為對其「新附之民」必需有效控制，不得不訂立一套

〔註50〕吳密察等撰文：《台灣史料集成提要》（台北市：文建會，2004年），頁17。

〔註51〕鄭政城：《臺灣大調查：臨時臺灣舊慣調查會之研究》（台北縣蘆洲市：博揚文化，2005年，頁86～87。

〔註52〕吳密察等撰文：《台灣史料集成提要》，頁17。

完整的宗教政策，作爲施政依據；而爲達到制定此一政策之目的，就要先做
廟寺調查。在明治期間台灣總督飭令地方廳，調查各轄區廟寺的情形，雖然
因爲當時治安尚未恢復，無甚結果；但此舉乃是台灣寺廟調查的先聲〔註53〕。

　　大正 4 年（1915）噍吧哖事件後總督府開始著手寺廟調查的工作，自大
正 5 年（1916）起限期一年，以各廳的公學校教員以及當地警察爲調查員，
予以推行，然因調查員素質不一，調查項目的取捨亦繁簡不一，填表記載也
參差不齊，而未能達到預期效果，仍距理想甚遠。此次調查的部分資料，今
存中央圖書館台灣分館，計有台北廳、桃園廳、新竹廳、南投廳、嘉義廳、
台南廳等六廳。觀其所載，雖然過於簡陋，但因係較早期資料，故仍有參考
價值。大正 6 年（1917）9 月總督曾印刷「關於宗教調查之記載範例」一種爲
範本，由明石元二郎總督頒發各廳，並於各廳設置專辦宗辦事務人員，飭令
切實辦理。此一艱鉅工作，至大正 7 年（1918 年）大致告竣，陸續編訂《寺
廟臺帳》（即寺廟登記總簿）、《寺廟調查書》、《神明會祭祀公業臺帳》造冊送
達總督府；因其內容頗爲宏瀚，堆積起來，厚度竟達 20 公尺。日人處心積慮，
至此完成。但因份量太多閱覽不易，就其成果，僅於大正 8 年（1919）3 月，
由當時總督府編修官丸井圭治郎稍加整理，撰《臺灣宗教調查報告書》一卷，
不知何故，第二卷以下卻未見問世，至爲可惜〔註54〕。本文有關的研究材料
試說明如下：

（一）《臺灣私法》

　　《臺灣私法》以附錄參考書形式將調查過程中所獲得民間文書出版，計
收錄古文書一七一四件（分成七冊）。這是台灣古文書被大量收集、整理出版
之始〔註55〕。在戰後由周憲文主持的台灣銀行經濟研究室進行彙編出版，計
有；《台灣私法債權編》、《台灣私法商事編》、《台灣私法人事編》、《台灣私法
人事編》〔註56〕等。

　　《臺灣私法》中也不乏有關北港朝天宮古文書的收錄與台灣其他廟宇概
況調查，故對本文所探討的議題有絕對的重要性。

〔註53〕張炎憲等編：《台灣史與台灣史料（二）》（台北市：吳三連基金會，1995 年），
　　　　頁 48。有關寺廟調查的經過及調查報告的格式、內容亦可參見此書。
〔註54〕同上註，頁 49～50。
〔註55〕同上註，頁 18。
〔註56〕台灣大通書局印行：《台灣文獻 309 種提要》（台北市：大通，1987 年），頁
　　　　39。

（二）《寺廟台帳》

日治時期的《寺廟台帳》與清代史料類書相較；清代史料類書記載過於簡略，甚至有些僅錄建置年代或地址，而有些沿襲方志通病，新修居然照抄舊志，記述重複。而日治時期《寺廟台帳》則由總督府官方核定統一調查項目，並在各地設置專辦人員切實辦理〔註57〕。相較之下，日治時期的宗教調查報告書較具系統性，可進一步釐清許多媽祖廟在清代類書記載中寥寥數語即帶過的情形。

與本文相關的《寺廟台帳》有：《台南寺廟台帳》〔註58〕、《台南州祠廟名鑑》〔註59〕、《寺廟臺帳台中州大甲郡》〔註60〕、《臺中州寺廟臺帳（第八冊）：員林街、大村庄、埔鹽庄、溪湖庄、坡心庄》〔註61〕等。現中央研究院民族所將日《寺廟台帳》與戰後台灣省文獻委員會所舉行的台灣省寺廟庵堂調查合併建置電子資料庫〔註62〕。

三、總督府史料編纂機構出版品

日本殖民政府明確地以政府之力進行台灣史料的收集與整理工作則是大正11年（1922）開始的「臺灣總督府史料編纂委員會」所進行的臺灣史料收集、整理。其史料進行纂修過程頗為顛簸，在歷經進十年的時間，最後由村上直次郎教授從 Dagh-Registergehouden int Casteel Batavua（《巴達維亞城日記》）中將有關日本與臺灣的部份抽出並翻譯成日文，久保得二教授與神田喜

〔註57〕劉枝萬：〈台灣民間信仰之調查與研究〉，《臺灣風物》44卷1期（1994年3月），頁19。

〔註58〕由中央圖書館台灣分館進行複印，現藏於中央圖書館台灣分館。

〔註59〕據古亭書屋高賢治所言：「《台南州祠廟名鑑》是由相良吉哉（Sagara Yoshiya）所編，兼發行人，他也是《台灣日日新報》台南支局小主管。本書是採用臺南州在大正8年（1919）以前《祠廟台帳》（調查報告書）為基礎。昭和5年（1930）末，再複查所得的宗教資料。根據兩次調查所悉的資料比對，除了管理人大多變動之外，編纂者發現各祠廟的祭祀、沿革等並無多少變動。全書所載之祠廟內容，是已完成祠廟登記者為基準，其資料之珍貴亦在此，對研究日治時期民間的宗教史有一定的價值存在」。詳見相吉良哉主編：《臺南州祠廟名鑑》（台北縣：古亭書屋，2001年），頁1。

〔註60〕《寺廟臺帳台中州大甲郡》，現藏於台中市葫蘆墩文化中心。

〔註61〕《臺中州寺廟臺帳（第八冊）：員林街、大村庄、埔鹽庄、溪湖庄、坡心庄》，現藏於南投市國立台灣文獻館。

〔註62〕中央研究院建置，中央研究院宗教調查資料庫：http://140.109.128.168:8080/religionapp/start.htm（檢索日期：2011年3月1日）。

一郎就授從中國古代文獻中檢出有關臺灣史料，另外由其他數位委員從《日清戰史》、《陸軍幕僚歷史草案》、《總督府公文類纂》、《總督府事務成績提要》、《平台紀念錄》、《治匪志》等公文書及新聞雜誌檢選史料，編製了明治 28 年至大正 8 年（1895～1919）的編年大事記，合計五十一冊〔註 63〕，是瞭解日治時期總督府施政情形重要的史料。

四、日治時期報刊

　　歷史學是一門研究時間的學問。歷史家則視時間爲具體而有生命的實體，是連續體，也是持續的變化。因此它是一個時間流。它使人類的活動歷史事件連續呈一個歷程〔註 64〕。

　　由於上述的史料：清代的方志類書、日治初期的調查報告書及總督府史料編纂機構出版史料等，皆有時間上的斷限。無法全然一窺往後人、事、時、地、物的發展，所以必需藉助報刊來加以探求。

　　但是，在日治時期的報刊中有法令的監督〔註 65〕以及資金上的問題，報刊大多無法度過整個長達五十年的殖民統治。因此，本文在報刊方面所選擇的研究材料以《台灣日日新報》、《台灣時報》、《台南新報》等三個經營近五十年且具半官方性質的報刊來做爲本文研究材料，試說明如下：

（一）《臺灣日日新報》

　　明治 30 年（1896）6 月 17 日，曾任日本大阪府警部長之山下秀實，來台創立《台灣新報》，成爲台灣第一張近代化的報紙〔註 66〕。1897 年（光緒 23 年，明治 30 年）5 月 8 日，在第二任台灣總督桂太郎授意下，台灣第二家報紙《台灣日報》由日人河村隆實在台北創刊，聘請日本名作家內藤湖南擔任主筆。「只此一家，別無分號」的台灣報業，從此進入「兩虎相爭」局面〔註 67〕。

　　明治 32 年（1898）2 月 26 日，日本第 4 任台灣總督兒玉源太郎上任，鑑於《台灣新報》與《台灣日報》的紛爭，終將鬧得兩敗俱傷，而且甲報贊成

〔註 63〕 吳密察等撰文：《台灣史料集成提要》，頁 18～19。
〔註 64〕 李亦園等：《人文學概論》，頁 6～7。
〔註 65〕 有關於日治時期新聞事業的發展情形請詳見王天濱：《臺灣新聞傳播史》（台北市：亞太圖書，2002 年），頁 3～4。
〔註 66〕 同上註，頁 86。
〔註 67〕 同上註，頁 88。

之事，乙報必定反對，讀者不明眞相，因此於 4 月間出面強力干涉，協助日人守屋善兵衛收買此兩報紙，5 月 1 日將兩報合併爲《台灣日日新報》。不過也有人認爲，兒玉總督合併兩報，表面上的理由是爲了和諧，眞正用意是他想擁有自己的機關報，讓他的治台工作更順暢〔註68〕。

明治 34 年（1900）4 月《台灣日日新報》社改組成爲株式會社，資本額爲萬元，台灣總督府則以愛國婦人會名義投資，完成直接的控制。此時該報社除了台北總社，在台灣與日本主要都市設有分社，包括東京、大阪、基隆、宜蘭、新竹、台中、嘉義、台南、高雄、屏東、花蓮港等未有分社的馬公、彰化、台東以及中國大陸的廣東、廈門等，則有特派員駐守採訪新聞，報社內重要台籍人士，主要包括辜顯榮（董事）、林熊徵（監事）、魏清德（漢文部副長）等人〔註69〕。

除了日文版《台灣日日新報》外，《台灣日日新報》社亦發行漢文版的報紙，背後動機也是爲了配合總督府施政需要。該報首先在 1903 年始，在中文欄加上《台灣日日新報》的報題；昭和 39 年（1905）7 月，全面發行漢文版《台灣日日新報》。爲四開一張之小型報，翻譯台灣總督府報併載於其中，每分售價四角五分；日文版仍然維持一張半，售價六角。由於日本政府不準台籍人士辦報，少有會以中文的報業人員，由於中文版的需要，《台灣日日新報》不得不對外招集台籍人士擔任記者與編輯，使台籍人士得以進入報社之門。先後進入該報工作的台籍人士，包括舉人羅秀實、漢文學者連橫（漢文部主筆）、黃爾施（漢文部長）、巫永福（編輯）、何春木（編輯）、李越濤、日語學校畢業生林佛國、魏清德等人〔註70〕。

漢文版創設時，正值日、俄戰爭爆發不久，國際局勢動盪不安，加上孫中山先生兩次來台，以及企圖推翻滿清政府的革命運動在大陸如火如荼展開，受到這些外來因素刺激，台籍人士對中國變化情形至爲關心，亟需閱讀新聞以了解局勢發展，唯一設有漢文版的《台灣日日新報》乃成爲台籍人士主要精神糧食，發行量逐漸增加，明治 44 年（1910）5 月，首任社長守屋善兵衛退休，由副社長今井周三郎繼任，同年 10 月，漢文版從四開擴版爲對開一大張。11 月，報社購買新式轉輪機，漢文版增爲對開兩大張。正當該報欣

〔註68〕王天濱：《臺灣報業史》（台北市：亞太圖書，2003 年），頁 38。
〔註69〕同上註，頁 40。
〔註70〕同上註，頁 41。

欣向榮發展之際，日籍工作人員鑑於報社有不少盈餘而趁機貪污，報社營運日走下坡，造成股價大跌，甚至員工薪水積欠數月仍發不出來，人謀不臧的現象，讓該報幾乎陷於停頓困境。加之恐怕台籍人士受到中國大陸的革命運動新聞報導之刺激，反抗日本的殖民統治1911年11月，將漢文版停刊，總計漢文版共單獨發行6年4個月〔註71〕。

昭和12年（1937）盧溝橋事變發生後，日本帝國政府在9月發表了「國民精神總動員計劃實施要綱」，台灣受此影響，加速「皇民化運動」的推行。「皇民化運動」要求台灣民眾改爲日本姓名、使用日語，並廢除總督府所認定的不習俗，包括偶像、寺廟，強制台灣民眾參拜神社，廢止舊曆正月儀式等。並進一步於同年4月至6月間，下令強迫台灣所有報紙廢止刊登漢文版，以切斷台灣與中國之間的聯繫管道。《台灣統治史》記載：「向來府報或新聞開設有漢文欄，但對於『國語』推行有妨害，乃於昭和12年4月1日，島內所有漢文瀾全部廢止。」《台灣年鑑》也記載：「1937年，台灣總督府爲加深推行所謂『皇民化運動』，對於一般新聞及各種刊物，強迫廢止漢文欄，直到本省光復爲止〔註72〕。」

昭和19年（1944），二次大戰已進入尾聲，盟軍不斷來台空襲，面對日益缺乏的生活物資，台灣報業的處境愈來愈艱難，合併經營已成爲唯一途徑。3月間，台灣總督兼軍司令官安藤利吉宣布將全台6家日報；《台灣日日新報》、《興南新聞》、《台灣新聞》、《台灣日報》、《高雄新報》、《東台灣新聞》合併爲一家，原有報刊同時停刊；3月12日，6家日報宣布廢除所附刊之晚刊，即日起實施；26日，6家日報被迫共同發表〈日刊新聞社統合要綱〉聲明，對外宣告台灣6家報紙將合併爲1家〔註73〕。

昭和20年（1945），日本的侵略戰爭已臨崩潰，《台灣新報》的處境也同樣艱難，一方面因爲人員合併自各報，冗員太多；其次是發行量銳減，自20餘萬分跌至17萬5千分，其中還包括3萬分勞軍報在內，報社發行與廣告收入減少，經濟上已無法維持。加上不斷遭受盟軍飛機轟炸，主要設備受到嚴重毀損，僅靠疏散鄉間的備用機器印報，營運備感困窘。1945年8月15日，日本宣布投降，結束在台灣50年統治，《台灣新報》隨即由台籍職員接收，

〔註71〕同上註，頁41。
〔註72〕同上註，頁30。
〔註73〕王天濱：《台灣新聞傳播史》，頁110～111。

日人完全退出台灣報業，日治下的台灣報業正式落幕〔註74〕。

（二）《台南新報》

該報前身是《臺澎日報》，於明治33年（1899）6月15日提出申請，7月4日獲准發行許可，由日人富地進思獨資經營。日人據台以來出現的報刊地點都在台北，《臺澎日報》是第一家地方報，以台南爲報社地點。主要認爲台南是台灣最早開發的都市，文化氣息濃厚，民眾教育水準高，又是南部最大都市，有發展潛力。只是《臺澎日報》因經營不善，經過多次改組。首先於1903年改組爲《臺南新報》株氏會社，更名《臺南新報》發行，資本額3萬元，社址位於台南市本町三丁目二三四番地，仍由富地近思擔任社長〔註75〕。

《臺南新報》由於位在南部，遠離台北競爭對手，逐漸的站穩腳步。一次大戰前後時期，發行晚刊，每天發行日刊與晚刊共兩張半，還代印官方宣傳品《臺南州報》，隨報附送，並在東京與大阪設立支局，加強新聞採訪效能。至此，台灣出現「三大報」，也是台灣地僅有三家日報，北部有《臺灣日日新報》，中部有《臺灣新聞》，南部有《臺南新報》，各在自己地盤上發展〔註76〕。

昭和12年（1937）4月1日，《臺南新報》再度改組，改名《臺灣日報》，遷往台南市北門町二丁目六一番地。組織方面，除了總社在台南之外，在基隆、台北、新竹、台中、嘉義、高雄、屏東，日本東京、大阪都有分社。未有分社的地區，則聘請特約記者採訪，例如：宜蘭、花蓮港、台東、苗栗、彰化、員林、北港、岡山、旗山、東港等。台籍人士連橫，曾在《臺灣日報》的前身，《臺澎日報》與《臺南新報》時期擔任漢文版主筆〔註77〕。

由於大正9年（1920）地方自治改正，廢廳改州，改支廳爲郡、市，廢區、堡、里、澳、鄉而設街庄。北港改屬台南州管轄，設北港郡〔註78〕。因此，自大正9年（1920）起《台南新報》也開始報導了北港朝天宮的新聞。

（三）《台灣時報》

在大正8年（1919）台灣總督府發行《台灣時報》之前，就有「東洋協

〔註74〕同上註，頁112。

〔註75〕王天濱：《臺灣報業史》，頁24。

〔註76〕同上註，頁24。

〔註77〕同上註，頁25。

〔註78〕顏昭武等編輯：《從笨港到北港——北港鎮》（雲林縣斗六市：雲林縣政府，2002年），頁13～10。

會台灣支部」所發行的機關刊物，名稱同樣也是《台灣時報》(1909～1945 年)。
無獨有偶，此刊物又是承襲自「台灣協會」發行的《台灣協會會報》而來 (1898
～1907 年)。故自《台灣協會會報》創刊至 1945 年「台灣總督府版」《台灣時
報》停刊，前後長達 48 年，幾乎與整個日治時期 (1895～1945 年) 相始終〔註
79〕，是日治時期除了《台灣日日新報》之外發行最爲長久的報刊之一。

　　《台灣時報》在內容上，舉凡當時台灣的政治、產業、農業、貿易、交
通、軍事、教育、司法、警察、土木、技術、工藝、文藝等的論文與統計資
料皆在收錄之列，同時並收錄在台知名的日本作家之俳句、詩、小說，皆是
台灣研究的寶貴資料〔註80〕。

　　然而該報因直屬總督府所發行，且報刊內容知識性色彩濃厚，因此發行
量並不如《台灣日日新報》普及。

（四）《台灣日日新報》與《台南新報》、《台灣時報》對本文研究的 史料價值

　　就史料本身而言報紙一向是歷史研究的工具與補充資料〔註81〕，《台灣日
日新報》與《台南新報》、《台灣時報》發行時間都歷時近 50 年，內容涵蓋了
日治時期台灣各地的民俗風物、政策政令、戰局發展、國際局勢與醫療廣告
等不同面向。對歷史個案研究而言，其豐富、持續且完整的報導，足可證補
檔案資料之闕如〔註82〕。

　　此外，《台灣日日新報》與《台南新報》、《台灣時報》上述清代類書、宗
教調查報告相較：清代方志類書時間斷限僅到明治 31 年〔註83〕(1898)、宗
教調查報告時間斷限到大正 14 年 (1925)，而總督府史料編纂機構出版品大
多具政令宣傳性質。無法全然一窺日治時期媽祖信仰及北港朝天宮發展的輪
廓。而《台灣日日新報》與《台南新報》、《台灣時報》發行歷時近 50 年與日
人治台期間幾近重疊，完全符合了歷史學科連續性的時間觀念〔註84〕，藉此

〔註79〕漢珍數位圖書建置，日治時期《台灣時報》電子資料庫：
　　　　http://8080-140.122.127.101.opac.lib.ntnu.edu.tw/twjihoapp/menu/intro.html
　　　　（檢索日期：2011 年 7 月 10 日）。
〔註80〕同上註。
〔註81〕宋健行紀錄：〈《台灣日日新報》110 周年紀念座談會紀錄〉，頁 4。
〔註82〕同上註，頁 4。
〔註83〕吳密察等撰文：《台灣史料集成提要》，頁 72。
〔註84〕Robert Jones Shafer 著，趙干城、鮑世奮譯：《史學方法論》（台北市：五南圖
　　　　書，1996 年），頁 19。

可以了解歷史變化發展的原因與趨勢〔註85〕，接續探求清代類書與宗教調查報告中所未發生的事以及北港朝天宮人、事、物因果關係的變化。

五、資料庫系統的運用

資料庫系統是將「資料」透過數位化的方式存放在資料庫中，這些資料經過作業系統以及資料庫管理系統的分門別類後，使用者透過應用軟體的處理，讓這些「資料」輸出成爲對使用者有用的「資訊」。與傳統紙本工具書不同的是他可以任意檢索資料，不再侷限於紙本工具書所提供的分類檢索、筆畫檢索、作者檢索……等有限的檢索功能。此外，透過電子計算機的檢索，可以達到既全面又快速的效果，只消一、二秒鐘便可以毫無遺漏的收集所需要的資訊，這種全面性、高效率的好處，就是資料庫迷人的地方〔註86〕。

由於資料庫是一種有價的智慧財產。因此，爲了銷售上的考量，目前資料庫的設計有單機版、內部網路版（Intranet）、網際網路版（Internet）三種。單機版是指資料庫只能在特定一台電腦上使用，若要使用該資料庫一定要到特定的這台電腦。內部網路版是指資料庫能在單位的內部區域網路的電腦上使用。網際網路版是指資料庫能夠在任何有連上網際網路的電腦上使用。另外，也隨著資料庫內容類型的不同，資料庫輸出的資訊可以分爲書目、電子影像、電子全文、電子全文影像、綜合顯示五種〔註87〕。

漢學相關電子資料庫的建置，若從 1984 年中央研究院開始發展「漢籍電子文獻資料庫」開始計算，到今天已有 25 年的歷史，在這段時間中，由於科技發展的日新月異，電子資訊應用的範圍日廣，加上資料庫商品化的趨勢，以及簡易資料庫建置門鑑的降低，因此海內外不論是學術機構、科技公司以及對國學有相當興趣的個人，紛紛投入製作電子資料庫的行列。尤其是近十年，各式各樣電子資料庫如雨後春筍般的推出，可說是傳統漢學與數位科技接軌的年代〔註88〕。以下試說明本文將運用的資料庫。

（一）台灣文獻叢刊資料庫

中央研究院的「漢籍電子文獻資料庫」自推動到建置後，目前該資料庫

〔註85〕李亦園等：《人文學概論》，頁7。
〔註86〕張晏瑞：〈臺灣地區漢學相關電子資料庫綜述〉，《國文天地》，23 卷 2 期（2007年 9 月），頁4。
〔註87〕同上註，頁5。
〔註88〕同上註，頁6。

也整合幾個單位，諸如近史所、文哲所、台史所、國史館等資料庫爲「漢典全文檢索系統〔註89〕」。

其中的臺灣文獻叢刊是本文將充分運用的資料庫，此資料庫是由臺史所史籍自動化室所製作，字數共 47,054,208 字。內容包含台灣銀行經濟研究室所收錄、刊印的 309 冊史料以及臺灣方志、臺灣檔案及臺灣文獻（一）至（五）等〔註90〕。

經由資料庫的檢索運用雖可提高史料蒐集的效率，但仍有美中不足的地方，例如：1. 缺字問題，中國文字異體字特多，雖有漢字構形的造字庫，仍顯不足，安裝網站上所提供造字檔，「2.0 版」在電腦上依舊無法顯示缺字。2. 需核對原文。經人工操作，文字輸入難免有誤，使用者應相互參照原文，提高利用價值〔註91〕。等

（二）《台灣日日新報》電子資料庫

除了「臺灣文獻叢刊電子資料庫」可運用外，本文尚使用《臺灣日日新報》的電子資料庫來作爲史料蒐集工作的運用。

漢珍數位圖書公司所製作的「臺灣日日新報——漢珍ゆまに電子版」完整收錄西元 1898 年發行之《臺灣日日新報》，由日本 YUMANI 書房獨家授權提供 341 卷 35mm 微縮影片，這是目前公認最清晰的版本。整體而言「臺灣日日新報——漢珍ゆまに電子版」具有以下特色：1. 資料庫系統穩定度高，內涵 15 萬幅清晰完整的版面，採用最高畫素之微縮片掃描而成。2. 資料庫編輯成員具有文史學專業知識並熟諳日文，經過數位編輯之嚴謹訓練，進行後設資料（metadata）編輯作業，歷時兩年。3. 採用 PDF 數位化影像瀏覽，並且可以依版次瀏覽全報，便利下載。4. 數位化檢索功能簡單實用，可按字詞、日期或標題、關鍵詞檢索，如無確定新聞的發生時日，亦可利用全報瀏覽方式逐日瀏覽。5. 提供 250 萬筆以上之標題及 1200 萬筆關鍵詞檢索〔註92〕。

〔註89〕郭明芳：〈中央研究院漢籍全文資料庫〉，《國文天地》，23 卷 2 期（2007 年 7 月），頁 16。

〔註90〕中央研究院建置，中央研究院漢籍電子文獻瀚典全文檢索系統 2.0 版：http://hanji.sinica.edu.tw/（檢索日期：2011 年 6 月 29 日）。

〔註91〕有關漢籍電子文獻資料庫缺點的部分，可詳見王桂蘭：〈漢籍電子文獻「二十五史資料庫」評介〉，《國文天地》23 卷 2 期（2007 年 7 月），頁 20～21。

〔註92〕宋健行紀錄：〈《台灣日日新報》110 周年紀念座談會紀錄〉，頁 20。

特別值得一提的是關鍵詞位置的建置，由於《臺灣日日新報》的標題大多簡潔古雅如：「人心不古」、「百業蕭條」、「報應不爽」等，很難涵蓋重要關鍵詞；新聞首段亦不像現代新聞，當時新聞首段多是一般敘事故事鋪陳後才進入新聞重點，所以多數新聞首段內讀不到該新聞的重要訊息。因此「臺灣日日新報──漢珍ゆまに電子版」提供標題與關鍵詞檢索，使用者可以依照人、事、地、物以及特殊專有名詞之線索搜尋相關新聞，但有關廣告、詩文、台灣島外新聞等內容並不內入關鍵詞搜尋範圍〔註93〕。

六、實物

19世紀末期有西方史學方法論鼻祖之稱的班漢穆（Ernst Bernheim，1845～1937年），將所有的史料，分爲傳說與遺跡兩類。杜維運延伸其說法將史料分爲；口頭傳說、文字記載、實物三方面。其中，實物方面的史料有；山脈、河流、城塞、宮院、陵墓、道路、遺骸、遺器、里程碑、方向石、紀念品、美術玩賞品等等，不勝枚舉。埃及金字塔，中國的萬里長城，都是這方面極爲馳名的史料。即小至秦尺漢石，唐宋魚符，無一次是史學家的塊寶〔註94〕。

本文研究材料雖以文字記載的史料爲主，然因文字記載的材質或保存技術不善，容易造成毀損的情況。因此，有賴實物方面的史料來加以參酌或應證。

第五節　研究方法

一、傳統史學方法

在相關的研究材料蒐羅之後，緊接著即是對史料進行考證、歸訥、敘釋或解釋等步驟，以建構出日治時期媽祖信仰的情形。其相關說明如下：

（一）考證

史料考證可分爲外部考證（external criticism）與內部考證（in-ternal criticism），這種分類法，自班漢穆（Ernst Bernheim，1854～1937年）伊始，以後歐美史學家與中國史學家相繼沿用。所謂外部考證，係從外表衡量史料，以決定其眞僞及其產生的時間、空間等問題。所謂內部考證，係考證

〔註93〕同上註，頁21。
〔註94〕杜維運：《史學方法論（增訂新版）》，頁145～153。

史料的內容，從內容衡量其是否與客觀的事實相符合，或它們間符合的程度〔註95〕。

（二）歸納法

歸納方法被正式提出來，始自英國學者培根（Francis Bacon，1561～1626年），induction 一詞，從 17 世紀以後，即風靡西方學術界。在最初，它是一種科學方法，從觀察個別的事實，到得一致的理論。史學家將它應用過來，於是變成一種治史方法。大致上講起來，史學家儘量蒐集可能蒐集到的史料，史料蒐集齊全了，再得到結論，是所謂史學上的歸納方法。〔註96〕

（三）敘事與解釋

經過上述對史料進行歸納、分析之後，接著進行歷史現場的重建工作——敘事與解釋。所謂「歷史敘述」是指史家在考證史料之後，用有組織，有文采的方式把相關歷史事實撰述成文，以使該一歷史事件之眞相呈現出來。所謂「歷史解釋」則是在歷史敘述的同時，把有關該一歷史事件之眾多史實之間的主從輕重關係尋找出來，進而對它的變化、發展、意義提出說明。前者可以說主要在呈現歷史事件之「然」，後者則在呈現其「所以然」〔註97〕。

二、人類學科研究法——田野工作

人類學（anthropology）一詞的意思就是「研究人類的學問」〔註98〕。人類學一般包括四大領域：研究人類身體及其進化的體質人類學（Physical anthropology）、研究人類過去的文化遺存的考古學（ar-chaeologyl anthropology）、研究人類的語言的語言學（Linguistics）以及研究人類文化的文化人類學（Cuitural anthropology）〔註99〕。

在人類學的四大領域中共同的研究方法——田野工作（fieldwork）。田野工作（fieldwork）是對一社區及其生活方式、行爲模式親身參與的研究方法。對大多數的人類學家而言，田野工作是尋求和蒐集資料的主要依據；而紀錄

〔註95〕 同上註，頁 171。
〔註96〕 同上註，頁 67。
〔註97〕 李亦園：《人文學概論》，頁 43。
〔註98〕 基辛（Roger M.Keccsing）、史查盛（Ander J.Strathcrn）著，吳佰祿、李子寧譯：《文化人類學：當代觀點》（台北市：桂冠，2000 年），頁 2。
〔註99〕 李亦園：《人文學概論》，頁 287。

和解釋某個民族的生活方式，則形成了民族誌（ethnography）〔註100〕。

本文除了紙本、實物史料蒐集外，更需要以田野工作的方式實際參與及紀錄與本文有關的信仰活動，以了解該地區族群的生活、媽祖信仰儀式的展演等。更可進一步應證史料記載與該地區族群認知的情形。

三、歷史學與其他人文學科的跨界整合

歷史學與其他學科進行跨科際整合以從事研究，十九世紀以後的西方已開始進行。當時西方盛行利用語言學與文字學、古文字、古文書學、印章學、徽章學、泉幣學、族譜學（即氏族學）、年代學、地理學等歷史輔助科學，以進行歷史研究〔註101〕。

對運用當代科技與人文學科進行整合頗有成績的林淑慧教授認爲：「現代學術研究常跨越單一學科範疇，而朝科際整合的趨向發展〔註102〕。」因此不同學科的跨界對話已漸成學術研究的主流。

本論文除了沿用傳統的史學方法及人類學的田野工作方法外，亦應用社會學、當代文化理論、文化人類學等各領域的成果和方法，以充實研究主題。如當代文化理論可對於殖民統治者的意識形態（ideology）來做深入探討。社會學的視角則是可以剖析如北港朝天宮與政治、經濟間的連帶關係。文化人類學的學科觀點可嘗試辯證朝天宮祭祀圈、信仰圈的問題以及彰化南瑤宮與大甲鎮瀾宮香火儀式與文化意義等，有助於突顯史料記載中表像人、事、物之外的價值與精神內涵。

透過上述不同的人文學科與史料充分對話，定能顯示出這些史料所載負的時代痕跡，也能讓史料內容更有生命力。

第六節　本文章節架構

本文共爲六章。首章爲緒論，說明本文之研究動機、目的與問題意識、文獻回顧、研究方法……等。

〔註100〕基辛（Roger M.Keccsing）、史查盛（Ander J.Strathcrn）著，吳佰祿、李子寧譯：《文化人類學：當代觀點》，頁7。

〔註101〕同上註，頁196。

〔註102〕林淑慧：《台灣文化采風：黃叔璥及其《台海使槎錄研究》》（台北市：萬卷樓，2004年），頁12。

　　第二章首先說明清領時期北港朝天宮的建置過程，接著以日治時期總督府的政策為社會背景，分析北港當地菁英活動對朝天宮的改變。最後從日治時期報刊的報導來討論朝天宮媽祖在北港境內遶境情形，以及北港人如何以朝天宮為中心來凝聚情感。

　　第三章則討論彰化南瑤宮與大甲鎮瀾宮在日治時期的進香活動往北港朝天宮進香之年代、次數及熱烈情形。並試釐清漢人香火的原始意義、演變、文化意涵以及這兩大進香團對朝天宮信仰地位崛起的影響。

　　第四章則藉由實物及史料來建構「北港媽祖落府城」活動產生緣由，並由日治時期報刊的敘事來討論「北港媽祖落府城」的情形，並辯證其性質究竟是進香？巡歷？亦或府城人迎請北港媽祖？而這項活動對北港朝天宮地位是否有產生作用？對府城地區媽祖信仰產生了多少後續效應？

　　第五章則為結論，提出本文的研究發現。

第二章　日治時期台灣媽祖信仰中心的建立

　　王見川分析劉家謀〈海音詩〉、徐宗幹《斯未信齋雜錄》、吳子光《淡水廳志稿》及日人治台前光緒 20 年《雲林縣采訪冊》等不同時間的史料分析，北港朝天宮至遲在咸豐初年（1851～1861）已名滿台灣府城，成爲當地人最崇奉的神明。至同治中期（1862～1874），北港媽祖廟聲威擴及台灣中北部，朝天宮逐漸成爲全台最著名的媽祖廟〔註1〕。

　　王見川說明：「朝天宮之所以能從清末至日治時期仍位居崇高地位，主要與幾項因素有關：一、廟中供俸之媽祖靈驗異常。二、日本政府的扶植。三、報紙的宣揚。四、交通事業的推波助瀾。五、各地迎奉、進香者的造勢〔註2〕。」

　　曾月吟則將北港朝天宮的發展分爲；一、1895 年至 1907 年間，此時台灣人進香情形大抵仍承襲光緒年間以來的現象。二、1908 年至 1929 年間，是北港朝天宮的拓展時期。1908 年縱貫鐵路的完備、1912 年朝天宮的重建、與 1914 年奉迎北港媽祖塑像等活動，不僅擴大了北港媽祖的知名度，同時，也讓信奉北港媽祖的地區從中、南部擴展至北部，雖然以亦有北部香客至北港進香，但多屬私人性質，至此，則開始出現團體奉迎或進香的方式，簡言之，此時期的朝天宮對內則大肆整修廟宇，對外則積極出巡開拓，再加上外在社會環境影響的配合與交通設施的完善，乃使北港朝天宮逐漸累積了眾多信徒。三、1930 年代以後，北港朝天宮媽祖信仰重鎮的地位已趨穩固，且其儼然已成爲

〔註1〕 詳見王見川：《台灣的民間宗教與信仰》（台北縣蘆洲市：博揚，2000 年），頁 242～244。
〔註2〕 王見川主編：〈光復前的北港朝天宮〉《民間宗教第 3 輯中國近現代教門媽祖信仰專輯》（台北市：南天，1998 年），頁 265～266。

全島信仰中心。而正因為如此，北港朝天宮乃漸受到日本官方的重視，關係漸趨密切〔註3〕。

綜合王見川及曾月吟的討論發現：北港朝天宮能在日治時期崛起，與台灣總督府、鐵道交通、各地迎請等外在因素有很大的關聯，但令筆者疑問的是；在當時北港地區的鄉紳與民眾究竟扮演了什麼樣的角色呢？對北港朝天宮的崛起是否有所影響呢？

本章將藉由日治時期總督府國家權力及當時參與朝天宮的鄉紳、民眾活動等內在因素來討論日治時期北港朝天宮崛起的原因。

第一節　清代北港朝天宮媽祖信仰地位之形成

俗話說：「第一北港媽，第二鯤鯓王，第三大道公，第四郭聖王。」比喻媽祖神格高超且靈驗，在眾神中排列第一位〔註4〕。然而在清代台南大天后宮才是全台媽祖廟中享有地位最高者〔註5〕，亦是當時台灣媽祖信仰之中心。而北港朝天宮媽祖信仰的地位直到清末才形成。究竟是北港朝天宮媽祖信仰地位是如何建立的呢？試由下列說明：

一、顏思齊與古笨港

北港鎮位處雲林縣西南部，東南以北港溪界隔嘉義縣新港鄉、六腳鄉，西街水林鄉，北連元長鄉與四湖鄉。北港古昔舊名笨港，乃據荷蘭人稱呼此地為

〔註3〕 曾月吟：〈日據時期朝天宮的發展——以《台灣日日新報》所見為主〉，載於《媽祖信仰國際學術研討會》，北港朝天宮董事會主編：（雲林縣北港鎮：北港朝天宮董事會，1997年），頁268。

〔註4〕 顏昭武等編撰：《從笨港到北港——北港鎮》（雲林縣斗六市：雲林縣政府，2002年），頁10～2。

〔註5〕 李獻璋：「大天后廟為清軍入臺後施琅將軍親自創建的最初官廟，後起的北港媽，當然要對它致敬。」；黃美英則認為：「清代祀典大天后宮以其官方的領導地位，號令全台的媽祖信仰，並以其為進香中心。」；石萬壽則說：「康熙年間，台灣地位最高的媽祖廟為府城的大天后宮。」又說：「康熙五十九年，朝廷列媽祖為春秋二祀，改大天妃宮為天后宮，成為全台灣最早稱天后宮的媽祖廟，也成為全島媽祖信仰的本山，今日台灣較享盛名的媽祖廟，大半與此廟或有淵源。」見李獻璋著，鄭彭年、劉月蓮譯述：《媽祖信仰研究》（澳門海事博物館，1995年），頁216；黃美英：《台灣媽祖的香火與儀式》（台北市：自立晚報，1994年），頁76；石萬壽：《台灣的媽祖信仰》（台北市：臺原出版，2000年），頁201～245。

poonkan 之音譯漢字，位居北港溪北岸〔註6〕。在 17 世紀初，荷蘭人據台所繪台灣地圖就有：「R. ponkan」的標誌了，可見在 1600 年代已有笨港存在〔註7〕。明代台灣漁業誌載：「天啓三年九月五日，實施海禁；沿海商民，不得假往北港捕魚，與荷蘭人貿易」，可見在明代天啓年間北港泛指台灣〔註8〕。

　　嘉靖 42 年（1563）有海盜林道乾入台，隨後天啓元年顏思齊與鄭芝龍入進入台灣，周鐘瑄《諸羅縣志》：

　　　嘉靖四十二年，海寇林道乾入臺。天啓元年，顏思齊、鄭芝龍引倭踞其地〔註9〕。

連雅堂在《台灣通史》也說：

　　　思齊既謀起事，事洩，……至臺灣。入北港，築寨以居，鎮撫土番，分汛所部耕獵。未幾而紹祖死。芝龍昆仲多入臺，漳泉無業之民亦先後至，凡三千餘人〔註10〕。

顏思齊與鄭芝龍進入台灣後，據〈花村談往〉云：顏思齊入台後築有十寨，經戰後調查分佈在今雲林縣北港鎮及水林鄉一帶，詳如表 2－1 所示。

表 2－1：顏思齊十寨位置分佈表

設寨寨名	設寨地名	現在地名	設寨寨名	設寨地名	現在地名
前寨	興化店庄	溪流沖毀	主寨	顏厝寨	水林鄉 水北村
後寨	考試潭庄	居民他遷	左寨	王厝寨	水林鄉 土厝村
哨船寨	船頭埔庄	北港鎮 樹腳里	右寨	陳厝寨	水林鄉 土厝村
府番寨	府番仔庄	北港鎮 府番里	海防寨	後寮埔庄	水林鄉 後寮村
北寨	大北門庄	北港鎮 大北里	糧草寨	土厝庄	水林鄉 土厝村

資料來源：賴翠梅：《北港地區的庶民節慶生活研究》（嘉義縣：國立中正大學台灣文學所碩士論文，2009），頁 16。

〔註6〕　廖忠俊：《台灣鄉鎮舊地名考釋》（台北市：允晨文化，2008 年），頁 240。
〔註7〕　林永村：〈笨港聚落的形成與媽祖信仰重鎮的確立〉，《台灣文獻》，42 期 2 卷（1991 年 6 月），頁 333。
〔註8〕　仇德哉：《雲林縣志稿卷首史略篇》（雲林縣文獻委員會編印，1977 年），頁 58。
〔註9〕　周鐘瑄：《諸羅縣志》（台北市：台灣銀行，1962 年），頁 3～4。
〔註10〕　連橫：《台灣通史》（南投市：台灣省文獻會，1992 年），頁 728。

　　天啓 4 年（1624）荷蘭人進入台南安平一帶進入並建立起城寨──熱蘭遮城。荷蘭人在笨港一帶活動的紀錄多集中在 1634 到 1639 年間；之後僅有 1645 年 5 月的一筆資料。這些資料，指出 1634 年開始有船隻往返大員，從事鹿產交易。由笨港溪輸往大員的貨物，多是鹿皮、鹿肉。1638 年 6 月與 1645 年 5 月，笨港溪還有鹹魚運往大員；大員輸往笨港溪一帶的貨物，則以鹽、米爲主，應該是供應漁民的需求。另外，1644 年 10 月上尉 Pieter Boon 率征伐隊沿今桃竹苗地區南下，越過大甲溪、大安溪，攻入水裡（Bodor）社，再越過大肚溪前往馬芝麟（Taurinap）社，並對半線（Pasua）社施行焦土攻勢。最後，經（疑爲大突）、Sarboloo、二林、虎尾瓏等社，抵笨港（Poncan）溪後，才改循水路返回大員〔註11〕。

　　天啓 5 年（1625）顏思齊、李旦先後病逝，隨即由鄭芝龍繼承勢力成爲新的領導者。〔註12〕

　　崇禎元年（1628）芝龍受招撫，開始爲明朝防守海疆。其弟鴻逵、芝豹等人亦轉爲明朝鎮將。不數年熊文燦出任撫閩，值大旱，民饑，上下無策。文燦向芝龍謀之。芝龍曰：「公第聽謀所爲？」文燦曰：「諾」乃招飢民數萬人，人給銀三兩，三人給牛一頭，用海舶載至台灣，令其開墾荒土爲田，闢建莊屋。當時閩南移民墾殖的區域，涵蓋今台南縣鹽水港以北，至雲林縣北港、虎尾一帶，「諸羅縣志」上所稱的「外九莊」以笨港爲門戶。此爲笨港農墾之始〔註13〕。鄭芝龍的外九莊分別是北新莊、大小榔梛莊、井水港莊、土獅仔莊、鹿仔草莊、龜佛山莊、南勢竹莊、大坵田莊、龜仔港莊〔註14〕詳如表 2－2 所示：

表 2－2：鄭芝龍外九庄分佈表

北新	土獅仔	井水港	龜佛山	鹿仔草	南勢竹	大坵田	龜仔港	大小榆榔	舊地名 ／ 今地名
太保	六腳	鹽水	鹿草	鹿草	義竹	朴子	朴子	朴子	鄉鎮

〔註11〕黃富三主編：《海、河與臺灣聚落變遷：比較觀點》（台北市：中研院台史所，2009 年），頁 20。
〔註12〕江日昇：《台灣外記》（台北市：台灣銀行，1960 年）頁 38。
〔註13〕蔡相煇：《台灣的王爺與媽祖》（台北市：台原出版社，1989 年），頁 190～191。
〔註14〕周鍾瑄：《諸羅縣志》，頁 30。

村里	大鄉、大葛、仁和	順安里	崁後、竹村	南竹里	鹿草、西井、鹿東村	竹山村	井水里	塗獅村	水虞厝北新村

資料來源：蔡相輝：《台灣的王爺與媽祖》（台北市：台原出版社，1989），頁 192。

鄭芝龍接受清帝國的招降之後，鄭成功接收了他在海上的勢力，並順利的在明永曆 16 年（1662）逐退荷蘭人開始了鄭氏三代在台灣的經營。在明鄭入台之後，實施「軍兵屯墾」的政策，雲林地區大槺榔東堡分別有軍旅弁屯及漳浦人向媽窮招佃開屯〔註 15〕。而平埔族據〈荷蘭戶口表〉、《裨海紀遊》、《諸羅縣志》等記載，明鄭時期雲林縣平埔族屬洪雅族共有 5 社，分佈在；斗六、斗南、崙背一帶〔註 16〕，而笨港地區似乎無平埔族活動的蹤跡。

康熙 22 年（1683），台灣歸清，明鄭時期屯墾各地的漢藉軍隊，多半被遣返原鄉，已經屯墾之地，乃再趨荒蕪。康熙 23 年（1684），清政府雖在台灣設置台灣、鳳山、諸羅三縣，但政令所及，「止府治百餘里，鳳山、諸羅皆惡毒瘴地，令其邑者尚不敢至。」佳興里以北的地表景觀，「平原一望，罔非茂草，勁者覆頂，弱者蔽肩，車馳其中，如在地底，草稍割面破項，蚊蚋蒼蠅吮咂肌體，如肌鷹惡虎，撲逐不去。」大片荒蕪之地，雖有部份被原住民視為「社有領域」，但清領台灣之初，政府並未予以重視，以致有逕行賜予協助攻臺有功人士墾權的事例出現；如清領渡台征伐明鄭時，陳立勳曾捐納軍資有功，賞大堡內大部分地區的墾權〔註 17〕。

二、清領時期的北港朝天宮

笨港在 17 世紀前半葉時外有細長離岸沙洲為天然防波堤，內有深水河口港，可供泉廈等地大型帆船停泊，但當時正值嘉南平原開拓之始，港口的腹地等條件未趨完備，因此尚未能成為貿易鼎盛的河口港，只能視為移民登陸據點。17 世紀後半葉起至 18 世紀，此時的笨港港道陸續淤淺中，但因其腹地日漸廣闊且富庶，再加上嘉南平原的開墾已趨完成，隨著船隻往來貿易的日

〔註 15〕仇德哉：《雲林縣志稿卷首史略篇》，頁 69～70。
〔註 16〕同上註，頁 65～66。
〔註 17〕陳國川：《清代雲林地區的農業墾殖與活動形式》（台北市：國立台灣師範大學地理系，2002 年），頁 41～42。

益頻繁，而笨港又位於台灣中部對外之要衝，便於島外及腹地相聯結，人口乃逐漸聚集，而形成街市，笨港的港務亦因此日趨鼎盛〔註18〕。因此，成書於康熙55年（1716）的《諸羅縣志》記載：

> 笨港街（商賈輳集，臺屬近海市鎮，此爲最大）、土獅仔街、猴樹港
> 街、井水港街（俱屬外九莊）〔註19〕。

除了商賈輳集外，笨港也設有：

> 笨港公館在笨港街，康熙五十五年，附近土民公建〔註20〕。

「公館」，即供應往來旅客休憩的旅館，除供應往來旅客投宿外，並在無事之時，會集子弟，宣講聖訓，或申明條約，以維護地方安寧。〔註21〕顯見該地除了是個商賈輳集之地外，也是頗具文風的地區。而頗值得注意的是笨港街是在今笨港溪南岸。

另外，笨港也是進入府治台南的交通要地：

> 而笨港並有小港可通鹿耳門內，即名馬沙溝是也。……而惟鹿耳門
> 爲用武必爭之地者，以入港即可以奪安平而抗府治也〔註22〕。

北港朝天宮就在古笨港進入商業都市的期間所建立起來的。康熙33年（1694）僧人樹壁自湄洲奉神像自笨港登陸，後經笨港居民請求，希望神像能留於該地並請僧人主持香火，在《台灣私法人事篇》：

> 北港朝天宮，前係笨港天后宮，自康熙三十三年三月，僧樹壁奉湄
> 州朝天閣天后聖母到地，因九莊前係泉漳之人雜處，素感神靈，無
> 從瞻拜，故見僧人奉神像來，議留主持香火，立祠祀焉！僅茅屋數
> 椽，而祈禱報賽殆無虛日〔註23〕。

康熙39年（1700）當時笨港地區因助捐軍資予清廷有功大業戶陳立勳在，在今嘉義縣鹿草鄉、六腳鄉；雲林縣水林鄉、北港鎮一帶擁有田園數百甲、糖廍、店面甚多，並在今廟前左側碾米往內地販運，其家族分家後有長房捐獻

〔註18〕 曾月吟：《日據時期朝天宮與北港地區之發展》（嘉義：國立中正大學歷史研究所碩士論文，1995年），頁9～10。

〔註19〕 周鍾瑄：《諸羅縣志》（台北市：台灣銀行，1962年）頁32。

〔註20〕 同上註，頁26。

〔註21〕 蔡相煇：《北港朝天宮志增訂版》（雲林：財團法人北港朝天宮董事會，1995年），頁59。

〔註22〕 黃淑璥：《台海使槎錄》（台北市：台灣銀行，1957年），頁6。

〔註23〕 臨時台灣舊慣調查會：《台灣私法人事篇》（南投市：臺灣省文獻會，1994年），頁64。

廟地爲媽祖蓋起蓋起稍具規模的小祠廟〔註24〕。《諸羅縣志》：

　　天妃廟：一在外九莊笨港街。三十九年，居民合建。〔註25〕

雍正2年（1724），笨港設渡：

　　知縣孫魯批允本街天后宮僧人設渡濟人，年收渡稅充爲本宮香燈〔註26〕。

雍正8年（1730）改竹爲木，改茅爲瓦，北港朝天宮正式建廟〔註27〕。雍正9年（1731）諸羅縣承在笨港設立〔註28〕。

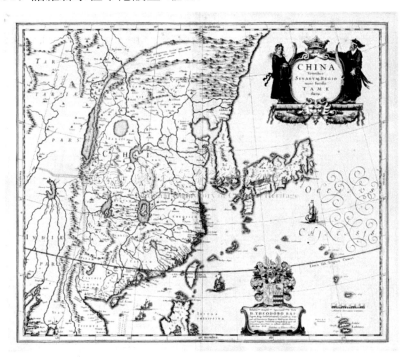

圖2－1：繪於1638年的China veterobus sinarum regio 圖影像，圖中已標有「笨港」或「福爾摩沙島」（Pakanal：I.Formosa）〔註29〕

　　北港俗諺：「一府二笨。」一府指台南，俗稱「府城」。乾隆時期笨港商賈雲集，繁華僅次府城，故稱一府二笨。爾後港口淤積才有「一府二鹿三艋

〔註24〕　蔡相煇：《北港朝天宮志增訂版》，頁106及294～295。

〔註25〕　周鍾瑄：《諸羅縣志》頁281。

〔註26〕　余文儀：《續修台灣府志》（台北市：臺灣銀行，1962年），頁100。

〔註27〕　連橫：《台灣通史》（南投市：臺灣省文獻委員會，1992年），頁264。

〔註28〕　范咸：《重修台灣府志》（台北市：台灣銀行，1961年），頁63。

〔註29〕　行政院文化建設委員會，國家文化資料庫：http://nrch.cca.gov.tw/ccahome/
　　　　（檢索日期：2011年3月6日。）

舺」的諺語出現〔註30〕。

乾隆年間，是笨港地區發展的鼎盛期，人口不斷大移入發展，乾隆 6 年
（1741）諸羅行政區劃漢人居住區原僅爲四里、七保、十七庄，至乾隆 29 年
（1764）增闢三十九保、一莊，共計四里、四十九保、十八莊。笨港街則以
人口眾多，被劃分爲南、北二保，北街屬大槺榔東保，南街屬打貓西保，對
外仍合稱笨港街〔註31〕。當時笨港有「小台灣」美稱：

> 笨港街，距縣三十里，南屬打貓保，北屬大槺榔保。港分南北，中
> 間隔一溪，曰南街，曰北街，舟車輻輳，百貨駢闐，俗稱小臺灣。
> 〔註32〕

乾隆年間是笨港全盛時期。當時港是諸羅縣治以北扼要之地，其地設有倉儲，
並做爲諸羅縣之吞吐港，負責將諸羅縣之栗石、民間貨物與米穀等運至府治，
甚至於在雍正、乾隆之際，笨港未經官方許可，便私自與大陸有貿易往來。其
在當時成爲台灣僅次於打狗、安平、滬尾、艋舺等地的港口。對外而言，其藉
由海運而發展成的商圈，遍及大陸沿岸各地如廈門、上海、福州、香港等地；
對內則形成地方商業都市，腹地遍及附近城鎮與農村如斗六、麥寮、大林、民
雄等地，而交易貨物主要便是銷售經由港口所進口的東西，同時亦出口台灣農
村的農產品等〔註33〕。另外，也是自乾隆年間開始「笨港」才漸有「北港」之
稱〔註34〕。

乾隆年間笨港分南北街，那麼究竟笨港天后是坐落於南街或北街呢？據
乾隆 42 年（1777）陳寧老所立典契已有：

> 出典契人陳寧老，自己與夥記承坐明買瓦店一座，前後二進，坐在
> 北港媽祖宮邊，坐北朝南……〔註35〕。

由此可知，笨港天后宮應是坐落於笨港北街。且民間已開始稱呼笨港天后宮
爲北港媽祖宮。

〔註30〕顏昭武等編撰：《從笨港到北港——北港鎮》，頁 10～4。
〔註31〕蔡相煇：《北港朝天宮志增訂版》，頁 60～61。
〔註32〕余文儀：《續修台灣府志》，頁 23。
〔註33〕曾月吟：《日據時期朝天宮與北港地區之發展》，（嘉義：中正大學歷史研究碩
　　　士論文，1995 年），頁 11。
〔註34〕黃阿有：〈顏思齊鄭芝龍入墾台灣研究〉，《台灣文獻》54 卷 4 期（2003 年 12
　　　月），頁 115。
〔註35〕臨時台灣舊慣調查會：《台灣私法人事篇》（南投市：臺灣省文獻會，1994 年），
　　　頁 567。

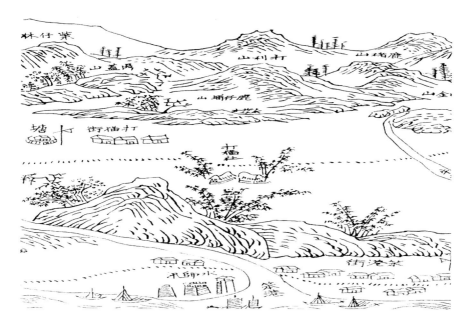

圖 2−2：康熙 56 年《諸羅縣志》〈山川總圖〉中笨港街位於笨港溪南
　　　　岸〔註36〕

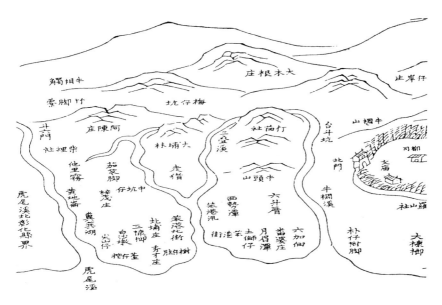

圖 2−3：乾隆 7 年刊行《重修台灣府志》〈諸羅縣圖〉出現笨港北街〔註37〕

〔註36〕周鐘瑄：《諸羅縣志文建會版》，頁 41。
〔註37〕劉良壁：《重修台灣府志文建會版》（台北市：文建會，2005 年），頁 61。

　　北港朝天宮自雍正 8 年（1730）正式建廟之後，年久未修，於是在乾隆 39 年（1751）進行重修，由於笨港繁華、富庶多有商人往來之地再加上住持僧頗受官紳敬重，重修天妃宮的事很快的就受到響應。《台灣通史》：「笨港縣丞薛肇廣、貢生陳瑞玉等捐資修之。自 38 年 10 月起工，翌年 9 月落成，費款 1 萬 5 千圓〔註38〕。」

　　另外，自乾隆年間開始彰化南瑤宮已開始前往笨港進香。周璽《彰化縣志》天妃聖母廟：

　　　一在邑治南門外尾，乾隆中士民公建，歲往笨港進香。男女塞道，
　　屢著靈應〔註39〕。

就在笨港地區迅速發展之際，南、北港居民爆發了嚴重的漳、泉械鬥。乾隆 47 年（1782）9 月，彰化縣番仔溝地方漳、泉百姓口角構釁繼而械鬥。快官莊泉人並將漳籍把總林審欄入莊內殺害，笨港以海道要衝，居民亦受感染。10 月，北港街民洪鐘糾眾搶南港，南港居民亦起而抗之，11 月，福建水師提督漳人黃仕簡率兵搜捕要犯，將起意焚搶殺命之要犯羅裕、洪鐘等 18 名正法示眾，旋又補獲南、北港首夥 85 名。12 月，復於北港、東莊、土庫、麥子寮等處捕獲首夥吳妹等 105 名，與焚搶殺命要犯楊賽等 24 人一併斬梟示眾。其時南港漳人勢弱，多走避，黃仕簡乃出面，招回南港漳人修築房屋，仍前交易，共敦和好〔註40〕。

　　乾隆 51 年底（1786），林爽文抗清事件發生，笨南港坂頭厝附近七莊民起而響應，先擬焚笨港遊擊營盤，事泄，未成。次年 5 月，賊氛愈熾，閩督李侍堯撥繪船，安放碇位，令營員帶同水師鎗兵分駐鹿耳門、鹿仔港等處。官兵既撤，北港街紳民建爽文軍非節制之師，不足以號召群雄致力復興大業，遂結壘自固。5 月 30 日，賊設伏陷壘，北港街義勇遇害者百零八人。既而逆軍挾北港街居民未已附漳、泉畛域之見，乃縱兵劫掠，北港幾成片土。爽文軍以笨港要區，於南港、坂頭厝一帶搭蓋草寮兩百餘間爲巢，一面騷擾沿海一帶，一面進圍諸羅〔註41〕。雙方僵持數月，清廷由「普吉保督率將弁兵丁，由大突溪一路偵探賊蹤，奮勇殺賊，燒燬賊寮，生擒賊夥，奪獲器械、銀、

〔註38〕連橫：《台灣通史》，頁 264。
〔註39〕周璽：《彰化縣志》（台北市：台灣銀行，1962 年），頁 154。
〔註40〕蔡相煇：《北港朝天宮志增訂版》，頁 81。
〔註41〕同上註，頁 81。

米甚多，收復笨港〔註42〕。」林爽文事件後，北港地區居民建義民廟以紀念壯烈犧牲者〔註43〕。

　　嘉慶2年（1797）台灣遭遇前所未見之颶颱〔註44〕，笨港溪「出黑水」，沖毀許多民宅、廟宇，水仙宮因此而全毀。《重修笨南港水仙宮碑記》：

> 吾笨南港有水仙尊王、關聖帝君二廟由來久矣，不意嘉慶年間溪水
> 漲滿，橫溢街衢，浸壞民居者不知凡幾，而二廟蕩然無存。里中耆
> 宿悼廟宇之傾圮，思崇報而無終，遂於嘉慶甲戌年間，鳩金卜築于
> 港之南隅，以崇祀水仙尊王〔註45〕。

此次水患福建省撫台費淳除撥解司庫銀20萬兩接濟外，並運內地兵穀3萬4千餘石截留，以備賑糶。又因笨港南街遭洪水沖毀因此有部份從事糖、米的生產者逐漸遷往東方約五公里之麻園寮暫居〔註46〕，至嘉慶9年（1804）新建街肆，據聞搬到當地的居民皆殷富世家，因此街里的名稱擬同於當時台灣府治所在台南，稱為「新南港街」據《嘉義管內采訪冊》：

> 新南港街在嘉義城西北二十五里，距打貓十二里，居民先世多由舊
> 南港街移來者，故名新南港街。……舊南港甚為蹂躪。嗣因笨溪沖
> 陷房屋街市甚多，故移至是地。人煙輻輳，百貨充集，笨港海船運
> 糖米者，半購於此焉當衝要，街分六條，近附鄉村，賣買皆會於是，
> 雖不可比濱海之都會，亦嘉屬之一市鎮也。相傳其地初建，皆殷富
> 世家，故街里之名稱，略擬同於臺南焉〔註47〕。

嘉慶23年（1818）3月由紳民建立奉天宮，《嘉義管內采訪冊》：「在新南港街，崇祀天上聖母，嘉慶戊寅年三月紳民公建〔註48〕。」

〔註42〕台灣銀行經濟研究室：《欽定平定台灣紀略》（台北市：台灣銀行，1961年），頁645。

〔註43〕倪贊元：《雲林縣採訪冊》（台北市：台灣銀行，1959年），頁49。

〔註44〕蔡相煇：《北港朝天宮志增訂版》，頁81。

〔註45〕同上註，頁83。

〔註46〕同上註，頁81～82。

〔註47〕不著傳人：《嘉義管內采訪冊》（南投市：臺灣省文獻委員會，1993年），頁4～5。

〔註48〕同上註，頁4。

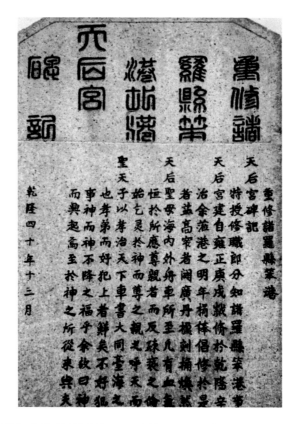

圖2－4：笨港縣承薛肇熿所撰〈重修諸羅縣笨港天后宮碑誌〉，攝於北港朝天宮聖父母殿前廣場（2011.4.21）

北港俗諺：「卡橫逆蔡遷。」所形容為人蠻橫，人人想除之而後快。這句諺語的典故是來自嘉慶年間的海盜蔡牽常在笨港沿海打家劫舍〔註49〕並有取代清廷自立為王的企圖：

> 鹿港、鹿耳門、東港等處，圍劫商船，索銀及貨物，不計其數，稍不如意，竟逐其舵工水手，而奪其船，或將船燒燬，火光灼天，見者、聞者，莫不驚愕失色。官弁只圖固守，計無所施。蔡牽既飫鯨吞，遂萌虎視，思霸臺灣一隅以自踞〔註50〕。

清廷以出身諸羅縣的王得祿追擊蔡牽於黑水外洋

> 十四年己巳八月十八日，追擊於黑水外洋，蔡牽落海死〔註51〕。

〔註49〕顏昭武等編撰：《從笨港到北港——北港鎮》，頁10～4。

〔註50〕陳國瑛等：《台灣采訪冊》（台北市：臺灣銀行，1959年），頁32。

〔註51〕謝金鑾、鄭兼才：《續修台灣縣志》（臺北市：臺灣銀行，1962年），頁379。

道光 17 年（1837），出身於嘉義的王得祿〔註52〕「以嘉慶中平海寇有功，神顯靈保護，鑄鐘一個，懸掛「海天靈貺」匾額酬謝〔註53〕。」回京之後，陳奏道光皇帝，而後禮部奉准褒封天上聖母並特賜春秋祭祝，聖父衍澤公暨母王氏夫人配享後宮又御筆書「神昭海表」四字匾額懸掛〔註54〕。道光19年朝天宮往湄洲進香〔註55〕。

至於北港媽祖廟何時稱「朝天宮」？根據北港媽祖廟第六代住持浣衷（1765～1822 年）神主牌位可知其於嘉慶年間二度重興北港媽祖廟，以原香火來自湄洲朝天閣，故重興建的媽祖廟爲「朝天宮」。另根據朝天宮現存文物中，在道光29年由台郡下打銀街葉合成敬獻的供桌立面已出現「朝天宮」的用語，而朝天宮正殿擺置的清咸豐7年（1857）泉藉人奉獻的「萬年香火爐」上鑄有朝天宮字樣。由此可知北港「朝天宮」的名稱最早在清代嘉慶、道光年間正式使用〔註56〕。

另外，笨港溪在道光時期已慢慢發生變化；笨港係瀉湖內的河口港，因不斷有泥沙之淤積，且嘉南平原地盤緩徐隆起，海勢不斷西去，迨雍正、乾隆年間，已距海甚遠，乃以猴樹港爲外港；至道光中葉（1836 年前後），「猴樹港」又告淤塞，再以「下湖口」爲外港〔註57〕。

咸豐元年，朝天宮又一度重修。倡首者爲世襲子爵特授江安十郡儲糧道王朝綸及嘉義訓導蔡如璋，重修各殿，並增築後殿，奉祀聖父母〔註58〕。同治年間戴萬生事件首先攻陷彰化城、圍進嘉義，準備撲進北港，正當北港居民決戰或避莫衷一事時決定：

> 相率禱於天后，卜戰吉，議遂定。乃培土爲壘，引溪爲濠。事方集，
> 賊大至，居民迎神旂出禦；賊不戰，退，時四月也〔註59〕。

但與北港一溪之隔的南港就不那麼幸運了，戴萬生的軍隊「自是屢來窺伺，既

〔註52〕　《清史列傳選》（南投市：臺灣省文獻委員會，1994 年），頁 226。
〔註53〕　臨時台灣舊慣調查會：《台灣私法人事篇》，頁 313。
〔註54〕　同上註，頁 313。
〔註55〕　蔡相煇：《北港朝天宮志增訂版》，頁 74～1。
〔註56〕　蘇全正：〈台灣宗教研究與古文書運用──以北港媽祖廟的創建年代的歷史考察爲例〉，《台灣古文書學會會訊》，3 期（2008 年 10 月），頁 20～21。
〔註57〕　台灣省文獻委員會編：《重修台灣省通志卷三住民志地名篇沿革》（南投市：台灣省文獻會，1989 年），頁 360～361。
〔註58〕　臨時台灣舊慣調查會：《台灣私法人事篇》，頁 313～314。
〔註59〕　倪贊元：《雲林縣采訪冊》，頁 58。

不得逞，遂破新街，焚掠居民……〔註60〕。」所幸「港人集義勇出救，拔出被難男婦甚多〔註61〕。」直到同年 7 月在官方軍隊與笨港當地義勇合作下恢復新街亦解危嘉邑〔註62〕。詢問戴萬生黨羽先前在不敢侵犯北港之故，言稱：

> 是日見黑旂下兵馬雲集，雄壯如神，故不敢戰；民始悟天后顯靈保
>
> 護，共詣廟叩謝，守禦益力〔註63〕。

在戴萬生起義事件中，北港朝天宮媽祖顯靈助戰的神話，無法究其眞或偽。但顯然的北港地區的民眾憑著對媽祖的信任強化了他們的信心，並進一步解除了生存上的危機。而這也是媽祖由傳統航海所需的水神性格隨漢人移民社會（immigrant society）走向「土著化」（indigeniza-tion）「土著化社會」（native society）後〔註64〕神格也隨之轉型成多元化的一例。

北港朝天宮除了彰化南瑤宮前來進香外，北港朝天宮媽祖亦接受各地信徒邀請前往巡歷、供奉、分靈或分香。在清代雲林、嘉義、台南等地區朝天宮受邀最多，其中台南地區有迎請北港朝天宮媽祖南下巡歷的慣俗。據當時台灣兵備道徐宗幹的《斯未信齋雜錄》云：

> 壬子三月二十三日，爲天后神誕。前期，臺人循舊俗，迎嘉邑北港
>
> 廟中神像至郡城廟供奉，並巡歷城廂內外而回〔註65〕。

唐贊衮的《臺陽見聞錄》：

> 北港有天后廟，間數年，必請神像來拜郡城天后。屆時香火之盛，
>
> 日數千人〔註66〕。

〔註60〕同上註，頁 58。
〔註61〕同上註，頁 58。
〔註62〕同上註，頁 58。
〔註63〕同上註，頁 58。
〔註64〕陳其南認爲：清初以來，漢人已逐漸從原住民手中取得對台灣的控制權，台灣也逐漸由一個海外的邊疆成爲中國本土的延伸。從 1683 到 1895 年的兩百年中，台灣的漢人移民社會逐漸從一個邊疆環境中掙脫出來，成爲人口眾多、安全富庶的土著社會。整個清代可以說是由台灣來台漢人由移民社會（immigrant society）走向「土著化」（indigeniza-tion）變成爲土著社會（native society）的過程。頻繁發生的祖籍分類械鬥是一個最佳說明。這或許暗示了一種社會人羣認同的嘗試和危機期，不同的成分尋找各自的指涉點。詳見陳其南：《台灣的傳統中國社會增訂版》（台北市：允晨文化，1987 年），頁 92。
〔註65〕徐宗幹：《斯未信文編：斯未信摘雜錄》（南投市：台灣省文獻委員會，1994年），頁 69～70。
〔註66〕唐贊衮：《臺陽見聞錄》（台北市：台灣銀行，1958 年），頁 132。

成書於清末《安平縣雜記》：

迨三月十四日，北港媽來郡乞火，鄉莊民人隨行者數萬人〔註67〕。

徐宗幹於道光28年任台灣兵備道，咸豐4年離台。由活動規模來看，其俗應流傳已久。然因朝天宮媽祖例必被迎駐大天宮供府城居民膜拜，故也有人謂是進香〔註68〕。

　　光緒6年（1880）朝天宮往湄洲進香〔註69〕。光緒12年嘉義大旱，縣令羅建祥屢次求雨不成。「適縣民自北港迎天后入城，羅素知神異，迎禱之，翌日甘霖大沛，四境霑足，轉歉為豐，詳經撫部院劉公具題，蒙御書「慈雲灑潤」四字。今敬謹鉤摹，與嘉慶年所賜共懸廟廷〔註70〕。」光緒20年（1894）10月北港街內大火，據當時的《臺灣城府教會報》記載：

臺南熱鬧的地方，一是府城，二是鹿港，三是笨港。笨港也叫做北港。這個笨港富裕的人很多，……。又有一尊佛叫做北港媽，是全臺灣第一有名聲今很可惜，那個埠頭現在都變成灰燼。因為今年十月初一，北港廟後，有一間合茂行來了一位唐山客，住在那行內，碰巧生病，竟死在那裡。到下午抬出去埋葬，他們心中生疑，竟萌異端，懼怕有鬼住在他們行內，就放大炮來驚鬼。……未料到火射就這樣發起來，炮紙的火星跳入棉花內，一直燒。又加上旁邊有土碳油爆開助力，竟然將那間行，以及所有之物一盡燒光光，那時正起風吹來，愈燎愈遠，至使北港地方，自南到北被燒成平地；差不多十分燒掉八分；就是那些做大生意的行、店，約有三四百坎。而且他們的神佛及公媽大約燒掉千餘尊；他們的金銀、財帛、□仔、衣裳、傢私、器具，以及他們的豬、狗、雞、鴨，亦燒得難以計數。……無屋可睡，及無飯可食的人也是多；看來真正可傷啊！台灣其他未曾聽見像如此的。〔註71〕

而朝天宮在此次火災中所幸僅拜殿焚毀，但整個北港街商況卻一落千丈。正

〔註67〕台灣銀行經濟研究室編：《安平縣雜記》（台北市：台灣銀行，1959年），頁14。

〔註68〕蔡相煇：《北港朝天宮志增訂版》，頁174～175。有關「北港媽落府」的過程、情形及香火意涵詳見本文第四章。

〔註69〕同上註，頁74～1。

〔註70〕倪贊元：《雲林縣採訪冊》，頁50。

〔註71〕翁佳音：《有關北港媽祖的兩條清代資料抄譯》（台灣風物），39卷1期（1989年3月），頁139～140。

準備重建之際，不料翌年，1895 年清廷讓台，政治局勢及社會治安陷入動盪，朝天宮修建工作只好草草之中結束，而此次大火留下北港地區俗諺：「媽祖講無情大火燒拜亭。」

日人治台之前，北港基本上尚維繫了貿易往來的情況。當時北港主要的對外貿易對象仍是大陸地區。如泉州、福州、漳州、上海、廈門、寧波等地，至於對內而言，北港則為附近的農產品之集散地，其腹地包括他里務、西螺、打貓、大林、嘉義、麥寮、土庫等地。至於由北港進口的貨物，則以日常用品如棉花、布、煙草、陶器、寸燐（火柴）等為主。主要來自大陸、孟買、英國、美國等地，可知當時笨港地區的日常必需品仍須仰賴進口，其中又以對大陸的依賴較深，但對於日本、英、美等地亦保持貿易的往來〔註72〕。

日人治台後，在 1897 年制定「特別輸出港」辦法，1899 年開設包含下湖口在內的 8 個舊港為特別輸出入港，專供中國型船隻進出。其後由於帆船貿易衰退、貿易地區改變，台灣南北路、新港口的建設，使原先的港口市鎮漸喪失航運、貿易功能而逐漸沒落，「特別輸出入港」亦陸續關閉〔註73〕，「下湖口」就在 1907 年 7 月，廢除了特別輸入港的指定後，下湖口的貿易功能結束，便不見關稅記錄了〔註74〕。

回顧清領時期北港朝天宮之發展，北港朝天宮能在清末形成媽祖信仰之中心；溫振華認為：北港媽祖信仰中心的形成是由於神格多元化，逐漸滿足農業社會之需要，再加上南瑤宮進香團之強化宣傳，逐漸成為全島媽祖信徒的聖地。台南大天后宮的中心地位，主要建築在媽祖海神與捍災禦患的神格上，同時又為官廟，信徒以接民為多，神格不易多元化、農神化。其領袖地位，最後遂為北港朝天宮所襲取〔註75〕。王見川則是肯定溫氏說法並延伸其說認為：朝天宮媽祖在咸豐初年前成為台灣首府地區台南人民崇奉的媽祖，亦與朝天宮宗教地位的建立有關！若無府城及其周邊地區人民信奉，跨越曾文溪的進香活動和朝天宮媽祖南下府城的巡歷行為，都不易形成而這一來一往進香活動，是清代中末期台灣少見的宗教活動，無疑地提昇了北港朝天宮的名聲，尤其是吸引了府城官員注意，將此紀錄在文集中，北港朝天宮成為

〔註72〕詳見曾月吟：《日據時期朝天宮與北港地區之發展》，頁 13～14。
〔註73〕戴寶村：〈日據時期台灣港口市鎮之發展〉，《台灣文獻》40 卷 3 期（1989 年 9 月），頁 33。
〔註74〕曾月吟：《日據時期朝天宮與北港地區之發展》，頁 22。
〔註75〕溫振華：〈北港媽祖信仰大中心形成試探〉（史聯雜誌），1985 年 12 月，頁 19。

咸豐年間在台官員中最具知名度的媽祖廟。在傳統社會中，府城官員的意見，就代表了台灣人民的看法，朝天宮會形成全台媽祖信仰中心，與此也有莫大關係〔註76〕。

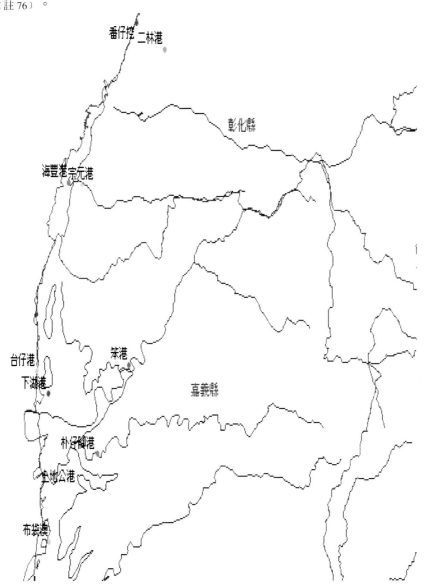

圖 2－5：1836 年之後的笨港港口空間示意圖〔註77〕

〔註76〕王見川：《台灣的民間信仰與宗教》，頁 252。
〔註77〕中央研究院台史所，台灣歷史文化地圖資料庫：
　　　　http://thcts.ascc.net/copyright_ch.htm（檢索日期：2010 年 11 月 13 日）。

第二節　日治時期國家權力與北港朝天宮信仰地位之關係

　　法國哲學家阿圖塞（Louis lthusser）在論及意識型態國家機器時曾提及：「任何一個階級若不同時對意識形態的國家機器並在其中行使其文化霸權，就不能長時期掌握國家權力〔註78〕。」日人治台初期以優勢的武力平息各地的武裝抗日運動，之後在政治、資本、教育上，基本上是把台灣原來的勢力，還有外國勢力排除了，但是只有在宗教上，一直不振〔註79〕。」因此總督府逐次以意識形態國家機器〔註80〕，攏絡北港地方菁英或意見領袖來達到共治目的。

　　總督府首先制定宗教政策，再透過保甲制度的方式來達到控制；蔡錦堂將日人的宗教政策分成三個時期。一是明治 28 年（1895）到大正 3 年（1914）；大正 4 年（1915）到昭和 5 年（1930）是第二時期；昭和 6 年（1931）年到昭和 20 年（1945）是第三時期。而分界是以「西來庵事件」及「戰爭時期」來作爲分界〔註81〕，總而言之日人對台灣採取的宗教態度是「漸禁」〔註82〕的。

　　另外保甲原是清代台灣地方自衛組織，其任務在於協助政府防範盜匪及維護地方安寧。1898 年 8 月總督府公佈「保甲條例」，全面成立保甲，實行連保連坐責任，使之成爲警察行政的輔助機關。其制規定十戶爲甲，十甲爲保，

〔註78〕阿圖塞（Althusser，Louis），杜章智譯：《列寧和哲學》（台北市：遠流，1990年）頁 32。

〔註79〕蔡錦堂：〈日據時期之台灣宗教政策〉第 85 回台灣研究研討會演講記錄，《台灣風物》42 卷 4 期（1992 年 12 月）頁 114。

〔註80〕馬克思在《國家與革命中》國家被明確地設想爲鎮壓性機器。國家是一架鎮壓性的「機器」，它使得統治階級（在 19 世紀爲資產階級和大地主所有者「階級」）能夠保證他們對工人階級的宰制，並使他們能讓工人從屬於剩餘價值的榨取過程（即資本家剝削）。馬克思的理論中，國家機器包含：政府、行政機關、軍隊、警察、法庭、監獄等。阿圖塞進一步延伸出意識形態國家機器的概念，如：宗教的、教育的、家庭的、法律的、政治的、工會的、傳播的、文化的意識形態國家機器。筆者認爲總督府的宗教政策與保甲制度屬法律的意識形態國家機器；有關阿圖塞的意識形態國家機器概念可見阿圖塞（Althusser，Louis），杜章智譯：《列寧和哲學》，頁 151～205。

〔註81〕蔡錦堂：〈日據時期之台灣宗教政策〉第 85 回台灣研究研討會演講記錄，頁112～113。

〔註82〕劉枝萬：〈台灣民間信仰之調查與研究〉，《台灣風物》，44 卷 1 期（1994 年 3月），頁 25。

保立保正，甲立甲長，由保甲中的戶長推選，經地方官認可後出任，任期二年，係無給的名譽職，未另設事務所而在自宅處理保甲事務。隨著社會新秩序的建立和治安的安定，總督府而使保甲成為基層行政的輔助機關，成立保甲聯合會、設置保甲書記，明文規定保甲役員必須輔助區長、街庄執行各區、街、庄的行政事務。由是保甲不止輔助執行警察事務，舉凡民政、建設、交通、納稅及戶口調查等一般行政事務亦在輔助執行之內〔註83〕。

本節試就日治時期總督府的宗教政策、保甲制度（意識型態國家機器）與北港地方菁英的共生（霸權）情形來分析朝天宮在日治時期再次崛起的原因。

一、總督府宗教政策與北港朝天宮的發展

1894 到 95 年的日清戰爭（甲午戰爭），清帝國戰敗，兩國于 1895 年 4 月 17 日締結日清講和條約（即馬關條約）結束了這場戰爭。同年，5 月 8 日，交換了日清講和條約批准書之後，台灣在法律上完全成為日本帝國的領土。而這段期間台灣人民的武裝抗日不曾停止過，先有唐景崧、劉永福、丘逢甲等人為主的「台灣民主國」，後有全台各地區義民組成的游擊抵抗〔註84〕。

在 1894 到 95 政權遞嬗之際，台灣在政治、經濟、社會治安等各方面皆陷入了混亂不安的狀態，而宗教信仰又是呈現怎麼樣的情形呢？日人治台之後，樺山資紀以台灣總督之名義頒發諭告：

> 本島在來之廟宮寺院等，在其創建雖有公私之區別，總之是信仰尊崇之結果，又是德義之標準，秩序之淵源，治民保安不可或缺也。故目前軍務倥傯之際，出期不得已雖有一時暫為軍用，切物損傷舊觀，需特別注意。就中如破損神像，散亂神器等所為，苟且斷不許之。自今以後須小心保存，如果暫供軍用者，須火速回復舊態，此旨特為諭告〔註85〕。

總督樺山資紀對日軍有所諭示，但無甚見效而當時的民軍游擊反抗，以致無

〔註83〕黃秀政等：《臺灣史》（台北市：五南，2002 年），頁 189～190。
〔註84〕黃昭堂著，黃應哲譯：《台灣總督府》，（台北市：前衛出版社，1994 年），頁 193。
〔註85〕台灣省文獻委員會：《重修台灣省通志卷三住民志宗教篇》（南投市：台灣省文獻會，1989 年），頁 998。

從顧及台人宗教，只得聽其自然故也〔註86〕。而在這樣的社會情況下台灣諸多媽祖廟自然也受到影響，這表現在兩方面，一是各地媽祖廟遭到破壞，二是原先的進香、謁祖、遶境活動停頓〔註87〕。這樣的過度時期直到明治30年（1897）之後隨著政經局勢的穩定，台人才慢慢恢復舊有的生活秩序，因此，明治30年（1897）之後便漸漸有了宗教活動。據當時報載：

> 臺南縣笨港鄉有媽祖宮焉左右兩條街廟在中央前面大溪環繞如帶其廟地形體與剪刀無異相傳媽祖最靈凡有所求無有不應臺人家家戶戶供奉香火視同生佛每年正二月間臺北臺中臺南等處地無論窮鄉僻壤人無分農工商賈以及男婦老少皆喜到廟進香富則肩輿貧則徒步雖山川修阻道里云遙而亦不憚跋涉沿途人山人海絡繹不絕去年春間戎馬倉皇路途梗塞此風遂不舉行只有在家祈禱而已本年地方安靖人民康樂各處香丁聞經紛紛熙來攘往以酬其願笨港街近必有一番熱鬧已〔註88〕。

朝天宮在清末因北港街發生大火波汲廟宇，事隔11年，明治38年（1905）4月發生嘉義大地震朝天宮又再度毀壞〔註89〕：

> 北港朝天宮。奉祀天上聖母。經幾多春秋。改隸前因遭祝融之災。僅餘宮殿而已。嗣又因地震損害異常。迨昨年諸有志籌劃重新。現今尚忙忙工事

二次的天災人禍仍無損於朝天宮香火，前往進香與奉迎者依然如昔，據當時報載：

> 此次北港聖母。各處奉迎。日無休暇。前報揭載舊曆12月初9日而止。今復聞有某日某地某人續迎。爰再次第臚列。以供熱心者之批覽。
>
> 舊曆12月初10日、擺街堡頂埔庄、某姓名、
>
> 同月11、12日同堡瓊仔林西盛庄、某姓名、

〔註86〕 劉枝萬：〈台灣民間信仰之調查與研究〉，收錄於《台灣史與台灣史料（二）》，劉枝萬（台北市：吳三連基金會，1995年），頁98。
〔註87〕 王見川、李世偉：《台灣媽祖廟閱覽》（台北縣蘆洲市：博揚文化，2000年），頁43。
〔註88〕 〈笨港進香〉，《台灣日日新報》，1897年3月2日。
〔註89〕 〈廟宇重新〉，《漢文版台灣日日新報》，1909年12月8日，第4版。

同月 13、4 日同堡枋簝樟和永庄、某姓名、

同月 15、6、7 日同堡三抱竹沙崙溪州庄、某姓名、

同月 18、9、20 日芝蘭一堡河尚洲 13 庄、某姓名、

來年舊曆正月初 5、6 日大稻埕中街、魚商泉興號、

同月初七日、同街李進

同月初 8、9、10、11、12、13、艋舺街總代歐陽長庚〔註90〕。

由於日本憲法採取世界潮流，對於宗教高懸信教自由主義。初在台灣仍與其本國相同採宗教公認政策，認為不害公共秩序及良風美俗之宗教，即可自由傳布。故日人據有台灣之後，除台灣原有之宗教外，將國內之一切宗教，無論基督教、天主教、佛教、神道等等一概傳來〔註91〕。乃木希典擔任第 3 任總督後在《關於台灣總督乃木將軍統治之意見書》中條示「風俗習慣，暫令循舊。」、「不害及信仰之自由，自無庸論，即如徵用文武聖廟等事，亦須儘早廢之。」、「一般律令、規則等，以適合民度為主，其適用尤須慎重就事〔註92〕。」因此，日人治台初期戰火平息、社會漸趨安定後，台灣人舊有的宗教活動能很快的就恢復。

明治 31 年（1898）第 4 任台灣總督兒玉源太郎上任後以習醫出身的後藤新平為民政長官，面對台灣社會舊有的問題；總督兒玉源太郎與民政長官後藤新平政特別避免急進，從事調查舊慣，欲在舊慣基礎之上實行適應於台灣特殊環境的政策。此所以後藤新平自稱是在生物學的基礎之上，決定政治方針，建立行政的計畫。發起舊慣調查會、奠定中央研究所的基礎、實行土地及戶口調查，這些都基於此。要之，其統治政策的根本，是承認台灣社會事情的特異性。不過，台灣特異性的認識，同時也成為專制政治的基礎〔註93〕。

總督府治台初期的宗教政策也跟後藤新平的「舊慣溫存」政策有很大的關連。後藤新平根據「生物學」原則，進行「舊慣調查」，開始施行「舊慣溫存」政策。對台灣的傳統宗教採取所謂比較溫存的放任制度。而後藤新平在

〔註90〕〈迎期續定〉，《漢文版台灣日日新報》，1908 年 12 月 23 日，第 5 版。

〔註91〕台灣省文獻會：《重修台灣省通志卷三住民志宗教篇》，頁 7～8。

〔註92〕郭輝編譯、井出季和太著：《日據之下之台政卷一》（台北市：海峽學術，2003 年），頁 262～263。

〔註93〕參閱周憲文譯、矢內原忠雄著：《日本帝國主義下之台灣》，（台北：帕米爾書店，1987 年），頁 170。

台政策施行的「成功」，也導致其後主政者沿襲他的政策，採取宗教「放任」「溫存」政策〔註94〕。自此之後日本官員經常參加民間重要的宗教慶典活動，以博得民眾好感〔註95〕。

在日人治台初期的宗教政策影響下，朝天宮不但維持清代的聲勢，在新的政權統治下，大正 2 年（1913）第 5 任台灣總督佐久間左馬太至北港朝天宮獻匾〈享于克誠〉：

> 前佐久間督憲書北港媽祖廟大匾額。享于克誠四字。現已鏤成。十三日內田方伯將巡視北港。擬乘機舉奉獻式。是日北港全街。各户擬高揭國旗。結綵于北港驛。由區長保正等謹出驛前。迓長官。擁匾額到朝天宮廟內。舉臺灣獻匾式。由參事區長恭讀祭文。是日臺灣鼓樂、藝閣、以及演劇諸準備。頗爲盛況云。〔註96〕

不料，大正 4 年（1915）7 月，台南西來庵發生大規模武裝抗日，密謀於寺廟作爲掩飾，日人以爲：「台灣同胞對於本島固有之宗教，信念濃厚出乎意料之外，與社會福利關係甚大。同時往往被奸點之徒，利用迷信以乘，不測之弊多，因此當局認爲有調查其實情，研究適當措施之必要，以作釐定宗教之參考。」於是該年起由台灣總督府編修官兼翻譯官丸井圭治郎等調查台灣本來之宗教系統沿革等。其調查結果在大正 8 年（1918）印行《台灣宗教調查報告書第一卷》〔註97〕。

在西來庵事件之後，日當局按步就班，將予限制台人寺廟。大正 11 年（1922）年，由總務長通飭各州知事：「教務所、說教所、寺廟之設立廢和等辦理案」，規定將來準予設立時，事先應慎重調查，務必浮濫〔註98〕。但台灣各地區的迎神賽會活動仍照舊如昔。

北港朝天宮則在官方宗教政策影響之下，始終獲得總督府友善的態度。甚至昭和期間「皇民化運動」前的幾任總督石塚英藏、太田政弘與交通總長也蒞臨北港朝天宮。相關情形詳如表 2－3 所示。

〔註94〕蔡錦堂：〈日據時期之台灣宗教政策〉第 85 回台灣研究研討會演講記錄，《台灣風物》42 卷 4 期，頁 113。
〔註95〕黃秀政：《台灣史》頁 177。
〔註96〕〈奉獻匾額〉，《台灣日日新報》，1913 年 11 月 9 日，第 6 版。
〔註97〕詳見台灣省文獻會：《重修台灣省通志卷三住民志宗教篇》，頁 8。
〔註98〕劉枝萬：〈台灣民間信仰之調查與研究〉，收錄於《台灣史與台灣史料（二）》，頁 98。

表2－3：總督府官員參拜北港朝天宮一覽表

時　　間	主要官員	事　　蹟
大正2年（1913）	佐久間左馬太	奉獻匾額《享于克誠》
大正2年（1913）	赤池書記官	赤池書記官之視察
昭和4年（1929）	大日本製糖會社長藤山雷太	大日糖社長贈匾北港媽祖
昭和5年（1930）	石塚英藏總督	奉獻匾額《神恩號盪》
昭和6年（1931）	太田政弘總督	率領官員參拜媽祖廟
昭和10年（1935）	堀田鼎交通總長	奉獻匾額《福輸慈航》
昭和10年（1935）	櫻井次官到北港媽祖廟參拜	櫻井次官參拜北港媽祖

資料來源：鄭螢憶：〈台灣總督府與民間信仰：以日治時期北港朝天宮爲例〉，《台灣風物》，59卷3期（2009年9月），頁44。另大正2年（1913）赤池書記官及昭和10年的櫻井次官到北港朝天宮參拜之報導詳見：〈赤池書記官之視察〉，《台灣日日新報》，1913年12月27日，第5版；〈櫻井次官到北港媽祖廟參拜〉，《台灣日日新報》，1935年5月10日，第3版。

　　匾額本身代表權威性的象徵，強調的是國家認同的永續性，也展現出該廟被國家永久的收編。而民政長官的攜匾出站、嘉義廳長津田爲前導、區長、保正的排列，形成一種統治階級秩序，由中央到地方，最後到基層。秩序的象徵，讓該空間裡的群眾，體認到統治體系的確立化。懸掛國旗的街道，表露出一種日本氣息，這種刻意製造出無差別空間氛圍，強化同一國家的概念，也將這捐贈儀式形塑成一種國家力量在地方的展現，而不是異族的管控。最後臨時大祭的舉辦、北港製糖會社在運輸上的配合，吸引更多人潮進入這樣的空間，體認國家信仰認同和統治的精神〔註99〕。

　　昭和12年（1937）7月7日的蘆溝橋事件，拉開了中日戰爭的序幕。早在蘆溝橋事件前一年赴任台灣總督的小林，喊出了「皇民化、工業化、南進基地化」的口號，作爲統治台灣的三原則。同時在日本國內也隨之呼籲要發揚國民精神，台灣也受此影響，加速「皇民化運動」的推行〔註100〕。

　　所謂「皇民化」，就是以「八紘一宇」的團體精神，對新附領土台灣的土地居民，從物與心兩面，徹底去除從前的思想、信仰、物質等狀態，而成爲完完全全的皇國土地及居民。因此，成爲皇民的台灣人民，應知曉皇國肇國

〔註99〕鄭螢憶：〈台灣總督府與民間信仰：以日治時期北港朝天宮爲例〉，《台灣風物》59卷3期（2009年9月），頁53。
〔註100〕黃昭堂著，黃應哲譯：《台灣總督府》，頁166～170。

的大義，體會皇道精神，並自動地發起更改以往生活方式與舊有風俗習慣等皇國民同化運動，這個運動，就稱爲皇民化運動〔註101〕。

「皇民化運動」是有跡可循的，早在前一年昭和11年（1936）7月25日，由台灣總督廣邀中央與地方長官、直轄官衙學校長、軍部與台、日民間知名人士百餘人，在總督府召開的「民風作興協議會」，更是以「國民精神之振作與同化之徹底」，作爲會議討論諮詢的主題。這個會議的具體討論成果，涵蓋了「敬神思想的普及」、「皇室尊崇」、「國語普及」，以及台灣傳統宗教、戲劇、講古、迷信陋習、婚姻、祭祀、葬儀等弊風的改善項目，這些項目也就是因此展開「民風作興運動」的具體實施內容。其實廣義而言，皇民化運動無論內容或方向，都是繼承民風作興運動，換句話說，昭和11年（1936）7月展開的民風作興運動乃是皇民化運動的起點〔註102〕。

皇民化運動的本體雖包羅萬象，但是完成則必須以「信仰的皇民化」爲必要條件。在這方面台灣人民始終以寺廟及各祭祀團體爲信仰的據點、安身立命的根基，以及統制民心的社會機構，因此對日人而言，是一種非皇民信念的迷信陋習，必須徹底消除〔註103〕，於是爲了讓台灣人徹底的「信仰的皇民化」日人採取最具爭議的手段是「寺廟整理運動」，其結果是讓各家庭或廟宇神佛像都難逃被焚毀的惡運而神明會、祖公會等團體也被強制解散〔註104〕。

從1937年起到1940年，可以說是寺廟整理運動的高峰期〔註105〕。其中「寺廟整理」執行最徹底的是新竹州中壢郡的寺廟，可以從當時中壢郡守宮崎直勝的《寺廟之昇天》了解「寺廟整理」的相關原則：

一、寺廟整理原則：

（一）寺廟以全廢爲原則，但過渡期之方策，亦得廢合，一街庄保存一寺廟。

〔註101〕所謂「皇民化」，就是以「八紘一宇」的團體精神，對新附領土台灣的土地居民，從物與心兩面，徹底去除從前的思想、信仰、物質等狀態，而成爲完完全全的皇國土地及居民。因此，成爲皇民的台灣人民，應知曉皇國肇國的大義，體會皇道精神，並自動地發起更改以往生活方式與舊有風俗習慣等皇國民同化運動，這個運動，就稱爲皇民化運動。詳見陳玲蓉：《日據時期神道統制下的臺灣宗教政策》（台北市：自立晚報，1992年），頁146。
〔註102〕蔡錦堂：《戰爭體制下的台灣》（台北市：日創社文化，2006年），頁18。
〔註103〕同上註，頁231。
〔註104〕同上註，頁246。
〔註105〕同上註，頁42。

（二）舊慣祭祀之改善及寺廟管理行為盡量合理化。

（三）祀神須改為純正佛教或儒教之神佛。

（四）寺廟之建築物必須漸次改為布教所或寺院型態。

二、神明會、祖公會等整理原則

（一）神明會、祖公會等宗教團體以解散為原則。

（二）解散後之宗教團體財產需捐贈與教化財團。

（三）另設財團：因寺廟、神明會、祖公會等之廢止，將其財產另

　　　組織教化財團〔註106〕。

根據宮本廷人的調查，在整頓寺廟前，朝天宮奉祀的主神為媽祖（內容：鎮殿媽、祖媽、二媽、副二媽、三媽、副三媽、四媽、五媽、六媽、糖郊媽、太平媽），從祀為：司香女、司花女、千里眼、順風耳，配祀為：土地公、文判、武判、招財、進寶、註生娘娘、五文昌、三界公、神農、黃帝、十八羅漢、觀音佛祖、彌勒菩薩、釋迦佛、阿彌陀佛、善財、良女、韋馱、護法、忠勇公。經皇民化運動後，祭神只剩媽祖及五文昌。其他有歷史價值者，由廟方暗中收藏保存，其餘如：招財、進寶、神農、黃帝、彌勒菩薩、韋馱、護法、忠勇公等則於昭和16年（1941）11月被燒毀〔註107〕。

　　另在台灣人拜拜時，原有燒金、銀紙的習慣，朝天宮在昭和13年（1938）春，先予廢止。有關財產，朝天宮在明治末大正初重建時，已支用一空，但因其信徒多，（每年前往參拜者一百五十萬人）經20餘年積蓄，至昭和15年（1940）時，在嘉義及北港地區已有田地五十二甲（每甲約值一千五百圓），店鋪六軒（每軒年收入一千七百圓），加上各地迎請媽祖收入，全年共有三萬九千圓收入〔註108〕。

　　根據寺廟整頓之規定，廟方須將財產處分，充作教化財團教化經費。朝天宮不得已，亦於昭和15年（1940）2月將財產處分完畢，只留下田一甲四分三厘一豪五系，畑一分二厘四亮○系。此在當時或為特例，故朝天宮還向北港街長提出許可申請，並經台南州層報台灣總督府，經台灣總督小林躋造於昭和15年（1940）6月11日以指令第七九七四號許可〔註109〕。

〔註106〕台灣省文獻會編著：《重修台灣省通志卷三住民志宗教篇》，頁1004。

〔註107〕蔡相煇：〈日據時期的北港朝天宮〉，《中國歷史學會史學集刊》，27期（1995年9月），頁231。

〔註108〕同上註，頁231。

〔註109〕同上註，頁231。

二、保甲制度、地方菁英與北港朝天宮

　　西方學者 Joseph Esherick 與 Mary Rankin 所編的關於中國地方菁英的論文集中曾提出定義：

> 凡是能夠在地方上支配一些事物的個人或家族，都可以算是地方菁英〔註110〕。

地方菁英爲了有效地控制地方社會，地方菁英往往依靠下列資源：物質的（包括土地、金錢、武器），社會的（包括各種人際關係），個人的（自己的才華及魅力）以及象徵的（包括地位、名望及 Bymbolic capital（象徵資本））〔註111〕。

　　朝天宮廟務的傳統上由佛教僧人來主持，而這樣的局面一直維持到日治初期而產生變化。首先是光緒 20 年（1895），北港街的大火。其次明治 38 年（1905）4 月嘉義地震後的重建工作，讓朝天宮變成北港地區的公共廟宇，而地方士紳則是事務的決定者。

　　當時面對重建時所需鉅款已超出僧侶能力所及，區長的紳蔡然標與地方士紳倡議對外募捐重建。對外募款之事卻受到總督府在明治 38 年（1905）頒布府令第八十六號〈團體ノ費用徵收及寄附金募集ニ關スル規則〉第二條規範的限制。該法令規定神社、寺廟、祭祀、宗教等，爲了公共利益或其經營，而進行寄附金品的募集，需得到知事、廳長的許可，且要附上申請表，說明募集的目的、方法、時間與區域，並註明募集者的住所、身分、職業、姓名，以及募集者主要的事務所〔註112〕。

　　繁雜的重修事務，並非僧侶能力所及之事，又礙於募集需成立事務所的規定，所以募集經費自然是由地方菁英向官方提出申請。在該申請案裡，北港地方菁英蔡然標、曾席珍、蔡金水、蔡川等人向官方提出爲期三年、全台共募集七萬圓的請求，並獲得官方的允許〔註113〕。據當時報載：

> 全島三百萬人最信仰之北港媽祖宮。係康熙年間所建者。邇來或遭逢火災。或逢地震。破損不堪。此際決議重修。經著手捐題。其議定經費。爲七萬圓……諒不久即能滿數也〔註114〕。

〔註110〕康豹等報告：〈地方社會的跨學科研究讀書會〉，《史匯》3 期（1999 年 4 月），頁 138。
〔註111〕同上註，頁 138。筆者認爲：北港朝天宮應屬象徵的資源。
〔註112〕鄭螢憶：〈台灣總督府與民間信仰：以日治時期北港朝天宮爲例〉，頁 33。
〔註113〕同上註，頁 33。
〔註114〕〈北港媽祖宮新築〉《漢文版台灣日日新報》，明治 40 年 6 月 9 日。

明治四十年（1907）設立「建築事務所」，設置管理人一名以及董事十一名，廟中所有經費由僧侶手中移至事務所管理。新制度的管理人由 11 名董事選出，無一定任期。管理人對廟宇事務則需與僧侶（住持）和議決行，僧侶與顧廟的任免卻是由管理人決定。在董事的設置部份，除廟宇改建外不再常設，其職務爲捐獻金的募集、工程的管理〔註115〕。自此，僧侶在朝天宮的地位逐由北港的地方菁英所取代。

　　大正 10 年（1921），由主導朝天宮重建工程的北港區長蔡然標向北港郡郡守副島寅三郎提出〈北港朝天宮管理規則〉認可案，次月被批可，朝天宮正式成立管理委員會，由蔡然標出任首任管理者，正式接管朝天宮庶務，此爲台灣廟宇正式有管理章程的嚆矢〔註116〕。王見川認爲該管理規則：「其中有 2 點，值得注意。其一是管理者得推載（北港）郡守爲顧問（第 4 條），二是僧侶已成爲廟中『職員』（第 10 條）。前者讓地方政府得以介入朝天宮的營運，無疑更拉近二者的關係。至於後者，完全改變了朝天宮的宗教生態〔註117〕。」

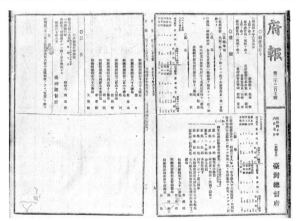

圖2－6：明治40年6月7日發行的二千二百七號的府報影像，背面附有募集者蔡川、蔡幼庭等人的姓名、住所〔註118〕。現藏於北港天宮文化大樓。

〔註115〕增田福太郎著，黃有興譯：《台灣宗教論集》（南投市：台灣省文獻委員會，2001 年），頁 229～230。

〔註116〕蔡相煇：〈日據時期的北港朝天宮〉，《中國歷史學會集刊》，27 期（1995 年 9 月），頁 221。

〔註117〕王見川：〈光復前的北港朝天宮──兼論與其他媽祖廟之關係〉，載於《民間宗教第 3 輯》，王見川（台北市：南天，1998 年），頁 257。

〔註118〕國立政治大學圖書館建置，台灣總督府（官報）資料庫：http://db2.th.gov.tw/db2/view/（檢索日期：2011 年 1 月 30 日）。

在管理委員會成立後，參與朝天宮廟務地方菁英的有：蔡然標、曾席珍、陳啓章、蔡片、蔡金水、蔡川、蔡然彬、蔡幼庭、王明輝、李老日翁、蘇顯藜、施玉林、吳彰德、王雙、蔡西安、施秀士、鄭郎如、蔡屋、張納川等十九位〔註119〕。詳如表 2－4 所示。

1898 年 8 月總督府曾公佈有關基層行政體制的「保甲條例」，以上述這些人的出身背景就成爲總督府極欲攏絡的對象。吳文星在《日據時期台灣社會領導階層之研究》說：

> 總督府以資產和門望爲主要標準，漸次建構台灣社會的新領導階層，將之納入殖民基層行政和治安體制中，成爲殖民施政的輔助工具，由是逐漸建立殖民社會的新秩序〔註120〕。

更具體而言：總督府根據台灣社會精英財富之多寡、門望之高低及其與日人合作之程度，分別遴選其擔任參事、街庄區長等基層行政吏員，或同意其出任保正、甲長、壯丁團團長等基層治安組織領導人〔註121〕；如蔡然標具前清秀才身份、蔡片是油製造業者、李老日翁爲長盛號經營者、蘇顯藜具有醫師身分、吳彰德爲石油什貨商、蔡西安爲北港街豪農、蔡屋經營順發號（詳見下表 2－3），他們都在總督府遴選下擔任基層的行政吏員成爲總督府在北港地區某種程度上的代言人。

此外，並對具「學識資望者」頒授紳章，舉辦揚文會、饗老典等以示尊崇。如蔡然彬曾在大正元年（1912）受佩紳章。爲確保對社會領導階層影響力有效地利用，總督府當局除擁有最高的權威之外，並以警察網對之嚴密地監視和約束，以及透過金融面的管制，鴉片、煙草等專賣品配售權的核發及其他種種手段等加以控制〔註122〕。如詩人鄭朗如即有總督府阿片煙膏寄售的權利。

綜觀表 2－4 顯示北港朝天宮有所關係的地方菁英共有 19 位；身分若不是擔任地方保甲役員或其他公職，就是地方有名望的富商，其中擔任地方公

〔註119〕鄭螢憶：〈台灣總督府與民間信仰：以日治時期北港朝天宮爲例〉，《台灣風物》59 卷 3 期（2009 年 9 月），頁 35。這 19 位出身北港的地方菁英在當時都是極具影響力的人士，符合 Joseph Esherick 與 Mary Rankin 對地方菁英的定義。
〔註120〕吳文星：《日據時期台灣社會領導階層之研究》，（台北市：正中書局，1992 年），頁 197。
〔註121〕同上註，頁 197。
〔註122〕同上註，頁 197。

職就有 13 位，比例高達 68%〔註 123〕。這些地方菁英在總督府的任用之下成了北港地區新一代的社會領導階層，再加上參與北港朝天宮「公共領域」事務的運作遂成爲國家與地方、官府與人民之間的一個承包代理人或受委託的代理人角色，負責辦理官民之間相關義務的履行工作，因此國家政權賦予鄉紳支配地方的自主權，來換取紳權對皇權的支持，也造成鄉紳漁利地方的資源和利益的機會〔註 124〕。

表2－4：日治時期北港朝天宮相關的地方菁英一覽表

蔡然標	糖廍主、曾任北港街街長、朝天宮管理者	申、董、重
曾席珍	經營什貨糖米行、曾任北港信用組合長、土庫庄協議會會員、朴仔腳參事、朝天宮管理者、會計委員	申、董、重
陳啓章	經營元成號、糖、米、麥類、竹、綢緞布疋商	申、重
蔡片	油業製造、曾任北港街南保保正	申
蔡金水	銀紙什貨商、曾任北港街北保保正、朝天宮監察委員	申、董、重
蔡川	爲蔡屋之子，北港街豪農，經營什穀行、諸元號、曾任朝天宮計祀委員。	申、董
蔡然彬	北港豪農，大正元年受佩紳章。	申、重
蔡幼庭	蔡然標長子，日治時期酒業專賣人。經營糖米行、曾任土庫公學校顧教員、朝天宮營繕委員。	申、董、重
王明輝	王振記店東，開客棧、香燭店、經營糖米行貨、曾任朝天宮祭祀委員。	申、董、重
李老日翁	經營蔴油、豆油搾取業、米穀什貨商、長盛號，曾任第二區皆長、北港街保正、朝天宮營繕委員。	申、董、重
蘇顯藜	職業醫生、經營裕春號、曾任北港街街長、朝天宮管理者、庶務委員。	董
施玉林	雜貨業、藏珍餅舖店東、銀紙木耳什貨商、藏珍林記、曾任朝天宮營繕委員。	董
吳彰德	業代書石油什貨商、曾任北港街第四保保正、北港街協議會議員、朝天宮庶務委員。	董
王雙	布商、地主、曾任北港街第二保保正、朝天宮營繕委員。	董

〔註 123〕鄭螢憶：《台灣總督府與民間信仰：以日治時期北港朝天宮爲例》，頁 34。
〔註 124〕卓克華：《從寺廟發現歷史：台灣寺廟之文獻與解讀意涵》，頁 15。

蔡西安	地主、鹽業專賣人、北港街豪農、曾任土庫庄協議會會員、北港街第一保保正、朝天宮祭祀委員	董
施秀士	司法代書、曾任北港代書組合副組合長、北港興產信託株式會社取締役、北港街協議會議員、北港第二保保正、北港第二區委員、朝天宮祭祀委員	董
鄭郎如	詩人、荒物商、阿片煙膏寄售、經營金捷發號、曾任北港街委員、朝天宮監察委員	董
蔡屋	雜貨業、荒物商、經營順發號、曾任北港朝天宮協議會議員、朝天宮監察委員	董
張納川	北港糖廠會計、曾任土庫庄協議會員、朝天宮會計委員	董

（一）前表資料來源：

    1. 鄭螢憶：〈台灣總督府與民間信仰：以日治時期北港朝天宮為例〉，頁 35。

    2. 蔡相煇：《北港朝天宮志增訂版》，頁 257～258。

（二）說明：「申」是指參與重修的申請；「重」是指重修碑記上的名單；「董」則是指第一屆董事會的成員，該董事會即是「寺廟管理委員會」，負責處理所有廟務活動。本表所謂的朝天宮管理者，是指成立第一屆董事會後，所選舉出來的董事總代表，具有寺廟管理人的性質。詳見鄭螢憶：〈台灣總督府與民間信仰：以日治時期北港朝天宮為例〉，頁 36。

第三節　地方社會情感的凝聚——北港媽祖遶境

    朝天宮媽祖遶境為北港地區一年一度中重要大事，鎮上居民無不使出渾身解數動員所有的人力物力，儘可能的奉獻給媽祖，也為自己所動員的社團博得滿堂采。因此，北港有俗諺：「葫蘆穴，愈迌愈熱鬧〔註125〕。」

    「遶境」是指神明在某村境內繞行，以保佑「合境平安」。〔註126〕朝天宮在日治時期重要祭典為上元節前後媽祖遶境北港地區，後改為媽祖誕辰日前後。在媽祖遶境北港地區時，平日北港地區內有許多為朝天宮媽祖成立的義務性宗教組織、藝陣、藝閣等紛紛參與遊行讓北港地區進入節慶式的狂歡情境中。北港媽祖巡行遶境活動是有助於凝聚北港地方社會的情感，成為穩固朝天宮媽祖信仰地位的基礎。

〔註125〕北港朝天宮傳說為「葫蘆穴」，「迌」指迎神賽會，觀眾頗多，有助地方繁榮興盛。顏昭武等編撰：《從笨港到北港——北港鎮》，頁 10～6。

〔註126〕黃美英：《台灣媽祖的香火與儀式》（台北市：自立晚報，1994 年），頁 106。

一、北港媽祖遶境活動的演變與傳統藝陣活動

據北港朝天宮說法：

> 早期北港朝天宮迎媽祖時間有二，一是「元宵節」的正月十五日，
> 一是「媽祖生」前夕的三月十九，之所以訂在三月十九日迎媽祖，
> 乃因這天室樹璧和尚奉請湄洲媽祖來臺登陸之日。清初海禁開放後
> 笨港人於每年二、三月間渡至湄洲祖廟進香謁祖，回程在台南安
> 平登陸，然後循陸路經永康、新市、善化、麻豆、下營、鹽水和朴
> 子等地北上，於農曆三月時十九日返回笨港，並舉行祈安遶境。日
> 治時期，由於海疆險惡，渡海進香之舉遂告中斷，轉為單純的遶境
> 出巡，時間仍在元宵節及三月十九日，其間與陸路沿線廟宇所建立
> 的宗教情感，仍不時藉「媽祖南巡」來維繫〔註127〕。

然而參照日治時期的《台灣日日新報》卻有不同的說法。

日治時期的北港朝天宮媽祖遶境活動在昭和10年（1935）以前皆在上元
節配合長達幾個月甚至近半年的「例祭」舉行。在這段時間內北港地區的糖
廠為配合祭典舉辦搭乘列車減價促銷的活動，甚至在報紙上登大幅廣告〔註
128〕吸引觀光客。台灣各驛的驛長亦招募旅客到北港進行觀光活動：

> 由台北驛長主催北港朝天宮參詣團體。現募集中。人員約三百名。預
> 定三月二十三日午前七時出發。……申入限至三月十九日云〔註129〕。

> 直塚桃園驛長の主催や本島人のに舊正月閒暇を利用し北港媽祖參拜
> 團（五百名）を組織し來る二月四日六日より迄三日間決定し〔註130〕。

「例祭」活動中以上元媽祖遶境為年度最盛大的節慶活動，一共分2到3天
舉行。活動當日廟裡的媽祖乘神輿遶境北港地區，當地的神明會、藝陣、藝
閣、商家等皆參與遊行，整個北港地呈現出濃厚節慶氣氛。以昭和5年（1930）
2月17日的報載為例：

> 北港媽祖遶境第一日夜。即舊曆上元日。……九時傾。聖母於數十
> 萬善男信女奉迎裡出廟由金聲順開路鼓。前導游街。嘉義獅陣。亦

〔註127〕台灣民俗文化工作室編纂：《臺灣民俗采風錄》（台中市：文建會文化資產總
　　　　管理籌備處，2010年），頁109。

〔註128〕〈北港媽祖祭典〉，《台灣日日新報》，1913年2月10日，第4版。

〔註129〕〈北港朝天宮參詣團體現正募集中〉，1934年3月16日，第4版。

〔註130〕〈北港媽祖參拜團を桃園驛募集て〉，《台灣日日新報》，1936年1月31日，
　　　　版次不明。

來參加西洋樂隊。棹子藝。雜藝藝閣。飛龍團。飛人團等蜿蜒數
里。……於午前三時頃聖母方始入廟〔註131〕。

第二夜自下午來。北風寒烈。殆八時傾。……時百雷三發。聖母出
廟。先赴舊北港遶境諸參加團體。由監督員整齊。候聖母回港。迨
十時由開路鼓前導。花燈。大旗。飛人團。西洋樂隊。集雅軒。飛
龍團。嘉義獅陣。震威團。集賦社。□英社。雜藝馬陣吹。藝閣神
牌。神輿。最後有男女隨香□百名。是夜觀者人山人海。異常雜沓。
聖母於午前三時入廟〔註132〕。

昭和8年（1934）、昭和9年（1935）連續2年參與遶境的藝閣更多達50餘
台〔註133〕。此外，當時北港朝天宮媽祖遶境的地區包含「舊北港」即今南港
水仙宮一帶。

　　在昭和9年（1934）年朝天宮於北港公會堂開定期總會出席者有各舖戶
及街民代表百餘名、監督官阿部郡守。隨後，管理者曾席珍氏就議長席，接
著報告朝天宮年度收支決算、收入總額，報告結束後由：

蘇鐵虎外七氏。提出建議事項。即媽祖祭典。期日變更所關。例年媽
祖行列。于正月十五日起。三晝夜舉行。該期因天起寒冷。且於參加
行列團體有種種不便。前記諸氏。有鑑及此。爲圖陣頭參加熱鬧。竝
一般參觀者之便欲改爲三月十九、二十兩日間。盛大舉行〔註134〕。

而此提案獲得滿場一致贊成，自昭和9年（1934）年之後朝天宮媽祖遶境活
動由上元節改爲媽祖誕辰前夕。

　　昭和10年（1935）上元節，北港地區依然「媽祖神輿繞境。所參與陣頭
三十餘陣。雖屬簡單行列。亦頗呈雜沓云。」然而自該年起報紙輿論出現了
批評北港媽祖祭典活動革新的聲音；當時許多祭典或舊慣已革新唯獨媽祖祭
典活動不改，實不符合時代趨勢。如參加陣頭、詩意閣等俱屬陋習且近於迷

〔註131〕〈北港媽祖街遶境盛況元宵及翌日兩夜熱誠奉迎〉，《台灣日日新報》，1930
　　　　年2月17日，第8版。

〔註132〕同上註。

〔註133〕詳見〈北港媽祖遶境大祭典決定來十、十一兩日參加藝閣五十餘臺〉，《台南
　　　　新報》，1933年2月9日，第8版。及〈北港媽祖祭典藝閣五十餘臺大賑ひ
　　　　豫想さろ〉，《台灣日日新報》，1934年2月25日，第3版。

〔註134〕〈北港朝天宮總會祭典變更三月十九、二十日〉，《台灣日日新報》，1934年7
　　　　月3日，第4版。

信，不但欠缺美觀、不符潮流也浪費金錢，更建議應極力籌備最雅觀的現代陣頭，或將肆市舖戶及所營之商品扮裝在街衢要地〔註135〕。同年3月3日由蘇鐵虎及相關21人等發起組織媽祖祭典革新會，於北港街役場會議室開會，其主要目的是「籌劃最現代的、最雅觀陣頭。」或將「市肆舖戶及所營之商品扮裝」於「街中要地，開盆栽花卉及其他諸展覽會。」會議結束後，由蘇鐵虎被推選為幹事長，其餘組織及成員〔註136〕如表2－5所述：

表2－5：北港媽祖革新會組織與成員一覽表

幹事長	蘇鐵虎		
幹　事	陳格	蔡胡	羅水來
	陳英文	謝連春	嚴連登
	徐乃庚	蔡西園	楊金城
	王吟貴	蔡□	楊金虎
	顏木杞	蘇翟	許達
	楊儀	施純潛	陳傳
	曾人潛	吳淇澳	蔡衿
	吳大樹	吳清老	鄭清泉
組　織	庶務部	會計部	演戲其他催辦設置獎勵部
	假裝獎勵部	露店設置獎勵部	藝閣革新獎勵部
	行列整理部	陣頭音樂格新獎勵部	盆栽花卉其他展覽部
	照明燈設置獎勵部	雜藝革新獎勵部	交通整理和休憩所設置部

資料來源：

1. 鄭螢憶：〈台灣總督府與民間信仰：以日治時期北港朝天宮為例〉，頁44。

2. 〈北港媽祖祭典革新會〉，《台灣日日新報》，1935年3月6日，第4版。

　　從設置組織多與革新陣頭有關，明確知悉媽祖革新會的目的。再從組成員來看，蘇鐵虎、楊義、王吟貴為北港接協議會員；吳清老為北港街郡役所書記、蘇翟為北港接郡役所雇員；曾人潛、楊義、王吟貴、顏木杞等人前後任職於朝天宮管理委員。可得知媽祖革新會仍與朝天宮管理委員會有關。更

〔註135〕 〈北港媽祖行列革新變更古曆三月上元迎燈亦頗雜沓〉，《台灣日日新報》，1935年2月20日，第4版。
〔註136〕 〈北港媽祖祭典革新會〉，《台灣日日新報》，1935年3月6日，第4版。

應是當權派順應社會風氣、以及國家力量在背後運作的結果〔註137〕。

　　翌年，昭和 11 年（1936）北港朝天宮媽祖遶境報載：藝閣及陣頭有 80
餘陣，有 2 萬人前往朝天宮參拜〔註138〕。昭和 12 年（1937）參加媽祖遶境的
團體有 50 團，而自該年 2 月中到 27 日由鐵道旅行俱樂部主辦的北港進香活
動，已達到 2 萬 3 千人〔註139〕。顯見朝天宮媽祖遶境及其他祭典活動信徒的
參與及藝閣、陣頭的展演形式在皇民化運動之前並未受到革新會太大所影響。

　　昭和 13 年（1938）朝天宮在皇民化運動期間將媽祖遶境活動縮為 3 月 19
日一天舉行〔註140〕。當天參加團體有百餘團，而展演形式與內容大都與國民
精神總動員及時代精神相應有關的新式陣頭〔註141〕。

　　回顧日治時期自大正 9 年（1920）起歷年有關媽祖遶境的報導，當時參
與遶境的神明會及藝陣有：

　　　藝閣、大旗、開路鼓、轎班會、仁和軒、飛龍團、和樂軒、集雅軒、
　　　棹子藝、錦樂社、龍鳳閣、武城閣、集英社、集斌社、鼓亭、馬陣
　　　吹、執事、哨角、大鑼 12 班、神將、音樂團、福州團、飛仁團、新
　　　協社、和樂軒、震威團、德義堂、勤習堂、飛鳳團、西洋樂隊、新
　　　協社、麗聲社、忠義堂、小藝堂、假裝團、清騰閣……等〔註142〕。

另外繞境出巡時隊伍順序以大正 15 年（1926）為例分別有：

　　　大燈、開路鼓、大旗、燈牌獅陣、仁和軒、飛龍團、和樂軒、連環
　　　棚、集雅軒、棹子藝、錦樂社、龍鳳閣、武城閣、集英社、集斌社、

〔註137〕鄭螢憶：〈台灣總督府與民間信仰：以日治時期北港朝天宮為例〉，頁 54～55。
〔註138〕〈北港街迎媽祖遶境藝閣陣頭八十餘陣地方觀眾不下二萬人〉，《台灣日日新
　　　　報》，1936 年 4 月 11 日，第 12 版。
〔註139〕〈本島人大眾期望の朝天宮媽祖祭典あすたをさる迫般賑豫想〉，《台灣日日
　　　　新報》，1937 年 4 月 28 日，第 5 版。
〔註140〕〈媽祖祭の行列け一日に間短縮斷乎、祭典を合理化〉，《台灣日日新報》，1938
　　　　年 4 月 11 日，第 5 版。
〔註141〕〈朝天宮媽祖大祭典空前の大盛況〉，《台灣日日新報》，1938 年 4 月 22 日，
　　　　第 9 版。
〔註142〕〈嘉義北港媽祖祭〉，《台灣日日新報》，1920 年 3 月 4 日，第 4 版；〈北港媽
　　　　祖大行列〉，《台灣日日新報》，1926 年 2 月 24 日，第 2 版；〈北港迎媽祖第
　　　　二三夜〉，《台灣日日新報》，1929 年 3 月 1 日，第 4 版；〈北港迎媽祖第三夜〉，
　　　　《台灣日日新報》，1929 年 3 月 2 日，第 4 版；〈北港媽祖遶街盛況元宵及翌
　　　　日兩夜熱誠奉迎〉，《台灣日日新報》，1930 年 2 月 17 日，第 8 版；〈朝天宮
　　　　媽祖祭男女老幼大擁擠進香客人山人海呈出非常熱鬧〉，《台南新報》，1936
　　　　年 4 月 11 日，第 8 版。

藝閣、鼓亭、馬陣吹、鑾駕、執事、哨角、大鑼、十二班、香擔、

神將、神輿、五媽至祖媽〔註143〕。

總括來說，朝天宮媽祖出巡遶境笨港境域（即今新港鄉水仙宮一帶），它的
儀式性活動，本是具有一種高度象徵性的活動；而在此活動背後，卻傳達了
笨港居民與整體世界性之間的溝通方式，是藉由具有象徵性的意義活動，來
規定了一套完整的目的，即是確立了「笨港」的「神聖境域」之塑造。這不
僅是在解釋共同經驗之特點；另一方面，卻也解釋了「媽祖」的神聖權威特
質，在地方場域的神聖層級體系中，扮演了典範權威的角色。但也由此一典
範化的過程與所塑造的相對應之神聖層級，讓地方生活場域與世界的整體性
得到了相互結合、呼應的結果。因此，為了理解地方場域之塑造或是整體性
世界之實踐，是奠基在運用一連串的神聖象徵（儀式或神話）構築一個有所
領悟的經驗世界。在此則必須先來觀看媽祖出巡遶境活動，在地方場域中所
展現的一套象徵目的。換言之，其似乎清楚地透露出，這樣藉由週而復始的
儀式性活動所塑造典範秩序觀，是又再一次地表現出地方場域的真實脈絡結
構〔註144〕。

二、祭祀圈內的神明會

北港在清末光緒年間街肆分東、西、南、北計分八街，擁有七千餘戶，極
其繁榮。其市街圖案，以朝天宮為中心，有利仔街、宮口街做南北貫通；有中
秋街、橫街、打鐵街作東西橫貫。北港街又有五境，即（一）仁和境，在朝天
宮後方，今仁和路兩側，為許、楊二姓分布區；（二）福安境，在今中山路、
光明路間，地當為街區之東南角，昔為貿易及碼頭運輸業者集中處，往昔北港
最大郊行之一「捷發行」（今益安、民生、中山、信義路間）即在此境內之「竹
圍仔內」。（三）益安境，在今中山路以東，民主路以南，光明路以北，以中秋
街為核心，為蔡姓居民分布地。昔有牛車業者居住於此。（四）三益境，在今
中山路以西、民生路以北、中華路以南，地當北港街區西南角，為蔡姓分布地。
往昔為農產品集貨地，此可從有「蕃薯簽市」及「麥仔呈」之舊地名得以窺知。
境內並有窯業者之居住地「西勢窯」。（五）賜福境，在北港街區之西北角，以

〔註143〕〈北港媽祖大行列〉，《台灣日日新報》，1926年2月24日，第2版。
〔註144〕黃昭璘：《地方文化的神聖象徵秩序與場域之塑造：以「笨港」為例》（嘉義：
　　　　南華大學環境與藝術研究所碩士論文，2001年），頁162～163。

陳姓爲最大姓氏，本境爲早期本港碼頭區，從「北埔路頭」、「油車」、「魚寮」、「大岸路頭」、「箔仔新街」等舊路名，可獲證實〔註145〕。

　　林美容認爲：祭祀圈是爲了共同信仰而共同舉行祭祀的居民所屬的地域單位。祭祀圈所涵蓋範圍，或是一個村庄，或是數個村庄，或是一鄉一鎭，基本上它以部落（hamlet）爲最小運作單位，而以鄉鎭爲最大範圍。其範圍都有一定清楚的界線，界線內的居民就有義務參與共同的祭祀，其共同祭祀的組織，以頭家爐主的形式最多，費用則由居民共同分擔。由此來看，環繞在朝天宮附近的八大街及五大境共同的祭祀的對像均爲朝天宮媽祖，居民視之爲北港守護神。絕大部分列名爲朝天宮之信徒代表的神明會都位於今日北港鎭的北港市街上〔註146〕，由此可見，北港朝天宮的祭祀圈範圍是很明確的。

　　神明會是指對一些神明有虔誠的信徒，自願組成的團體，像媽祖會、太子爺、土地公會等。神明會的會員不限於同村庄的人，它是由一些熱心的人組成的。神明會常有「吃會」的活動：在神明生日時舉行祭典，祭拜結束後就舉行吃會，一同共宴。另外有一些神明會則是超部落的，如彰化市的南瑤宮，爲了到香火來源地笨港進香，從嘉慶19年（1814）開始，便組織了媽祖會，延續方式採會員世襲制〔註147〕。

　　每一個會每年都有過爐的儀式，分角頭舉行，這裡的角頭通常指更大的範圍，而不是村庄內的角頭。一個會的範圍包括好幾個鄉鎮，比如老二媽會，包括的範圍是：彰化市、台中市、南投市、草屯鎮、名間鄉、還有員林鎮。另外，每一個會裡都有總理、董事，董事通常是一個村莊一個或二個，其他則是會員，紀律嚴謹〔註148〕。

　　在日治時期隨北港朝天宮遶境的神明會主要有三大類，第一大類就是位媽祖或其他神明抬轎的神明會，又稱轎班會。第二大類是由傳統的同業公會爲了協助媽祖遶境而組織的神明會，俗稱舖會。第三大類是由各種民間藝術團體爲了協助媽祖遶境而組織的神明會，可稱爲陣頭會〔註149〕。經鄭志明調查相關情形說明如下：

〔註145〕台灣省文獻會編：《重修台灣省通志卷三住民志地名沿革篇》，頁361～362。
〔註146〕賴翠梅：《北港地區庶民節慶與生活》，頁92。
〔註147〕林美容：《祭祀圈與地方社會》（台北縣蘆洲市：博揚文化，2008年），頁29。
〔註148〕同上註，頁29。
〔註149〕鄭志明、孔健中：《北港朝天宮的神明會》（嘉義縣大林鎮：南華管理學院，
　　　　1998年），頁170。

（一）轎班會

顧名思義爲媽祖或其他神明抬轎的神明會，又稱轎班會，是由居民志願組織而成，其組織神明會的目的，就是爲了繞境時能爲神明抬轎，主要有祖媽會（金順盛）、二媽會（金順安）、三媽會（金盛豐）、四媽會（金安瀾）、五媽會（金豐隆）、六媽會（金順福）虎爺會、小西天崇佛會、土地公會（金福綏）、將軍會（莊儀會）等，且大多從清代延續自今日，有的會員採世襲制，代代傳承下來〔註150〕。有關北港朝天宮境內的轎班會詳如表2-6所示。

表2-6：附屬於朝天宮的神明會一覽表

名　稱	主祀神	組織制度	過爐日期（農曆）	擲頭家爐主地點	吃會日期（農曆）
祖媽金順盛轎班會	媽祖	會長制（無任期制）	4月3日	朝天宮	4月10日
二媽金順安轎班會	媽祖	會長制（四年制）	4月15日	朝天宮	4月15日
三媽金豐盛轎班會	媽祖	會長制（四年制）	4月28日	朝天宮	4月28日
四媽金安瀾轎班會	媽祖	會長制（四年制）	4月20日	朝天宮	4月20日
五媽金豐隆轎班會	媽祖	會長制（四年制）	正爐4月17日、副爐4月18日、遶境同副爐	朝天宮	正爐4月17日、副爐4月18日、遶境爐不吃會
六媽金順崇轎班會	媽祖	會長制（無任期制）	正爐4月26日、副爐4月27日	朝天宮	正爐4月26日、副爐4月27日
北港朝天宮金懿順媽祖轎班會	媽祖	會長制（四年制）	4月23日	朝天宮	4月23日
雲林縣莊儀團協會	千里眼順風耳	會長制（四年制）	正爐、副爐4月7日、遶境爐4月13日	朝天宮	正爐4月7日、遶境爐4月13日、副爐不吃會

〔註150〕同上註，頁170。

名 稱	主祀神	組織制度	過爐日期（農曆）	擲頭家爐主地點	吃會日期（農曆）
朝天宮太子爺金垂髫	哪吒三太子	會長制（原爲無任期制，1988年以後改爲四年制）	正爐、副爐4月8日	朝天宮	正爐4月8日、副爐4月9日
北港朝天宮虎爺會	虎爺朱王公	會長制（四年制）	虎爺爐6月6日、朱王公同日	朝天宮	6月6日
金福綏土地公會	笨港境主福德正神	會長制（四年制）	境主公爐2月2日、福德正神爐5月17日	朝天宮	境主公爐2月2日、福德正神爐5月17日

資料來源：1. 賴翠梅：《北港地區的庶民節慶生活研究》，頁95。
　　　　　2. 鄭志明：《北港朝天宮的神明會》，頁42～66。

（二）舖會

　　是由傳統的同業公會爲了協助媽祖遶境而組織的神明會，俗稱舖會，其神明會主神，大多是媽祖，也有專祀其他行業的祖師神，是一種由同業聯誼所組織的神明會，爲了感激媽祖庇佑地方繁榮，在遶境期間贊助藝閣或藝團，大多成立於道光17年（1837），延續至今的有：菜舖會（金豐順）、鮮魚舖會（金海順）、紙箔舖會（金隆順）、米舖會（金寶順）、點心舖會（誠心順）、麵線舖會（金長順）、豆干舖會（金珍順）、醬油舖會（海山珍）、布郊會（金慶順）、屠戶會（金義順）、油車舖會（振玉豐）、餅舖會（金清珍）、藥舖會（元本善）、檳榔舖會（金福順）、銀樓舖會（金銀樓）、魯班會（先師府）等〔註151〕。有關北港朝天的舖會詳如下表2－7所示：

表2－7：北港朝天宮各舖會一覽表

舖會名稱	主祀神	組織制度	過爐日期（農曆）	擲頭家爐主地點	吃會日期（農曆）
金豐順菜舖	媽祖	會長制（4年制）	3月12日	朝天宮	3月12日
金海順鮮魚舖	媽祖	爐主制	4月6日	朝天宮	4月6日、7月15日

_____

〔註151〕同上註，頁170。

舖會名稱	主祀神	組織制度	過爐日期（農曆）	擲頭家爐主地點	吃會日期（農曆）
誠心順點心舖	媽祖、千里眼、順風耳	爐主制	3月22日	朝天宮	3月22日、7月15日
豆干舖	媽祖	爐主制	4月26日	朝天宮	4月26日
海山珍醬油舖	媽祖	爐主制	4月16日	爐主宅	4月16日
金慶順布郊	媽祖	爐主制	4月20日	朝天宮	4月20日
紙箔舖	媽祖、蔡倫祖師	爐主制（無任期）	媽祖爐4月15日、祖師爐10月3日	爐主宅	媽祖爐4月15日、祖師爐10月3日
金寶順米舖	媽祖	爐主制	4月26日	朝天宮	4月26日
金長順麵線舖	九天玄女	爐主制	2月15日	爐主宅	2月15日
金義順屠宰舖	媽祖、玄天上帝	爐主制	媽祖爐3月14日、玄天上帝爐3月3日	媽祖爐於朝天宮、玄天上帝爐於靈感祠	媽祖爐3月24日、玄天上帝爐3月3日
ㄴ郊	媽祖	會長制（三年制）	4月24日	朝天宮	4月24日7月15日
振玉豐什鼓油車飼料舖	媽祖	會長制（四年制）	8月，由爐主擇期辦理	爐主宅	8月，由爐主擇期辦理
金珍順青果舖	媽祖	會長制（三年制）	4月24日	朝天宮	4月24日、副爐7月15日
金福順老葉檳榔舖	媽祖	會長制（無任期制）	4月29日	朝天宮	4月29日
百貨郊	媽祖	會長制（無任期制）	10月5日至15日之間，由爐主擇期過爐	爐主宅	10月5日至15日之間，由爐主擇期吃會
餅舖	媽祖、孔明先師	爐主制	4月，爐主擇期過爐	爐主宅	4月，爐主擇期過爐
金豪順北港電器商	媽祖、千里眼、順風耳	會長制（無任期制）	6月1日	朝天宮	6月1日
元本善藥舖	媽祖、神農聖帝	爐主制	4月26日	爐主宅	4月26日

舖會名稱	主祀神	組織制度	過爐日期（農曆）	擲頭家爐主地點	吃會日期（農曆）
金銀舖 金銀樓	媽祖、利賜爺（聚寶眞君）	爐主制	9月17日	爐主宅	9月17日、每2個月一次
金通順運輸舖	媽祖、太子爺、福德正神	會長制（三年制）	天上聖母爐4月11日、福德正神爐8月12日	朝天宮	天上聖母爐4月11日、福德正神爐8月12日
金安順北港西藥商媽祖聯誼會	媽祖、神農聖帝	爐主會長雙軌制	8月20日	爐主宅	8月20日
北港魯班公會	關帝聖君、巧聖仙師、普庵先師、何葉先師、爐公	會長制（四年制）	4月27日	爐主宅	4月27日

資料來源：1. 賴翠梅：《北港地區的庶民節慶生活研究》，頁96～97。
2. 鄭志明：《北港朝天宮的神明會》，頁68～106。

（三）陣頭會

北港俗諺：「北港拳頭窟。」形容北港武館多，練家子、學武術的人特別多〔註152〕。所謂陣頭會是由各種民間藝術團體爲了協助媽祖繞境而組織的神明會，大多由民間的曲館、武館或其他藝術團體，爲了遶境時能出團所組織的神明會，採有錢出錢、有力出力的方式傳承民間藝術，目前還有出陣的團體有：集雅軒、金聲順、麗聲樂團、震威團、北港樂團、德義堂、勤習堂、飛龍團等〔註153〕。有關北港朝天宮的陣頭會詳如下表2－8所示：

表2－8：北港陣頭會一覽表

陣頭會名稱	主祀神	組織制度	過爐日期（農曆）	擲頭家爐主地點	吃會日期（農曆）
雲林縣金聲順古樂協會	田都元帥	理事長制（4年制）	8月10日	會館	8月10日
北港樂團	媽祖、至聖先師	團長制（4年制）	8月16日	爐主宅	8月16日

〔註152〕顏昭武等編撰：《從笨港到北港——北港鎮》，頁10～6。
〔註153〕同上註，頁170。

陣頭會名稱	主祀神	組織制度	過爐日期（農曆）	擲頭家爐主地點	吃會日期（農曆）
麗聲樂團	媽祖	爐主制	8 月 21 日	爐主宅	8 月 21 日
北港武城閣	子游夫子、孟昶	會長制（無任期）	8 月丁日	會館（祭拜始祖與致祭地點先賢）	8 月丁日
聖震聲開路鼓	西秦王爺	會長制（4 年制）	8 月 27 日	會館	8 月 27 日
集雅軒	西秦王爺	會長制（4 年制）	6 月 24 日	會館	6 月 24 日
振樂社	媽祖、田都元帥	會長制（無任期）	10 月 24 日	爐主宅	10 月 24 日
新街錦陞	田都元帥、媽祖、蕭府千歲	會長制（4 年制）	5 月 16 日	北港新街巡天宮	5 月 16 日
哨角震威團	軒轅聖帝、媽祖	會長制（4 年制）	4 月 8 日	爐主宅	4 月 8 日
北港飛龍團	四海龍王、媽祖田都元帥	會長制（6 年制）	5 月 6 日	爐主宅	5 月 6 日
北港新龍團	媽祖、田都元帥、濟公禪師	會長制（4 年制）	2 月 25 日擲筊決定過爐日期	朝天宮	2 月 15 日
北港德義堂龍鳳獅	宋太祖、白鶴祖師、達摩祖師	會長制（3 年制）	6 月 16 日	爐主宅	6 月 16 日
北港德義堂本館	宋太祖、白鶴祖師、達摩祖師	會長制（1 年制）	10 月 5 日	爐主宅	10 月 5 日
北港勤習堂國術館	媽祖、宋太祖	會長制（4 年制）	8 月擲筊選定過爐日期	朝天宮	過爐日
維德堂	達摩祖師	會長制（4 年制）	10 月 15 日	爐主宅	10 月 15 日
北港聚英社玄龍陣	哪吒三太子	會員顧問並行制	未定	未定	未定
鳳陽國術館	媽祖、達摩祖師、宋太祖	爐主制	10 月 5 日	會館	10 月 5 日
北港三重武德堂國術館	達摩祖師	會長制（4 年制）	10 月 5 日	爐主宅	10 月 5 日

陣頭會名稱	主祀神	組織制度	過爐日期（農曆）	擲頭家爐主地點	吃會日期（農曆）
南安德義堂	宋太祖、媽祖	會長制	5月22日	爐主宅	5月22日、4月12日

資料來源：1. 賴翠梅：《北港地區的庶民節慶生活研究》，頁96～97。
　　　　　2. 鄭志明：《北港朝天宮的神明會》，頁108～144。

　　民間戲曲和陣頭遊藝表演，是從古代祭儀的初期型態發展而來，主要目的是在祭鬼祀神，是屬於一種宗教性、巫術性本質的儀式表演活動；這些祭儀活動，與社群的信仰理念、農業行事、倫理秩序、生活習俗密切相關。民間曲藝表演活動從古時巫祝的初期型態，在長期發展過程中，也逐漸步上技藝化、專業化的趨勢，娛樂性的表演成分也逐漸增多，因此，在民間宗教活動中的曲藝表演，基本上便含有神聖性與世俗性兩種象徵範疇的交替作用，人們往往透過繁複的儀式和表演活動，表達其信仰理念及內心各種情感，並藉此滿足一些實質的目的與心理需求〔註154〕。另外，每年的北港媽祖遶境就如同俄羅斯批評家米開・巴赫汀（Milkhail Bakhtin）作品中的嘉年華

> 可以說（當然有某種保留）中世紀的人過著兩種生活：一種正式的生活，單一嚴肅而陰鬱，受限於嚴格的階級秩序，充滿恐怖、教條主義、敬畏和虔誠；另一種是嘉年華廣場的生活，自由自在不受限制，洋溢著模模稜兩可的笑、褻瀆、將所有神聖的事物世俗化、充斥著貶抑和不雅言行，與任何人、任何事物都有親近的接觸。這兩種生活都是合法的，但受到嚴格的時間界線劃分〔註155〕。

透過這樣一年一度北港媽祖遶境嘉年華會式的狂歡，消彌了源自於平日社會階層的不平等，或人與人之間任何形式的不平等（包括年齡）〔註156〕。在此期間人與人之間的距離都暫時性消失，有助於北港鎮內村落居民形成生活與共、厲害與共、命運與共的村落共同體（Community）〔註157〕。

〔註154〕黃美英：《台灣文化斷層》（台北縣板橋市：稻鄉出版社，1990年），頁204。
〔註155〕約翰・史都瑞（John Storey）著，李根芳、周素鳳譯：《文化理論與通俗文化導論》（台北市：巨流，2003年），頁190～191。
〔註156〕同上註，頁189。
〔註157〕共同體（Community），簡單而言：是生活與共、利害與共、命運與共的一群人集合。它是英文Community一詞的翻譯，也譯作社區，事實上社區是共同體最底層，最核心的意涵，所謂村落共同體即是指具有明確領域，居民生活方式相似，同質性高，土地共有，常進行財富在分配，且有更同祭祀等特性之村落。詳見林美容：《台灣文化與歷史的重構》，頁278。

第四節　小結

　　日治時期北港朝天宮爲何能在眾多媽祖廟中受到總督府的獨厚呢？人類學家林美容在〈彰化媽在臺灣史上的意義之探討〉可以作爲延伸思考：

> 戰後國民黨統治臺灣，南瑤宮在內十五間彰化古廟，被視爲荒廢寺廟，這是臺灣史上很特別的一個公案，往昔只有官廟隨著帝制的滅亡而成爲民廟，南瑤宮卻反道其行，本屬民廟卻由官方管理。然而官方管理，並未能提升南瑤宮的地位。國民黨的萬年國會，有很長一段時期由臺中縣的劉松藩擔任立法院長，做爲全國最高民意機關的黨國大老，大甲鎮瀾宮的崛起，與此應不無關係。因此我們現在看到的朝天宮與鎮瀾宮兩強相爭，隱約地象徵戰前與戰後兩股政治勢力的相爭〔註158〕。

因此筆者認爲：總督府選擇扶植北港朝天宮似乎是有意另立媽祖信仰中心並進一步藉掌握台灣多數民心。而原因無他，在清代大天后宮具有官方權威的媽祖廟，是全台媽祖廟中地位最崇高者，也是清帝國政府的象徵，在政權遞嬗後爲抹除台灣人的遺民心態，因此選擇了民間最受歡迎的北港朝天宮做爲新政權官方權威廟宇的象徵。

　　此外，透過本章節研究亦發現：

　　（一）傳統漢人社會中寺廟是地方上的一個「公共領域」（public sphere），地方的頭人、望族、仕紳、名流等領導階層紛紛介入寺廟各種活動與組織的管理使用以拓展其財富、勢力，這些固然是鄉紳效力桑梓之回饋，同時更是支配地方社會的主要管道或領域之一〔註159〕。總督府透過國家機器（宗教政策、保甲制度）深入北港收編參與朝天宮的地方菁英。而收編這些菁英的同時，等同扶植了北港朝天宮成爲總督府官方色彩濃厚的廟宇。

　　（二）在過去有學者曾經主張清嘉慶初年笨港根本沒有媽祖廟〔註160〕，若對照乾隆 42 年（1777）古文書〈陳寧老典契〉，是有待商確的。由典契內容能得知在乾隆 42 年（1777）之前笨港已經有媽祖廟且坐落於笨港溪北岸，民間稱爲「北港媽祖宮」。

〔註158〕林美容：〈彰化媽在臺灣史上的意義〉，收入《2008 年彰化學術研討會——媽祖信仰國際研究論文集》（彰化市：彰化縣立文化局，2008 年），頁 130。

〔註159〕卓克華：《從寺廟發現歷史：台灣寺廟文獻之解讀與意涵》（台北市：揚智文化，2003 年），頁 8。

〔註160〕林德政主修：《新港奉天宮志》（嘉義縣：新港奉天宮，1993 年），頁 34。

（三）北港朝天宮因為祭典活動而組織的神明會，才是真正朝天宮發展的主力〔註161〕；在一年一度的遶境活動裏北港人以朝天宮媽祖為中心消彌了人我之間的隔閡，凝聚北港地方社會的情感，成為朝天宮崛起因素中最穩定、堅實的力量。

圖2－7：〔註162〕日治時期的北港媽祖遶境行列

圖2－8：第5任台灣總督佐久間左馬太「享于克誠」匾於大正2年
（1913）奉獻匾額「享于克誠」，存於北港朝天宮。攝於
（2011.04.21）

〔註161〕鄭志明：《神明的由來臺灣篇》（嘉義縣大林鎮：南華管理學院，1998年），
頁263。
〔註162〕行政院文化建設委員會，國家文化資料庫：
http://nrch.cca.gov.tw/ccahome/index.jsp（檢索日期：2011年2月23日）。

第三章 彰化南瑤宮與大甲鎮瀾宮進香對北港朝天宮崛起之影響

　　一般字典或類書，鮮有「進香」詞語的記述。宋代趙升《朝野類要》，僅語及「北宮聖節及生辰，必前十日，車駕詣殿進香」，文意所指恐非今日之進香。清代魏崧輯纂之《壹是紀始》上推《鹽鐵論》記載，將進香視爲朝山。加以參照近人編集之《辭海》，對進香釋爲「至名山大寺院禮佛者」，並引《西藏新志》一書爲佐證。觀其描述近似於今日狀況。研究朝聖的人類學者 Victor Tumer 視玄奘西行取經危朝聖的一種。而西方辭典對 Pilgrimage 之界定，大抵是指朝聖者至神聖之地，履行誓約的旅行，其或爲自願，或義務性（如回教徒）。綜合上述這些資料，至少可發現無論是中文的進香、朝山，或英文的 pilgrimage，其共同特徵是：至遠處的神聖地，禮敬神明或聖物〔註1〕。

　　但台灣民間信仰中的「進香」和其他宗教的朝聖行爲仍有不同之處，其他宗教不注重「香火」的淵源，但在任何中國式的祭祀神靈與神靈接觸的場合，頭一個動作必定是點香，點香的意義是與神靈溝通，藉點香的煙裊裊而上，象徵與天上神祈的溝通〔註2〕。

　　台灣在日治時期至戰後八〇年代的媽祖進香活動中以彰化南瑤宮最爲知名，戰後八〇年代後期至今則是大甲鎮瀾宮規模最大，而二者都與北港朝天宮的香火上產生過關係。究竟是什麼原因兩間媽祖廟都要往北港進香呢？而

〔註1〕陳維新：〈進香之界定：由人類學角度〉，《人類與文化》，23 期（1987 年 5 月），頁 66〜67。
〔註2〕黃美英：〈訪李亦園教授從比較宗教學觀點談朝聖進香〉，《民俗曲藝》，25 期（1982 年 7 月），頁 17。

進香活動爲北港朝天宮的崛起帶來什麼樣的影響呢？本節試以日治時期的報章史料《台灣日日新報》所報導的內容來加以析論。

第一節　彰化南瑤宮的笨港進香

在有關媽祖廟進香的史料中，以彰化南瑤宮爲最早。在乾隆中期之後，已開始前往笨港進香，並隨著進香活動發展出信仰組織，有關南瑤宮建廟歷史與笨港進香的起源，試以下列說明之：

一、南瑤宮媽祖會與笨港進香

據南瑤宮現存〈沿革碑碑文〉所載：

> 聞自前清雍正時代，彰化置縣始建城池，亘至乾隆十二年終告成功。
> 建城時掘土燒磚以疊城垣之用，有招募外來窯工以從事，中間有工
> 人楊姓者自笨港應募而來，是時交通不便，外出者視數十里爲遙，
> 故楊姓者來時攜帶有久在笨港最靈感之神，即受封與天同功。天上
> 聖母娘娘之香火，欲藉爲庇身之用。祀之坏簝即（造磚場）址在本
> 廟地也，……越二年，庄民議建廟然初建基。〔註3〕

彰化縣在雍正元年設縣邑之後開始建立城池，在乾隆年間有個來自笨港地區〔註4〕的楊姓民眾前來應徵燒瓦的工作，身上攜帶笨港媽祖的香火，且據說靈驗異常。於是奉祀於鄰近的福德廟內。就在乾隆 12 年築城工作告一段落後，乾隆 14 年（1749）南門附近民眾倡議建廟。因此，周璽《彰化縣誌》：

> 天后聖母廟，在邑治南門外尾，乾隆中士民公建，歲往笨港進香，
> 男女塞道，屢著靈應〔註5〕。

嘉慶 7 年「彰化紳董聯絡縣下信者，再倡重建。」在原有的廟基上再擴大爲

〔註3〕南瑤宮建廟年代另一說爲：乾隆 3 年（1738），但若與〈南瑤宮沿革碑文〉相較下似乎較合於《彰化縣志》所載年代。詳見國立彰化師範大學地理系編纂：《彰化南瑤宮誌》（彰化市：彰化市公所，1997 年），頁 182。

〔註4〕就廣義的「笨港」空間地理而言，笨港發展於笨港溪兩岸，對外通稱笨港。本身卻再分笨南港、笨北港兩地。若依目前行政區域來分：「南街」就是現在的嘉義縣新港鄉，「北街」則是目前雲林縣北港鎮。詳見顏昭武：《從笨港到北港——北港鎮》（雲林縣斗六市：雲林縣政府，2002 年），頁 1～2；林衡道：《鯤島探源（三）》（台北縣永和市：稻田出版，1996 年），頁 604。

〔註5〕周璽：《彰化縣誌》（台北市：台灣銀行，1960 年），頁 154。

五倍。此後在清代又有道光 19 年（1839）、同治 11 年（1872）二次增建，直到同治 12 年（1873）落成並舉行典禮。〔註6〕

　　日治時期，彰化南瑤宮的董事多為台灣文化協會成員，再加上南瑤宮已享有盛名，因此日治時期的修築工作受到社會大眾的矚目。大正元年（1912）彰化地方人士積極倡議改築，據當時《台灣日日新報》報導：

　　彰化媽祖廟。係清朝嘉慶年間所建。以靈異顯著併稱北港媽祖廟。
　　近至台中苗栗各地遠至基隆宜蘭等處。參詣者常不絕。……殿舍棟
　　樑頗有腐朽。聞該地有志者。豫算工費約四萬圓。將行改建。刻種
　　種計畫云〔註7〕。」

當地士紳與彰化支廳長中川清大商議獲得贊成，次年成立南瑤宮改築會，公舉吳汝祥、楊吉臣、吳德功、林烈堂、李崇禮諸士紳分董其事，著手募資改建。五年後完成一屋頂鋪上日式黑瓦的中（閩南）、西（洋）、和（日）混和式廟殿，即今奉祀觀音佛祖之後殿。然因竣工之後，建築風格似不被當時民眾所認同，於是決議解散改築會。大正 9 年（1920），由各媽會會員重倡改建，公舉老二媽會大總理林金柱、副總理林泉州（周）兩人為首，劉陽、鄭仁、賴天送、林潛諸人為副，於是著手進行募捐〔註8〕。

　　彰化南瑤宮。天上聖母。信仰者殆遍全臺。只轎（應為轎）班份。
　　亦有三四萬人……廟宇殊過於狹隘。彰街紳士與媽祖會各角頭總
　　理。轎班份等。爰謀改築。以壯觀瞻。而崇重信仰。稟請當局認可。
　　設立改築會。……經既築竣。緣前殿是折衷洋式而建。在轎班份等。
　　謂不似廟宇。有失祀神之莊嚴。多抱不滿足。決議將該前殿。編為
　　後殿。將再建合式之前殿。……大正九年。將改築會事務。交與媽
　　祖會轎班份。當時選出一角頭總理。林金柱氏為會長〔註9〕。

正當一切蓄勢待發之際，不料，當事者卻先後逝世，修築工作未如所期。之後再推舉老五媽會大總理林海木、聖四媽會副總理陳慶根兩人承其事，然改建工程未完成，林海木卻告辭世。乃至昭和 7 年（1932）再公舉老二媽會前總理林金柱之後裔林昌續董其事，而在這段期間內逢第一次世界大戰之後全球景氣陷入空前蕭條，募款工作有所困難，改築會倡議借錢：

〔註6〕　國立彰化師範大學地理系編纂：《彰化南瑤宮誌》，頁 22。
〔註7〕　〈彰化天后宮改建〉，《台灣日日新報》，1912 年 4 月 3 日，第 5 版。
〔註8〕　國立彰化師範大學地理系：《彰化南瑤宮誌》，頁 22。
〔註9〕　〈台中特訊久築未竣〉，《台灣日日新報》，1924 年 5 月 24 日，第 6 版。

> 彰化南瑤宮廟改築會。對於改築期間中。常遭景氣不況打擊。萬事不
> 得如意時下三萬餘圓之石料木材雕刻。雖皆已告成。而既捐金項。猶
> 遲遲未集。故當事者。發信招呼各關係者。於昨十一月五日午後二時。
> 在事務所。開會討論接濟方法。……暫借金四千圓充用云〔註10〕。

昭和11年（1936）完成前後殿及兩廊附屬物之一切改建工程，使廟貌呈現換
然一新之氣象〔註11〕。

在台灣的媽祖信仰史料文獻中最早有進香活動的是彰化南瑤宮的笨港進
香。據鄭印、王喜、陳才、呂元、林造等42人立於嘉慶21年的書契中有：

> ……我南門外，天上聖母聲靈溢乎四海，赫渥著於普天。印等誠見
> 聖母之威露庇祐我無疆，是以每年往笨港進香。願隨聖母鑾駕者，
> 蓋有四十二人焉。祇因聖母回宮之日，而四十二人各具一點精誠，
> 敬備牲酒，欲鳩多少，未免費神，遂於嘉慶十九年三月廿三聖母千
> 秋之日眾爲公議，每人出銀壹元，存爲公銀，而我諸同人，亦各樂
> 從，一時出銀拾貳元，議交一人生放，逐年所收利息以爲聖母壽誕
> 之用。〔註12〕

由書契中得知，最晚在嘉慶 19 年之前南瑤宮的信徒已開始每年前往笨港進
香。且在該年（嘉慶19）有 42 人捐銀以做爲進香或媽祖聖誕祭祀之用，另外
合約內容中還議定設有總理以及爐主的制度，儼然形成粗略的宗教組織規模：

> 同人僉舉一誠實之人出爲總理，遞年則將此公銀交總理，遞年則將
> 此公銀交總理生放。並設立帳簿兩本，登記年收利息若干，存之于
> 簿。至三屆期，又要將此公銀母利一足清出，公算共若干，再交總
> 理收放。其所收放之銀，倘或銀被人侵吞，亦或利息不敷，俱係總
> 理賠出，不得藉稱被人裏吞□□滋事。倘日後公銀若多，或要均分，
> 再爲籌議。其爐主逐年憑箬過爐，週而復興。此係公議，俱各喜悅，
> 口恐無憑，合俱公約壹樣，共肆拾貳？各執壹？存照。總理戴悅。
>
> 嘉慶貳拾壹年參閱日立公約〔註13〕

〔註10〕〈南瑤宮改築會議暫借入四千圓〉，《台灣日日新報》1930 年 11 月 08 日，第
　　　　4 版。

〔註11〕參閱國立彰化師範大學地理系編纂：《彰化南瑤宮誌》，頁 22。及《台灣日日
　　　　新報》〈南瑤宮改築會議暫借入四千圓〉1930 年 11 月 08 日，第 4 版。

〔註12〕〈老大媽會合約影本〉，詳見李俊雄：《我所知南瑤宮一些事》（自印，1988
　　　　年），頁 16，另國立彰化師範大學地理系：《彰化南瑤宮誌》，頁 221。

〔註13〕國立彰化師範大學地理學系：《彰化南瑤宮志》，頁 214。

當時這 42 人為媽祖祭祀以及進香活動所議定的組織也就是後來的老大媽會。知名人類學家林美容認為:「神明會是對一些神明有虔誠的信徒,自願組成的團體,像媽祖會、太子爺、土地公會等。神明會的會員組成有不同層次之分,比如在土地公廟會時,一些熱心人士為了讓拜拜的活動熱絡一點,就組織土地公會,以運籌活動內容〔註 14〕。」

神明會的成員不限於同村庄的人,它是由一些熱心的人組成的。神明會常有「吃會」的活動:在神明生日時舉行祭典,祭拜結束後就舉行吃會,一同共宴。另外有一些神明會則是超部落的〔註 15〕,如本節所討論的南瑤宮即是超部落性的。

南瑤宮從嘉慶 19 年(1814)開始,便組織了媽祖會,一直到日治之前,已有十個媽祖會的組織,到現在這十個媽祖會的組織都還相當嚴密,會員愈來愈多,每年定期舉辦活動。十個媽祖會分成:老大媽會、新大媽會、老二媽會、興二媽會、聖三媽會、新三媽會、老四媽會、聖四媽會、老五媽會、老六媽會。傳承歷史悠久,到現在還是一直延續下來,延續方式採會員世襲制〔註 16〕。

每一個會每年都有過爐的儀式,分角頭舉行,這裡的角頭通常指更大的範圍,而不是一個村庄內的角頭。一個會的範圍包括好幾個鄉鎮,比如老二媽會,包括的範圍是:彰化市、台中市、南投市、草屯鎮、名間鄉、還有員林鎮。另外,每個會裡都有總理、董事,董事通常是一個村庄一個或二個,其他則是會員,紀律嚴謹〔註 17〕。有關彰化南瑤宮的媽祖會試以下列說明:

(一)老大媽會

老大媽會昔日稱為「金和安聖母會」。清嘉慶 19 年(1814)南瑤宮有每年往笨港進香願隨聖母之鑾駕者 42 人,以聖母回宮之日,各人需備多少牲酒,未免費神,於是大家商議每人出銀壹元,存為公銀共肆拾貳元,將逐年所收利息作為聖母壽誕之用;嘉慶 21 年(1816)並立約推舉一誠實忠厚之人出任總理管理收放公銀。此為南瑤宮最早成立的媽祖會。

〔註 14〕林美容:《台灣人的社會與信仰》(台北市:自立晚報,1993),頁 181。

〔註 15〕同上註,頁 181。

〔註 16〕同上註,頁 181。

〔註 17〕同上註,頁 181～183。

（二）新大媽會

自嘉慶以後，南瑤宮媽祖往笨港進香，回鑾時涉濁水溪登北岸，自石塔、溪底、枋橋頭至彰化一路上經常有彪形大漢覬覦進香團之聖物——香擔。這些搶者欲奪香擔置於於其本地，以期能獲取南瑤宮媽祖之庇佑，繁榮期村莊。對於進香團如何保護香擔安全回南瑤宮，遂成為承辦笨港進香工作人員的難題。只好求助當時衙門捕快、衙役。而這些官兵應允後並加入原已組織成以供奉虎聖將軍為主神之虎仔爺會（又稱虎聖公會或虎聖將軍會）以維護香擔安全。日人領台之後，唯恐昔日這些身懷武藝的的捕快、衙役所組織「虎仔爺會」會藉機製造動亂，反抗日本政府，遂有取締「虎仔爺會」的計畫。南瑤宮方面獲知後贈與媽祖金身，並對外宣稱為南瑤宮天上聖母的鑾班會，以達掩護之目的。又因為其組織遂於老大媽會成立，該會又稱新大媽會〔註18〕。

（三）老二媽

老二媽會創建年代已不可考，依據現有文獻記載，清道光 10 年（1830）已成立，並有活動紀錄。成立者據說是由台中市樹仔腳（今台中市南區樹義里）林姓秀才發起。林氏族人一向熱衷南瑤宮廟務發展，在大正 9 年（1920）南瑤宮改建時各媽會公推大總理林金柱、副總理林泉州總其事，昭和 7 年（1932）續由林昌擔任改築會會長，至昭和 11 年（1936）改建完成〔註19〕。

（四）興二媽

興二媽會目前存有同治己巳年（1869）之香爐文物，且據「台中州豐原郡宗教團體台帳」所載，同治 10 年（1871）神岡庄大社成立興二媽會，因此興二媽會至遲在同治年間確已設立，可能有 120、30 年之歷史。而發展過程與台中西屯廖氏宗族有密切關係，據說媽祖信徒眾多為能恭迎聖像駐駕，經常發生爭奪媽祖聖像的紛爭，於是由台中西屯廖氏宗族頭人招募會員，成立本會，雕製媽祖金身，以供會員迎駕用〔註20〕。

（五）聖三媽會

依 1993 年《彰化南瑤宮天上聖母聖三媽會章程會員名冊》所載，聖三媽會最晚在清朝同治 8 年（1869）以前成立，其創會起源缺乏具體史料可考，

〔註18〕詳見李俊雄：《我所知南瑤宮一些事》，頁 15～19。
〔註19〕詳見國立彰化師範大學地理系編纂：《彰化南瑤宮誌》，頁 290。
〔註20〕同上註，頁 292。

然按其先輩圖及地方耆老、會員口傳，大約是：清朝時由彰化市南門口、大竹、番社口、牛埔仔、外快官、田中央、柴坑仔、渡船頭、山寮子、芬園鄉下茄荖、烏日鄉尾寮、同安寮、喀哩、霧峰鄉、南勢、丁台、四德、大雅鄉楓樹腳、神崗鄉圳堵、北庄等處信徒發起組織「南瑤宮聖三媽會」，此後與其他媽會輪流辦理笨港進香活動〔註21〕。

（六）新三媽會

新三媽會成立於何時，並無確切史料、文獻可尋。但據新三媽會的先輩圖推知新三媽會最遲約在日治明治時以前已成立。另據新三媽過爐使用的香爐上所刻示的「光緒5年」字樣，可上推到光緒5年（1879）時已成立〔註22〕。新三媽會其性質甚是特殊，屬於所謂的「招庄頭」，即以村庄為單位，村庄若加入，則庄內每位居民皆為會員〔註23〕。

（七）老四媽

老四媽會成立於光緒9年（1883），迄今已有100餘年。另據《台中縣志》，明治32年（1899）大肚下堡之居民（即今大肚角）為了漳州人舉辦同鄉會及福利'安全而創4媽會，由沙轆支廳茄投區陳烏目主倡，一人一元合買會地，隸屬彰化南門口區之南瑤宮，入會者為大肚下堡之漳州人與泉州人360名〔註24〕。

（八）聖四媽

聖四媽會成立年代略晚於老四媽會，也就是光緒9年（1883）之後。最初將南瑤宮分香而來之聖四媽像於同安宅（今彰化縣永靖鄉同安村）奉祀，後移至坡心庄（今彰化縣埔心鄉義民村）內民宅安座，至該廟倒塌後，第一代總理黃耀南發動捐募興建媽祖廟。由於日治時期，未得建廟許可，乃改以忠義廟名義重新申請建廟，於昭和元年完成〔註25〕。該會會員除基督教與天主教徒之外，都是會員，屬所謂「招庄頭」者〔註26〕。

〔註21〕同上註，頁295。

〔註22〕同上註，頁299。

〔註23〕林美容：《媽祖信仰與台灣社會》（台北縣蘆洲市：博揚文化，2006年3月），頁82。

〔註24〕同上註，頁87～88。

〔註25〕國立彰化師範大學地理系編纂：《彰化南瑤宮誌》，頁299。

〔註26〕詳上註，頁93。

（九）老五媽會

據《台中州大屯郡宗教團體台帳》記載，南屯庄水碓仔於光緒 5 年（1879）成立五媽會，祭祀南瑤宮老五媽〔註27〕。目前該媽會擁有 3 座公廟，它們分別爲北屯（台中市北屯區）上天宮、頭家厝德安宮及三份埔松聖宮〔註28〕。

（十）老六媽

據《台中州大屯郡宗教團體台帳》所載，太平（今台中縣太平鄉）於光緒 12 年（1886）成立六媽聖會祭祀南瑤宮六媽，當時太平有會員 32 人。而《台中州大屯郡宗教團體台帳》另載，南屯庄下楓樹腳於道光 30 年（1850）成立六媽會，祭祀南瑤宮六媽，可見老六媽會最早成立時間可能在道光 30 年之前〔註29〕。

另外，南瑤宮所屬的 10 個媽祖會各有其祭祀活動，主要是在媽祖誕辰前分別定期在南瑤宮舉行媽祖祝壽祭典稱爲「作會」。各媽會亦每年分別舉行「過爐」，新爐主在過爐日請南瑤宮媽祖輪值的角頭內繞境、祭祀，並宴請其他角頭的會員，稱爲「吃會」〔註30〕。其相關情形試以下表說明：

表3－1：彰化南瑤宮 10 個媽祖會組織與活動簡表

媽會會	角頭數	村庄數	會員數	作會	過爐	吃會	曲館	7年輪值	近年進香
老大媽會	9	31	2362	3月24日	4月	有	梨春園	第7角	24年、51年
新大媽	4		120多	3月22日	4月	有	無	第5角	
老二媽	12	80	7753	3月25日	8月	有	集樂軒	南投3區	53年
興二媽	10	53	3348	3月25日	4月	有	興祿軒（昔）	八張犁角	53年、71年
聖三媽	12	20	1500多	3月26日	8月	有	澤如齋（昔）	大雅角	69年、75年

〔註27〕 林美容：《媽祖信仰與台灣社會》，頁 96。
〔註28〕 國立彰化師範大學地理系編纂：《彰化南瑤宮誌》，頁 312。
〔註29〕 同上註，頁 96。
〔註30〕 同上註，頁 280。

會媽會	角頭數	村庄數	會員數	作會	過爐	吃會	曲館	7年輪值	近年進香
新三媽	6	6	1211	3月27日	3月	無		後港仔	69年、75年
老四媽	12	80	7364	3月28日	4月	代表性		過溝角	51、68、70
聖四媽	7	30	3597	3月28日	4月	代表性		埔心角	51、68、70
老五媽	12	63	6975	3月29日	4月	有	景樂軒	第6角	53
老六媽	12	40	4863	3月30日（4月1日）	4月	有	景華軒	第3角	

資料來源：林美容：《媽祖信仰與台灣社會》（台北縣蘆洲市：博揚文化，2006年），頁121。另外，表3中的新大媽會，因侷限於彰化市區，無法列其村庄數，不過會員分成4角頭輪值過爐，若以4村庄計則有411個村庄。然而其中有一些村庄是雙重隸屬（double affiation）或是三重隸屬（triple affiatuon）的情形，即一個村庄屬於2個或3個媽祖會，因此實際參與彰化媽祖的村庄只有300多個。涵蓋中部4縣市，即台中縣、台中市、彰化縣及南投縣，跨越21個鄉鎮，3個縣轄市及1個省轄市。詳細情形見於同上註，頁122。

　　由上述10個會媽會的情形能發現；他們平時各自為政，不受廟宇管理。只有進香時由10個會媽會統籌、主導、交涉。

　　因此，南瑤宮會媽有俗諺：「大媽四愛吃雞，二媽五愛冤家，三媽六愛潦溪。」來形容10個媽祖會平時活躍的情況〔註31〕以及笨港進香時，10個媽祖會所應擔任的年例次序。

　　意即，辦理笨港進香時，分年臨時合併大媽與四媽為一組，二媽與五媽為一組，三媽與六媽為一組來輪辦笨港進香事宜。首輪由大媽、四媽會承辦，俗稱大媽年或大媽四。次則輪由二媽、五媽會承辦，俗稱二媽年或二媽五。三輪由三媽、六媽會接辦俗稱三媽年或三媽六。大媽年輪畢之翌年由二媽五

〔註31〕　因大媽、四媽甚是靈驗，信徒許願皆有所得，祭典時信徒的牲禮祭品特別豐富，故曰愛吃雞。二媽會與五媽會會員常有爭執、糾紛，日治時期常由林獻堂調停。因每逢三媽年要進香，回彰化時，濁水溪的水會很大必需涉水，顧說愛潦溪。詳見林美容：《媽祖信仰與台灣社會》，頁413。

置天台求杯，倘若未蒙賜準時，則順延一年、二年，甚至數年拜求俯允後方重新組團成行，二媽年一過，照例由三媽、六媽再置天台諾杯，祈求准予成行組隊，如此週而復始〔註32〕。

　　南瑤宮在清代的笨港進香除了前述的嘉慶年間外，另一次是在同治 9 年（1870）的 3 月 16 日。而這次的進香活動引發了一樁有關霧峰林家知名的司法冤案。當時的霧峰林家因林文察與林文明在同治初年均參加平定太平天國之役與台灣的戴潮春之役。二兄弟因功在清朝而打入官僚階層，林文察高居福建陸路提督之職（在台灣史上僅有王得祿能與之相比），林文明也榮登副將之職〔註33〕，然而林家兄弟在平亂時有越權行為，累積民怨，留下把柄，但更重要的是，林家財勢壯大，桀驁不馴，侵犯了官權的尊嚴，威脅了皇權的安全〔註34〕。因此當時總兵楊在元、專辦委員凌定國、道台黎兆棠、彰化縣令王文棨等人決定誅殺林文明，遂利用媽祖進香之習俗的機會先發布命令，禁止進香：

　　　　其時正值三月十六日，臺地諸民均往嘉義北港媽祖廟進香敬神，奸
　　　　民混雜，易滋事端，兼有謠言，故奉前道憲黎先期發示禁止。卑職
　　　　亦事先催勇派差，並扎飭典史史督率，日夜守路巡緝。並查卑邑南
　　　　門外有廟名南壇，內供天后神像〔註35〕，向來北路民人均隨神像抬
　　　　赴北港進香。卑職故將南壇神像請入城內觀音亭中〔註36〕。

而霧峰林家與南瑤宮有密切的關係，尤其是老五媽會。身為地方頭人的林文明必然積極參與此項活動，甚至成為主角〔註37〕，於是參與進香活動的民眾請出林文明與官方交涉，而這些民眾在縣令王文棨眼裡卻成為林文明所聚眾的對象：

　　　　城鄉耆耆諸董事均已聽從遵禁，出具切結，惟該紳謂：進香不應禁

〔註32〕李俊雄：《我所知南瑤宮一些事》，頁 85。
〔註33〕黃富三：〈林文明「正法」案真相試析——兼論清代台灣的司法運作〉，《臺灣風物》，39 卷第 4 期（1989 年 12 月），頁 1。
〔註34〕同上註，頁 25。
〔註35〕南壇，應為南瑤宮之誤。《彰化縣志》〈祀典志〉祠廟條：「南壇亦屬壇也，一名南山寺，在縣治東門外．紳士王松等倡建，以停客柩，及本處士民之柩。」而南瑤宮是在「邑治南門外尾。」詳見周璽：《彰化縣志》（台北市：台灣銀行，1962 年），頁 154～155。
〔註36〕黃富三：〈林文明「正法」案真相試析——兼論清代台灣的司法運作〉，頁 16。
〔註37〕黃富三：《霧峰林家的中挫》（台北市：自立晚報，1992 年），頁 211。

止，必仍抬神赴北港，率帶千百人逗留城外，謠言不一。本地總董

紳民惶恐受累，具結存案。卑職亟添募勇壯，分門彈壓，以定民心。

至十六日，竟聚集數千人，違禁迎神前往，勢難法制〔註38〕。

如此一來加以聚眾謀亂之名，二者迫使他入城一舉誅之〔註39〕，果如其然在

十七日當天林文明入城就在彰化縣署公堂上被刺而亡：

凌委員以堂板拍案二、三聲，喝令殺、殺，林文明遂被刺殺倒地，

……見者皆為之不平。痛哉！痛哉！〔註40〕

二、日治時期歷年往笨港進香情形

南瑤宮在清代的笨港進香除了前節所述之外，到了日治時期據《彰化南

瑤宮誌》上所載；有民國 6 年（1917）與民國 24 年（1935）2 次，分別由三

媽（聖三媽、新三媽與老六媽）及大媽（老大媽、新大媽、聖四媽與老四媽）

擔任、籌備進香的任務〔註41〕。而王見川則認為：『至少在明治 43 年（1910）、

大正 6 年（1917）、昭和 7 年（1932）、8 年（1933），南瑤宮媽祖都曾到笨港

進香。究竟在日治時期南瑤宮有幾次前往笨港進香呢？而其相關情形與經過

又是如何呢？而進香的聖地中心是在北港又代表什麼樣的意義呢？以下試以

日治時期的報章及相關史料、文獻將明治、大正、昭和年間南瑤宮笨港進香

分別敘述說明：

（一）明治年間往笨港進香情形

南瑤宮在日治時期也延續自清代的傳統前往笨港進香，但在日人領台之

初政經局勢不穩定之際停止了這項活動。據當時《漢文版台灣日日新報》：

全島人民。最信賴者。莫如北港朝天宮。次則彰化南瑤宮。兩天上

聖母是已。改隸之初。遠人不敢往。即有往者。亦寥々似辰星〔註42〕。

直到明治 43 年（1910）才又恢復前往笨港進香〔註43〕。而當時的行程是：

果如預定於念五日午后十時項。神輿登程南下。念六日午前二時零。

〔註38〕黃富三：〈林文明「正法」案真相試析──兼論清代台灣的司法運作〉，頁 16。

〔註39〕同上註，頁 16。

〔註40〕同上註，頁 18。

〔註41〕國立彰化師範大學編纂：《彰化南瑤宮誌》，頁 95。

〔註42〕〈員林短札香侶何多〉，《台灣日日新報》，1908 年 4 月 18 日，第 4 版。

〔註43〕詳見〈員林通信進香盛況〉，《台灣日日新報》，1910 年 4 月 23 日，第 4 版。

過員林街。燈光輝煌……聞是夜宿西螺街。念七日到北港進香完。
乃往宿新港。念八日返？一宿他里霧街。一宿員林街。翌日回廟。
想屆期沿途迎接者。其熱鬧非常。領臺后當以此為首屆焉。

有關明治時期南瑤宮笨港進香行程試以下表3−2來進一步說明：

表3−2：明治43年彰化南瑤宮往笨港進香行程

時　間	日　期	行　程
明治43年	4月25日	午后10時神輿登程南下。
明治43年	4月26日	午前2時過員林街，夜宿西螺街。
明治43年	4月27日	北港媽祖廟進香，夜宿新港。
明治43年	4月28日	返程，一宿他里霧街，一宿員林街。
明治43年	4月29日	回廟

資料來源：整理自王見川、李世偉：《台灣媽祖廟閱覽》（台北縣蘆洲市：博揚，2000），
　　　　　頁113。

（二）大正時期往笨港進香情形

　　大正年間的進香活動於大正6年間舉行一次。據當時報載，改隸後明治
43年舉行過一次。而此回是日人治台期間第二次舉行。而當時參與進香活動
有七、八萬人之多〔註44〕。

（三）昭和時期往笨港進香情形

　　南瑤宮在昭和年間的進香活動中以昭和10年3月的笨港進香最為盛大，
主要原因是自大正年間起歷時17年的改建工作「業已趕告竣工〔註45〕」於是
相關人士一同會商前往北港。當時的行程是：

訂古歷三月十七日午前零時。由本廟出發。當夜于西螺街一泊十八
日北港謁祖進香。是夜宿新港。十九日滯新港二十日回鑾。在斗南
庄一泊。二十一日在員林一泊。二十二日歸廟〔註46〕

相關情形如下表3−3說明：

〔註44〕〈彰化媽祖進香〉，《台灣日日新報》，1917年5月6日，第7版。
〔註45〕〈彰化南瑤宮媽祖進香〉，《台灣日日新報》，1935年3月20日，第8版。
〔註46〕同上註。

表 3－3：昭和 10 年彰化南瑤宮往笨港進香行程

時　間	日　期	行　程
昭和 10 年	3 月 17 日（農曆）	凌晨由南瑤宮出發，當夜于西螺街一泊。
昭和 10 年	3 月 18 日（農曆）	北港謁祖進香，是夜宿新港。
昭和 10 年	3 月 19 日（農曆）	滯新港。
昭和 10 年	3 月 20 日（農曆）	回鑾，在斗南一泊。
昭和 10 年	3 月 21 日（農曆）	在員林一泊。
昭和 10 年	3 月 22 日（農曆）	歸廟。

資料來源：〈彰化南瑤宮媽祖進香〉，《台灣日日新報》，1935 年 3 月 20 日，第 8 版。

　　而此次參加的人數有十數萬人〔註 47〕，在回鑾當天吸引了大甲、台中、豐原、東勢等地民眾前來：

　　　彰化市郡近郊。遠及大甲臺中豐原東勢各郡下善男信女自早各備香
　　　燭等。陸續結隊而來〔註 48〕。

　　昭和 11 年（1936）當年的北港進香活動由二媽會的總理林昌擲杯筊請示未果，於是該年未進行北港進香活動〔註 49〕。而此則報導也是《臺灣日日新報》中最後一則提及南瑤宮笨港進香的新聞。有關南瑤宮在日治時期往笨港進香情形詳如表 3－4 所示：

圖 3－1：
南瑤宮媽祖神輿，現存於
彰化媽祖文化館。
（筆者攝於 2011.08.01）

〔註 47〕　〈北港へ媽祖彰化かろ參拜〉，《台灣日日新報》，1935 年 4 月 11 日，第 3 版。
〔註 48〕　〈彰化媽祖大祭典數日間約六萬餘人進香參拜者更多連日甚混雜〉，《台灣日日新報》，1935 年 4 月 26 日，第 4 版。
〔註 49〕　〈彰化南瑤宮の北港參詣取止め〉，《台灣日日新報》，1936 年 2 月 10 日，第 8 版。

圖 3－2：
南瑤宮三媽錫爐，年代不詳，現存於彰化媽祖文化館。
（筆者攝於 2011.08.01）

表 3－4：日治時期彰化南瑤宮笨港進香相關情形

時 間	日 期	新聞標題	相關事由
明治 41 年	4 月 23 日	員林通信進香盛況	彰化南瑤宮聖母，往北港進香，預定二十五日啓程。
大正 6 年	5 月 6 日	彰化媽祖進香	彰化南瑤宮媽祖往北港進香，沿途禮拜者有七、八萬。
昭和 7 年	4 月 7 日	南瑤宮進香筶定當日趣聞	資料模糊
昭和 8 年	2 月 11 日	彰化進香罷論	擲筶未果，進香活動取消。
昭和 10 年	3 月 20 日	彰化南瑤宮媽祖進香	由佐藤市尹、淺野署長、吳土茂等官紳請示結果訂舊曆三月十七日午前零時，北港謁祖進香。
昭和 11 年	2 月 10 日	彰化南瑤宮の北港參詣取止め	擲杯筶未果，活動取消。

1. 資料來源：

（1）〈員林通信進香盛況〉，《台灣日日新報》，明治 43 年（1910）4 月 23 日，第 4版。

（2）〈彰化媽祖進香〉，《台灣日日新報》，大正 6 年（1917）5 月 6 日，第 7 版。

（3）〈南瑤宮進香筶定當日趣聞〉，《台灣日日新報》，昭和 7 年（1932）4 月 7 日，第 4 版。

（4）〈彰化進香罷論〉，《台灣日日新報》，昭和 8 年（1933）2 月 11 日，第 8 版。

（5）〈彰化南瑤宮媽祖進香〉，《台灣日日新報》，昭和 10 年（1935）3 月 20 日，第
　　8 版。

（6）〈彰化南瑤宮の北港參詣取止め〉，《台灣日日新報》，昭和 11 年（1936）2 月
　　10 日，第 8 版。

2. 說明：上表彰化南瑤宮笨港進香新聞資料以見報第一則爲主。

第二節　大甲鎮瀾宮的北港進香

　　在戰後 80 年代後期的媽祖進香活動中以大甲鎮瀾宮的北港進香最受矚
目，但自民國 77 年（1988）起，改往與北港朝天宮僅有一水之隔的嘉義縣新
港鄉奉天宮。而當時大甲鎮瀾宮不再前往北港朝天宮進香之原因在於釐清鎮
瀾宮是否爲北港朝天宮的分靈而所引起之誤會。

　　據大甲鎮瀾宮方面的說法：「基於民國 77 年（1988）之前前往北港進香
常被說成是『回娘家』、『謁祖』，甚至被誤認爲是北港朝天宮分靈的。加上，
鎮瀾宮民國 76 年（1987）11 月組團到福建省湄洲祖廟進香，迎回一尊祖廟媽
祖。因此決議更改往北港進香名稱。同年 2 月 28 日正式決議將舊稱『大甲鎮
瀾宮天上聖母北港進香』改爲『大甲鎮瀾宮天上聖母遶境進香』。新進香名稱
取消『北港』兩字，加上『遶境』兩字，其目的是要消除大甲媽祖到北港是
『回娘家』的觀念，且進香名稱沒有『北港』特定目的地，大甲進香團將來
可較有彈性到任何地方遶境進香。鎮瀾宮使用新名詞進香中的『進香』是指
『拜拜』的意思。不料，鎮瀾宮更改進香名稱引起北港方面嚴厲的批評，而
鎮瀾宮對朝天宮亦多所不滿。而此時新港奉天宮表態歡迎大甲進香團往新港
進香。事後越演越烈，最後鎮瀾宮開董監事聯席會經表決後決定北港進香行
程改往奉天宮」。〔註 50〕

　　大甲鎮瀾宮是何時前往北港進香的呢？又爲何要前往北港進香呢？兩地人
普遍認爲：大甲媽祖往北港進香已有百年的歷史〔註 51〕。究竟，鎮瀾宮與朝天
宮在二次大戰之前是如何互動、往來呢？本節試透過相關的史料來分析說明：

〔註 50〕郭金潤主編：《大甲媽祖進香》（台中縣：台中縣立文化中心，1993 年），頁
　　　　105～108。

〔註 51〕蔡相煇：「……鎮瀾宮媽祖往北港朝天宮進香歷史？沒人確實知道有多少年且
　　　　文獻資料也未詳實記載。鎮瀾宮、朝天宮或北港人、大甲人有一共同的說法
　　　　──『傳說有一百年』。」詳見蔡相煇：〈評郭金潤大甲媽祖進香〉，《空大人
　　　　文學報》12 期（2003 年 12 月），頁 191。

一、清代大甲鎮瀾宮的建立與湄洲進香

　　大甲位於台灣中部西海岸，是台中縣最北端的一個鎮，鎮的南北端有大甲、大安溪貫穿而過，距離西部海岸約有 5 公里。大甲在漢人移入前是平埔族道卡斯（AOKAS）族居住、遊獵、田耕之所。當時大甲之平埔族均屬崩山八社，有大甲東、大甲西，雙寮，日南等 4 社〔註52〕。

　　明鄭後期，右武衛劉國軒鎮守彰化，曾遣軍駐屯於此。其時有晉江縣人李殖春入墾〔註53〕。康熙 36 年（1679）浙江郁永河，奉命來台灣採硫礦，途經大甲。返國後著《裨海記遊》，書中未載有漢人蹤影，可能匆促經過大甲或恰巧未經過漢人村莊〔註54〕。顯然地，當時的大甲可能漢人應相當稀少。

　　漢人大規模移墾入大甲可溯自清康熙 40 年間，有閩籍林、張二墾戶與客籍邱姓墾戶入墾，拓墾於大安、三十甲、九張犁、日南、鐵砧山腳一帶之荒埔〔註55〕。康熙 49 年淡水分防千總在大甲已增有水兵駐守。周鍾瑄《諸羅縣志》記載：

> 臺灣淡水，於是設淡水分防千總，增大甲以上七塘；蓋數年間而流
> 移開墾之眾，又漸過半線大肚溪以北矣。此後流移日多，乃至日南、
> 後龍、竹塹、南嵌，所在而有〔註56〕。

而漢人移墾的主要方式據富田芳郎描述：「一從鹿港北進，一從距離大甲西北5 公里之海港，大安港上埠〔註57〕。」當時的大安港雖尚未開港，但仍爲一天然良港，漢人紛紛藉由大安港上岸展開新的農墾生活。

　　雍正 9 年（1731）12 月崩山八社平埔族不滿漢人官方驅使勞役，發動大甲西社林武力事件〔註 58〕，並糾合中部平埔族十餘社之眾攻打彰化縣城，歷經 4 個月始平息〔註59〕。事件之後這些平埔族原住民一部份遷往埔里，一部

〔註52〕 王顯榮、王盛烈：〈大甲地區聚落發展之研究〉，《台北文獻直字》55、56 期（1981年 6 月），頁 196。
〔註53〕 台灣省文獻委員會編：《重修台灣省通志卷三住民志地名沿革篇》（南投市：臺灣省文獻會，1993 年），頁 295。
〔註54〕 張慶宗等著：《大甲鎮瀾宮志歷史風華》（台中縣大甲鎮：財團法人大甲鎮瀾宮董事會，2005 年）頁 37。
〔註55〕 台灣省文獻委員會編：《重修台灣省通志卷三住民志地名沿革篇》，頁 283。
〔註56〕 周鍾瑄：《諸羅縣志》頁 112。
〔註57〕 王顯榮、王盛烈：〈大甲地區聚落發展之研究〉，頁 198。
〔註58〕 張慶宗等著：《大甲鎮瀾宮志歷史風華》，頁 38。
〔註59〕 台灣省文獻委員會編：《重修台灣省通志卷三住民志地名沿革篇》，頁 295。

份融入漢人生活圈〔註60〕。同年，大安港被開闢為貿易港，大甲地區之貨物多由大安港進出。當時主要的物品，出口大抵以米、粟為主，入口則以日常用品為多，像鹽、石灰粉、蚊香盒、燭臺、香爐、酒壺、瓷器、桌椅、床、磚、布、帛、絲織品、書籍及海產類……等〔註61〕。另外，大安港的船戶來自中國沿海地區者，多以「金」字為船戶名之首，船戶之規模有個人與合夥之別，其來回於兩岸間，但通常有固定的出入港與交易對象；居住於大安港之本地船戶，通常船隻規模較小，往來於台灣西部鄰近各港口為主〔註62〕。

　　大甲鎮瀾宮究竟是建於何時呢？在戰後60年代，大甲地區的耆老對鎮瀾宮的創建有一致共同的說法：

> 媽祖是來自湄洲，一對老夫婦請來的（多人口述）
>
> 請媽祖來的是一對老夫婦，聽說叫林興仔（洪朝火先生單獨的說法）
>
> 媽祖來的時候，聽說是在乾隆頭、雍正尾（多人口述）
>
> 媽祖來的時候聽說在走反：最初要在大安建廟，因為找不到好地理，才會到大甲來。」（多人口述）〔註63〕

現今《大甲鎮瀾宮志》總其說：

> 清雍正8年歲次戊申年間，有福建興化縣湄洲嶼人氏林永興攜眷來台，途經大甲堡，定居謀生。但隨身有湄洲朝天閣天上聖母神像一尊，安奉廳堂朝拜〔註64〕。

　　但是日治時期昭和8年（1933）大甲公學校所修之《大甲鄉土概觀》有多種不同看法，在第12章〈鄉民の生活，風俗習慣〉信仰條的部分記載：

> 媽祖廟，乾隆35年創建〔註65〕。

〔註60〕張慶宗：〈認識大甲53庄〉，載於《2011年大甲媽祖文化研習動研習手冊》（台中市政府文化局，2011年）頁2。

〔註61〕王顯榮：〈大安港史話〉，《台灣文獻》，第29卷第1期（1978年3月），頁181～182。

〔註62〕楊護源：〈清代大甲地區的商業貿易活動〉，《台灣文獻》，第55卷第3期（2004年9月），頁187。

〔註63〕黃敦厚：〈大甲媽祖進香變遷史〉，載於《2004大甲媽祖國際學術研討會》，（台中縣：靜宜大學，2004年），頁3。

〔註64〕魏淑貞編輯：《臺灣廟宇文化大系（二）天上聖母卷》（台北市：自立晚報社文化部，1994年），頁90。

〔註65〕大甲公學校編：《鄉土の概觀》（大甲郡：大甲公學校，1933年），頁260；筆者引用張慶宗先生的譯述。詳見張慶宗：〈大甲鎮瀾宮史料的發現與推論〉，《民俗與文化》1輯（2005年9月），頁18。

而第14章〈鄉土の宗教舊慣〉によろ寺廟卻說：

> 鎮瀾宮（一名媽祖宮），大甲人於乾隆五十二年募款興建〔註66〕。

> （一名媽祖廟）大甲媽祖因係從北港分香而來，故每年一度至北港
> 進香。進香期於每年正月十五日於媽祖神前拈鬮決定〔註67〕。

> 媽祖廟，媽祖祭日在每年舊曆三月二十三日，於北港割火返回以後，
> 盛大舉行祭禮〔註68〕。

由大甲公學校所編修的《大甲鄉土概觀》認爲：鎮瀾宮是分香北港且每年往
北港進香進香，然而年代稍早的大正年間當時的宗教調查卻有不同的說法。
據大正時期的《寺廟臺帳·台中州大甲郡》載有關創建年代爲：

> 乾隆五十二年三月十五日〔註69〕。

而沿革部份：

> 乾隆五十二年三月傅登才、陳文房、王福泰、伍絲志、陳協安、朱
> 陽等（職業不明）大甲街附近……建立〔註70〕。

至於清代方志大多認爲：鎮瀾宮在乾隆35年（1770）間正式建廟，而55年
間當地官紳發起重修，據《淡水廳志》：

> 天后宮一在大甲街乾隆35年，林對丹等捐建，55年，吳遍等重修〔註71〕。

清末的、《苗栗縣志》及《新竹縣志初稿》：

> 天后宮一在三堡大甲街，距城五十五里·乾隆35年，林對丹等捐建；
> 五十五年，吳偏等捐修〔註72〕。

> 鎮瀾宮在大甲街，距竹城西南九十五里·乾隆35年，林對丹等捐建·
> 五十五年，吳偏等重修〔註73〕。

沈茂蔭《苗栗縣志》：

> 一在三堡大甲街，距城五十五里·乾隆三十五年，林對丹等捐建；

〔註66〕同上註，頁298；筆者引用張慶宗先生的譯述。見上註，頁18。
〔註67〕同上註，頁298；筆者引用蔡相煇先生的譯述。詳見蔡相煇：《台灣的媽祖與
　　　王爺》（台北市：台原出版，1989年），頁171。
〔註68〕同上註，頁299；筆者引用蔡相煇先生的譯述。見上註，頁171～172。
〔註69〕《寺廟臺帳·台中州大甲郡》版次不明，現藏於台中市葫蘆墩文化中心。
〔註70〕同上註。
〔註71〕陳培桂：《淡水廳志》（台中市：台灣省文獻委員會，1977年），頁150。
〔註72〕沈茂蔭：《苗栗縣志》，頁161。
〔註73〕鄭鵬雲、曾逢辰編輯：《新竹縣志初稿》（南投市：臺灣省文獻委員會，1993
　　　年），頁127。

五十五年，吳偏等捐修；光緒十八年，林鳳儀等復捐重修。共一十

九間。祀田年收穀三百石。

綜合上述史料及參照廟中文物筆者以爲：鎮瀾宮的創建年代在乾隆 35 年
（1770）前後，而乾隆 55 年（1790）有過重修〔註74〕是符合較原始史料的的
記載。迎請媽祖來台的應爲林對丹、林永興等或他姓氏人士，應不至於分香
北港。那爲何直到昭和年間開始宣稱是分香北港呢？其中原由頗值得玩味再
三。另外，乾隆年間的鎮瀾宮官方名稱爲天后宮〔註75〕。

　　而大甲鎮瀾宮究竟在哪個年代被民間稱爲「鎮瀾宮」呢？在同治年初，
戴潮春亂，林春娘三次祈雨解圍大甲，亂平息後，大甲因官方大力建設而復
甦，一切呈現欣欣向榮〔註76〕。官方積極參與大甲建設，如建社學、義學、
義倉等〔註77〕。尤其同治 7 年（1868）代表官方的大甲巡檢署從損毀中重修。
而官方敬重的鎮瀾宮內又設義學。主事者爲淡水同知嚴金清與地方有官銜的
鄉紳，所以鎮瀾宮建物若是太舊，就必須重修。若是廟址腹地太小，就必須
購買周邊土地並重建〔註78〕。因此鎮瀾宮的禪師獲得大甲東社的平埔族副通
事淡眉他彎與土目郡乃蓋厘的協助獲得舊廟後面大片土地，鎮瀾宮祿位廳供
奉一方原住民捐獻的長生祿位牌，牌位寫著：

功德業主	業戶蒲氏本步
	副通事淡眉他彎
	土目郡乃蓋厘〔註79〕

〔註74〕鎮瀾宮有一只乾隆 35 年（1770）石香爐存於文化大樓，另在鎮瀾宮丹墀前的
　　　青斗石石獅底座有銘文，左公獅的銘文「清乾隆癸卯（58 年，1793 年）菊月」；
　　　右母獅銘文「銀同眾弟子林喜立」。現置立於鎮瀾宮宮中殿丹西前的石獅即是
　　　當年重修時的見證。
〔註75〕在民國 77 年（1988）年鎮瀾宮曾出土「天后宮界碑」應證了清代方志所載：
　　　天后宮，在大甲街。目前該界碑安置在祿位廳左側。
〔註76〕張慶宗：〈大甲鎮瀾宮史料的發現與推論〉，《民俗與文化》1 輯（2005 年 9 月），
　　　頁 32。
〔註77〕清同治 5 年（1866）淡水廳同知嚴清金，傅集生員何清霖、張繼文、童生王
　　　輯圭、陳福祺，鄉紳王崑崗、蔡學禮、陳大賓等。商設「義學」、「義倉」故
　　　建明善義倉於大甲土堡內，諭業戶謝玉麟、王崑崗、陳大賓、蔡學禮等捐穀
　　　1000 石。同治 7 年（1868），設大甲義學於鎮瀾宮內。廖瑞銘編：《大甲鎮志》
　　　（台中縣大甲鎮：大甲鎮公所，2009 年），頁 926。
〔註78〕張慶宗：〈大甲鎮瀾宮史料的發現與推論〉，頁 32。
〔註79〕同上註，頁 30。

　　由平埔族副通事及土目捐獻土地一事能得知：在漢人強勢的文化下道卡斯族已日漸漢化，甚至信仰方面已開始慢慢接受漢人的媽祖信仰。如丁紹儀《東瀛識略》所言：

　　　　自吞霄、水沙連、大甲西社三役平後，自各社相繼向化，生熟番均
　　　　不復反矣〔註80〕。

在擴建的當時可能有許多大安港郊行、船東捐助資金，故將廟名改爲「鎮瀾宮」。當時舊廟拆除並退後遷建，並於神房鑲入合磚，磚上留有銘文：

　　　　立合契盤古王有地基一所住在大清福建台灣北路淡防分府□南四□
　　　　大甲新庄街□□□□□□□□請師起蓋鎮瀾宮一座□□□向茲以告
　　　　竣涓向今十五連十六十七日伏道就宮修轎慶安龍神安奉天上聖母爲
　　　　合境之保障□？氛消佑人物阜康家家獲福戶戶沾恩恐有怨魔□□滋
　　　　擾盤古王出旨抵擋不干信眾之事恐口無憑恭對三清大道御前給立合
　　　　契道府付存天上聖母座前爲炤

　　　　天運壬申年拾壹月日立合契〔註81〕

　　　　……以下略

同治年間鎮瀾宮的擴大修建，成爲現今鎮瀾宮的樣貌。

　　另外，在同治年間北港朝天宮在大甲溪以北的淡水廳也開始有了知名度南北二路紛紛前去進香。吳子光《淡水廳志擬稿》：

　　　　獨天妃廟，無市肆無之，幾合閩、粵爲一家焉。廟以嘉義北港爲最
　　　　赫，每歲二月，南北兩路人絡繹如織，齊詣北港進香〔註82〕。

同屬媽祖信仰重鎮的大甲地區人民也如同南北二路的人民一樣不免俗地前往北港進香。當時大甲巡檢許其棻的觀察：

　　　　聖母聖誕將屆，且近日天氣晴朗，赴北港進香者較前加倍，往返不
　　　　絕，晚間歇寓無不擁擠滿屋，誠恐有不肖匪假扮香客，乘機竊劫，
　　　　不可不防，故晝夜加意巡守，希冀無事……。〔註83〕

〔註80〕張慶宗：〈大甲鎮瀾宮史料的發現與推論〉，頁30。
〔註81〕民國69年，鎮瀾宮改建時，從神房挖出地卦磚（或稱磚契、合磚）。台灣廟宇經過地理師確定方位後，埋合磚起蓋廟宇後，對神房的神明座不准挖掘遷移，僅能在神台的外表填補土方，增廣臺面，來擴建廟宇，張慶宗：〈大甲鎮瀾宮史料的發現與推論〉，頁28～29。
〔註82〕陳培桂：《淡水廳志》，頁98。
〔註83〕國立台灣大學圖書館建置，淡新檔案電子資料庫：
　　　　http://www.lib.ntu.edu.tw/project/copyright.asp（檢索日期：2010年11月18日）。

大甲地區與北港地區共同傳說鎮瀾宮往北港進香有百年歷史，筆者推測也許就是在同治年間北港朝天宮的聲名遠播至北臺灣後，當時淡水廳的人民前往北港進香之後所流傳下來的結果。

　　大甲鎮瀾宮在清代原本就有清代時期 20 年一次湄洲謁祖進香的說法，英文版的《漢聲雜誌》即採訪到此一說法〔註84〕。另據大甲鎮武曲里大族黃姓人曾表示：

> 早昔大甲媽祖廟並不往北港進香。而是幾年中舉行一次。他們組合一批地方仕紳，由大安港搭乘帆船到福建湄洲媽祖廟謁祖——進香合火。即名正言順的回媽祖老家進香合火。直到日本占領台灣後，禁止船隻與對岸聯絡，大安港也跟著沒落，才沒到湄洲進香〔註85〕。

這樣的說法在黃姓大族清代所經營的〈金萬和郊〉帳目獲得證實。據該郊行「和發棧歲次已亥年置辛金財本什開各集長息摠簿」第 38 號所記載內容：

> 承戊戌年對還塔秤刘公印計佛銀 1 元 2 角 4 占
>
> 3 月 25 日對戊年抄船過萬泰計佛銀 1 元
>
> 3 月 29 日對日前用媽祖生計佛銀 1 元 9 角 5 占
>
> 就總對浮簿戊年 7 月 24 日迎媽祖開計轎資鼓吹銀 3 元 2 角〔註86〕
>
> ……以下略。

在帳冊中的第 98 頁開鋪派集中亦有

> 2 月 11 日對還苑裡佛祖捐計□3 日□2 角 8 占
>
> 3 月初 6 對捐彰化觀音亭香資□1 日□9 占
>
> 3 月 17 日對捐大甲鎮瀾宮計捐香資□2 日 2 角〔註87〕

在帳目中值得注意的是「戊年 7 月 24 日迎媽祖開計轎資鼓吹銀 3 元 2 角」。在台灣民間習俗與慣例裡，農曆 3 月是媽祖生日全台大媽祖廟的香期大多在 3 月舉行如俗諺所云：「3 月瘋媽祖」。而「7 月份」是鬼門開，諸事不宜，且傳統農村與廟口按慣例舉行普渡，怎麼選在農曆 7 月份時迎媽祖呢？

〔註84〕黃敦厚：〈大甲媽祖進香源流初探〉，《民俗曲藝》，103 期（1996 年 9 月），頁 51。

〔註85〕張慶宗、陳永騰：〈大甲鎮瀾宮的肇建與北港進香〉，《台灣文獻》，34 期 4 卷（1981 年 12 月），頁 181。

〔註86〕黃敦厚：〈金萬和郊與迎媽祖活動之關係〉，收於張慶宗編譯：《發現道卡斯大甲村庄史一》（臺中縣大甲鎮：大甲鎮公所，2004 年），頁 160。

〔註87〕同上註，頁 162。

　　若依照黃家販賣稻穀的習慣〔註 88〕再加上和發棧負責人在主持金萬和郊的這一年，同時也擔任了大甲鎮瀾宮的爐主；他利用農曆 6、7 月間運送稻穀前往泉州、廈門販賣之便，順道恭請了鎮瀾宮的媽祖回湄洲進香。也許因爲船期、販賣稻穀、採買、風向等等緣故，船隻到了 7 月份才回來。因爲媽祖前往湄洲進香回來，也許有刈火，所以媽祖必須請回鎮瀾宮，所以大費周章的舉辦「迎媽祖」活動（如屬個人朝拜行爲或家神的迎請，應不必以如此盛大的活動迎媽祖，況且黃家供奉福建南安縣的鄉土神廣澤尊王爲家神，黃照卿有廩生的身分，另外增加供奉一尊文昌帝君，黃家各房並無媽祖神像供奉），爲了熱鬧，配合鎮瀾宮的活動，所以才留下了此一七月廿四日迎媽祖的紀錄〔註 89〕。

二、日治時期鎮瀾宮的北港進香活動

　　然而大甲鎮瀾宮的每 12 年一次的「湄洲進香」卻終止了呢？究其因與大安港的沒落有關。大安港爲大甲街外港，但道光 18 年（1838）的洪水將港灣以西的石線沖毀而使海岸失去護衛，南北街〔註 90〕因此而逐漸被潮水侵蝕，終而崩塌入海。大安港在此石線沖毀後，船隻出入港口不再經由石線航道而直接出海，而石線沖毀與南北街崩塌後的砂石均淤積在大安港灣內。又大安港於道

〔註 88〕　橫圳黃家在地方上是小租地主，擁有「三千多租」的土地，其後人自稱每年農曆六月「早冬穀」收成後，先人對佃農收取這一年的田佃，農曆十月「允冬稻」的收成則全歸佃農所有，不再另外收取租佃。這種收租慣例在淡南地區均是如此，如《淡水廳志》：「每年田主所收曰小租，淡北分早晚交納；自塹而南，多納早冬，其晚冬悉歸佃戶。」田租以稻穀計算，收完租穀後，立即將收取的稻穀上船，運往福建的泉州，廈門出售，回程再採買磚頭、石塊以壓船艙，或購買其他木材、各式南北貨等自家販賣的物品，運回販賣。然而這一來一往，在帆船靠風力的情況下，必須候風而行，因此而影響到了船隻返台的時間。詳見上註，頁 165 及陳培桂：《淡水廳志》，頁 298。

〔註 89〕　同上註，頁 165。

〔註 90〕　南北街：大安港自雍正 9 年闢爲島內貿易港後，商業活動隨港務日進，乾隆年間大甲庄擴展爲大甲街，大安港遂成爲其外港，清廷亦在大安港設砲台置汛兵，顯示出其兼具商業與軍事價值。大安港因港務商業興盛而在大安港區之海墘厝形成東西街與南北街交叉十字（在今大安濱海樂園石堤以西之沙灘處），爲其市集。南北街俗稱「竹寮尾」爲當時賭館、煙館、酒樓、當鋪、飲食店林立的繁華鬧區，東西街爲大甲行郊所設之鋪戶、棧行與客棧。詳見於黃秀政：《台中縣海線開發史》（豐原市：台中縣立文化中心，2001 年），頁 111。

光 6 年（1826）、12 年（1832）連續遭大甲、大安 2 溪洪水所侵，洪水使港內淤沙嚴重，自此港口日漸淤塞狹窄，道光之後大安港僅能小船出入〔註91〕。

日治時期，日人規定凡欲駛入大安港之船隻需先繞至鹿港海關納稅後才可轉入，日人並設監視署於此稽查；後因梧棲港的開港與縱貫鐵路海岸線的開通，使大安港之港口機能與腹地居告喪失。大正 10 年（1921）大安地方人士倡再闢港為漁港，然未有結果〔註92〕，於是伴隨著大安港港口機能不再，鎮瀾宮中止了湄洲進香活動改往北港進香。有關日治時期鎮瀾宮往北港進香原因及情形試敘述如下：

（一）大正時期往北港進香情形

大甲鎮瀾宮最早大正 3 年（1914）鎮瀾宮已有了北港進香之行〔註93〕。而究竟什麼往北港進香呢？就空間因素而言大安港港口機能不再以及縱貫鐵路海線的開通影響，內在人為因素則是起因於大甲鎮瀾宮重修。

鎮瀾宮自清光緒 14 年（1888）經利源內林鳳儀重修後，鎮瀾宮今日的規模大致完成，但在日本據台之初，曾遭日本軍隊佔駐，鎮瀾宮住持第七代淇滿嚴師早逝未能及時重修，延至大正 3 年（1914）第八代住持覺定師，以 20 餘歲的年輕人衝勁，決意重修，得到大甲街仕紳杜清先生鼎力相助，以 11 年之長的時間，將門面改的木質結構改為石質結構。並雕造龍柱及神龍殿二十八宿暨水車交阯燒等。至大正 13 年（1924）完成重修〔註94〕。

另外，往北港進香的另一因素是經濟上作買賣促成的。在橫圳莊下竹圍已故的黃泉老先生曾談起他 16 歲（民國前 8 年，明治 37 年，西元 1904 年）起跟著長輩前往北港情形：

> 過去哪有北港進香，往北港進香是後來才有的。早年我們一年內總
> 要到北港好幾趟，買幾隻健壯的小仔牛回來養。到了北港多半住在

〔註91〕 同上註，附冊《各鄉鎮耆老座談會記錄》，頁 45～46。

〔註92〕 同上註，頁 46。

〔註93〕 據《北港朝天宮志》書中 202～47 頁中印有一日據時代大正 3 年（1914）4 月 8 日之領收原符（收據）上面書寫「納人住所氏名：台中廳大甲街，一金五丹也，但：大轎請火」之字樣，可知在大正三年（1914）大甲方面確實已有了北港進香的活動。黃敦厚〈大甲鎮瀾宮進香歷史之探討〉，收入《台中縣 93 年媽祖文化節鄉土教學——「媽祖文化節教師研習營」研習手冊》未註明出版單位，頁 24～25。

〔註94〕 黃敦厚：〈大甲媽祖進香源流初探〉，頁 53。

販仔間，也曾到媽祖宮（朝天宮）借住，北港牛墟離廟（朝天宮）也不太遠，每次到北港都習慣到媽祖宮拜拜，……後來大家較有發展，生活也必較過得去，才幾十個人相約去拜拜，以後才請媽祖組團前往……哪裡知道發展到今天竟有數萬人隨香，比彰化南門媽（南瑤宮）的隨香客更多人〔註95〕。

而民國 63 年（1974）出版，由已故洪朝火先生口述完成的大甲鎮瀾宮志提到：

當時局動亂，無法前往湄洲進香，而且北港朝天宮後面見有聖父母殿，所以才到北港朝天宮謁祖進香「合火」〔註96〕。

洪朝火先生所言的「當時局動亂」是指日本與清國戰爭後政權遞嬗之初治安不穩〔註97〕或是大安港港口機能衰退就不得而知了。但朝天宮聖父母殿以及「合火」卻讓整個北港進香活動充滿合理化、正當化。

由上述口述史料能試著勾勒出大甲鎮瀾宮往北港朝天宮進香的動機：日治初期大安港衰退加上鎮瀾宮在大正初期重修期間需要藉著辦活動來挹注經費〔註98〕，又有大甲地區的幾位來往北港的牛販「都習慣到媽祖宮拜拜」還願，且朝天宮有聖父母殿可「請媽祖組團前往」。於是開啓了北港進香之行。

鎮瀾宮在大正年間的北港進香是什麼樣的情形呢？大正 14 年（1925）的《台灣日日新報》報導鎮瀾宮北港進香的新聞：

〔註95〕同上註，頁 52。
〔註96〕詳見黃敦厚：〈大甲鎮瀾宮進香歷史之探討〉，收入《台中縣 93 年媽祖文化節鄉土教學——「媽祖文化節教師研習營」研習手冊》，頁 24。
〔註97〕依馬關條約第五條規定：「割與日本之地方居民，欲居住割地方地方以外者，得自由出賣其不動產而去。爲此，自本條約批准交換之日起，予以展緩二年，此年限屆滿時，未離去該地方之居民，日本國得視其爲日本國臣民。」換言之日人領台初期是准許台灣人民有選擇國籍的自由，並有兩年爲寬限期，因此海峽兩岸是互有往來的。然而領台初期，各地秩序不穩、抗日活動頻傳讓不少媽祖廟遭受破壞也讓原先的進香、謁祖、遶境活動停頓。直到政經局勢穩定後全台各地才又恢復平日生活秩序。此外，日治時期台灣與中國是可以相互往來的，不少媽祖廟如基隆慶安宮、新竹內媽祖廟、外媽祖廟、台中萬春宮、彰化舊祖宮、雲林拱範宮、朴子配天宮、嘉義六興宮皆有到湄洲進香的紀錄，甚至有幾間媽祖廟迎請湄洲媽祖來台。詳見井出季和太著，郭輝編譯：《日據下之臺政》（台北市：海峽學術出版社，2003 年），頁 212。李筱峰：《臺灣史》（台北市：華立圖書，2005 年），頁 167 及王見川：《台灣媽祖廟閱覽》，頁 43～50。
〔註98〕黃敦厚：〈大甲鎮瀾宮史與進香活動演變〉，收入《2006 年大甲媽祖國際觀光文化節大甲媽祖文化研習營手冊》，未註明出版單位，頁 36。

> 大甲街鎮蘭宮北港聖母。十三日往北港進香。鑾駕歸來日帽子團。巧
> 聖團。大甲驛團。□商團。雜貨團。吳服團。福州團。金銀細工團。
> 熱心鼓舞。有藝閣獅陣。音樂隊。南北管車鼓其外不計其數〔註99〕。

另外，在媽祖聖誕當天

> 各團依例欲搶頭二三香〔註100〕。

其結果為

> 頭香帽子團。二香巧聖團。三香大甲驛員。及運送人結團……〔註101〕。

由大正年間《台灣日日新報》能發現：1. 至少從大正時期開始，鎮瀾宮以經
開始北港進香之行。2. 搶香儀式，由此則報導獲得證實。3. 鎮瀾宮北港進香
相較之下雖不及彰化南瑤宮有名，但至少在大甲地區已有相當程度的規模。

（三）昭和時期往北港進香盛況

　　昭和年間間始，大甲鎮瀾宮年年南下往北港進香，且規模越趨壯大。依
現存《臺灣日日新報》在昭和年間鎮瀾宮往北港朝天宮有：昭和2年（1927）、
昭和4年（1929）、昭和6年（1931）、昭和7年（1932）、昭和8年（1933）、
昭和9年（1934）、昭和10年（1935）、昭和11年（1936）、昭和12年（1937）
等。其中昭和6年及昭和8年往北港進香回鑾當天參與陣頭達到二百餘陣。
有關日治時期大甲鎮瀾宮歷年往北港進香情形如表3-5說明。

　　昭和7年（1932）、昭和8年（1933）、昭和9年（1934）、昭和11年（1936）
皆有舉辦藝閣比賽由主辦單位提供相關獎賞。此外，由昭和年間的報導來
看，參與媽祖回鑾的藝陣以武館的獅陣及曲館的南、北管參與居多，其次是
藝閣。以昭和年間為例，當時所參與的當時參與迎接鎮瀾宮媽祖回大甲的陣
頭有：

> 營盤獅陣、橫圳集英獅陣、腳踏欽習獅陣、蕃子寮虎陣、麒麟神獅
> 團、庄尾獅陣、六塊厝獅陣、成樂軒、鳳霓園、日月閣歌舞團、大
> 甲雅頌齋、六塊厝雅頌齋郎君唱、龜殼欽習、山腳麒麟神獅陣、社
> 尾欽習堂、聚雅齋、墩仔腳屯梨園、大突寮和樂社、大安欽習堂、
> 後厝子、馬鳴埔、社尾、頂店、大安、庄等南北管大鼓陣。

〔註99〕大甲街鎮「蘭」宮，「蘭」應為瀾字之誤。詳見〈大甲準備賽會〉，台灣日日
　　　　新報》，1925年4月14日第4版。
〔註100〕同上註。
〔註101〕同上註。

而當時往北港進香的行程安排是：

> 舊曆三月十日早辰（晨）起駕。是日宿彰化。十一日宿西螺。十二
> 十三兩日。宿北港。十四日回駕。在西螺一泊。十五日在彰化一泊。
> 十六日駕回本宮。

表3－5：日治時期大甲鎮瀾宮往北港進香情形

時　間	日　期	新聞標題	相關情形
大正14年	4月14日	大甲準備賽會	往北港進香，媽祖聖誕搶頭、二、三香。
昭和2年	4月23日	沙鹿入廟盛況	往北港進香預訂由彰化回鑾。
昭和4年	4月23日	沙鹿媽祖回宮	往北港進香由彰化回宮。
昭和6年	5月7日	大甲媽北港進香三日回駕遶街盛況陣頭無慮二百餘陣觀眾遠近約萬餘人	往北港進香回鑾。
昭和7年	4月22日	大甲媽祖巡遶誌盛行列多例年有數倍附各審查入賞等級	
昭和8年	4月30日	大甲媽祖歸自北港出迎團體百餘陣呈未曾有熱鬧	往北港進香回鑾，出迎團體先後在彰化、清水、大甲溪頭迎接。
昭和9年	4月20日	準備進香	往北港進香。
昭和10年			未報導〔註102〕
昭和11年	4月5日	大甲鎮蘭宮媽祖北港進香歸來陣頭無數非常盛況	往北港進香歸來，陣頭藝閣眾多。
昭和12年	3月31日	鎮蘭宮媽祖北港進香驛募進香團	台灣旅行俱樂部大甲驛幹事招募往北港進香列車。

資料來源：

1.〈大甲準備賽會〉，《台灣日日新報》，大正14（1925）年4月14日，第4版。

2.〈沙鹿入廟盛況〉，《台灣日日新報》，昭和2年（1927）4月23日，第4版。

3.〈沙鹿媽祖回宮〉，《台灣日日新報》，昭和4年（1929）4月23日，第4版。

4.〈大甲媽北港進香三日回駕遶街盛況陣頭無慮二百餘陣觀眾遠近約萬餘人〉，《台灣日日新報》，昭和6年（1931）5月7日，第4版。

〔註102〕據黃敦厚田野調查資料。詳見於黃敦厚：〈大甲媽祖進香源流初探〉，頁53。

5.〈大甲媽祖巡繞誌盛行列多例年有數倍附各審查入賞等級〉,《台灣日日新報》,昭和7年（1932）4月22日,第4版。

6.〈大甲媽祖歸自北港出迎團體百餘陣呈未曾有熱鬧〉,《台灣日日新報》,昭和8年（1933）4月13日,第4版。

7.〈準備進香〉,《台灣日日新報》,昭和9年（1934）4月12日,第4版。

8.〈大甲鎮瀾宮媽祖北港進香歸來陣頭無數非常盛況〉,《台灣日日新報》,昭和11年（1936）4月5日,第4版。

9.〈鎮瀾宮媽祖北港進香驛募進香團〉,《台灣日日新報》,昭和12年（1937）3月31日。

第三節　彰化南瑤宮與大甲鎮瀾宮往北港進香的香火文化意涵

人類學者張珣認為,神明間的割香掬火可能是中國家族祭祖儀式的轉化。人類學家通常認為祖先崇拜是中國社會的宗教特質,祖先崇拜與中國家族有密切關係,又通常以為中國宗教是中國俗世社會與俗世生活的反映,中國的神明許多是聖賢人物死後被人尊奉為神的,此人神關係有時與人和祖先的關係有些重疊。拜神儀式因此也有與祭祖儀式重疊的,或為後者之轉型的部份〔註103〕。也因如此造成「分香」或「分靈」等香火淵源上的爭議。以下節次試就人類學觀點來加以辯證彰化南瑤宮及大甲鎮瀾宮香火文化之意涵。

一、傳統漢人「香火」的意義

按許慎《說文解字》:「香,芳也,從黍從甘。」、朱駿聲的《說文通訓定聲》解:「按,穀與酒之臭曰香。」及《詩經》〈生民〉:「其香始升。」、《禮記》〈月令〉:「水泉必香。」可以體會出「香」的氣味原由蒸煮穀類而得,或由穀類釀造酒體再蒸揚而感。因此,「香」字最早產生該不像今日由於「焚燃」,正確憑藉應在蒸釀。如《詩經》〈大雅〉:「卬盛于豆,于豆于登,其香始升,上帝居新。〔註104〕」而根據S.Bedini指出,中國現在一般人用的香,是在漢武帝時才由印度傳入中國。漢武帝時自印度、錫蘭,安息輸入各種香料,有

〔註103〕張珣:〈分香與進香——媽祖信仰與人群的整合〉,《思與言》,33卷4期（1995年12月）,頁85。

〔註104〕黃典權:〈香火傳承考索〉,《成大歷史學報》,17期（1991年6月）,頁113。

的甚至輾轉自蘇門達臘，如樟腦、丁香，以及來自西方的玫瑰油等等〔註105〕。

東漢時期佛教東傳，馨香揚薦更開啓了宗教信仰的新方式，新體會，禮佛結緣，香火主其象徵。朝廷祭儀用香，則始於梁朝，《隋書・禮儀志》：「天監（中略）四年（尙書左丞河）佟之云：（中略）南郊明堂用沉香，取本天之質，陽所宜也，北郊用上和香，以地於人親，宜加雜馥。（梁武）帝遂從之〔註106〕。」

目前華人社會普遍使用的以竹籤或木籤爲新柱，外裹香粉的柱香始自明清。李時珍的《本草綱目》記載有製作「線香」的材料與方法，但此線香似乎並無竹心。高濂的《遵生八牋》記載以竹心做的「篦香」才是今日常見之香〔註107〕。

《古今圖書集成》引用呂大臨《考古圖》的〈博山香爐圖考〉云：「香爐象海中博山下，盤貯湯使潤氣蒸香，以象海之四環。」這裡面「香」由水氣蒸發的意象還很清楚。而此博山爐的由來《古今圖書集成》說明是梁武帝大通2年（528）的古物。又說：「惟張敞東宮故事云，皇太子納妃具博山爐二。豈始於此乎。」道出此爐或許創始於張敞所存的西漢武帝時。故《洞天清錄古》云：「惟漢博山爐乃漢太子宮所用者，香爐之制始於此〔註108〕。」

漢武帝通西域時，中國才開始有專門用來燒香的香爐。先是高腳香爐，後來沿用周秦時代祭祖之鼎的形狀來製作香爐〔註109〕，如宋趙希鵠撰《清天清錄》：「古以蕭艾達神明，而不焚香，故無香爐。今所謂香爐，皆以古人宗廟祭器爲之。如爵爐則古之爵〔註110〕。」

香爐的意象可由上述來作爲根據，鼎可煮食，閩南語的鼎，可泛指家中煮炊的各種鍋鼎。一個神明一個鼎，別的神明不可搶食其香火。同一個社區，共食一個鼎爐。對社區公廟來說，更可凸顯此一意涵，一個社區一個廟一個主神一個鼎爐，信徒燒香均插在同一個鼎爐，信徒與神明共食一鼎爐內之香。

〔註105〕張珣：〈香之爲物：進香儀式中香火觀念的物質基礎〉，《台灣人類學刊》，4卷2期（2006年12月），頁42。
〔註106〕黃典權：〈香火傳承考索〉，頁114～123。
〔註107〕張珣：〈香之爲物：進香儀式中香火觀念的物質基礎〉，頁42～47。
〔註108〕黃典權：〈香火傳承考索〉，頁114。
〔註109〕同上註，頁56。
〔註110〕尹德民：〈孔子廟庭祀典故事之七——祀孔釋奠「禮器、祭器」〉，《台北文獻直字》，135期（2001年3月），頁52。

神明吃香，燒成香灰後，信徒吃香灰（爐丹）治病，神明可與人互通〔註111〕。

　　火是中國人（周口店文化時期）最先使用的，火的出現將人與動物分開，人從此不再野蠻，火不只是溫暖的來源，也是熟食的必要工具。火在人類學著作中（如 Levi-Strauss）是人與自然的畫分。因為其重要性不易取得，各民族對火均有崇拜之心。祆教即為拜火教，中國有火神（祝融），佛教中密宗憤怒金剛頭頂便有一團熊熊燃燒的火〔註112〕。

　　在家族儀式中有兩項能說明割香掬火的能來源。第一項是分灶火。灶在中國幾乎是家的代表，一家一灶。民間信仰中灶神於年尾上天庭報告此一家之行事以決定來年禍福。分家儀式有幾個步驟，但通常分灶（分炊）為第一步。通常老大繼承父親的老灶，其餘諸子則從舊灶中取一些熱炭到自己的新灶中。因此分家又稱分灶。第二項是拈香灰。祖先崇拜中祖先牌位與香爐是不可缺的，謝繼昌在台北深坑鄉調查發現「公媽爐才是公媽祭祀不可或缺的特質。在無論有無（公媽）牌或無牌的情形下。分公媽祭祀時，都有一個香灰從舊香爐拈出到新香爐的儀式，通常選定一個日子，在『本家』祭祀一下祖先（或稱公媽），然後從香爐中取出一些香灰帶來『分家』，放在香爐裏，設立一個新公媽神位，由於此拈香灰是此儀式中的一個關鍵項目，所以鄉民就稱這個分祖先崇拜儀式為『拈香灰』。〔註113〕」

　　由神明沒有社火，因此稱割火時仍指稱割香爐裡的火。唯家中之「拈香灰」、「分社火」只舉行一次，便一勞永逸。神明的割香火卻須年年舉行一次。可能的解釋是家中的火是人間的，而神明的火是神界的「神火」。人間的火因天災人禍或子孫不肖而斷滅。神火卻不可斷，神火斷滅則預示混沌來臨，宇宙毀滅。神火不可斷而且要藉著每年的割母火儀式來加強之。

　　因此，人類學者張珣對「割火」所做的界定：「到聖域（世界的中心）以香舉行火祭，以求與神溝通，以向神表示崇敬後，再進一步，又將聖域之火（神火）割向一部份，帶回祭祀〔註114〕。」

〔註111〕張珣：〈香之為物：進香儀式中香火觀念的物質基礎〉，《台灣人類學刊》，4
　　　　期2卷（2006年12月），頁60。
〔註112〕張珣：〈進香、刈火與朝聖宗教意涵之分析〉，《人類與文化》，22 期（1986
　　　　年6月），頁50。
〔註113〕張珣：〈分香與進香──媽祖信仰與人群的整合〉，頁85～86。
〔註114〕張珣：〈進香、刈火與朝聖宗教意涵之分析〉，頁51。

二、從人類學觀點詮釋彰化南瑤宮與大甲鎮瀾宮的「割火」

　　台灣媽祖信仰活動中「進香」是普遍的現象，其主要儀式分兩大類；（一）進香（人對神）：進香行動主體是「人」（個人或團體），主要的訴求對象是「神明」，是人對神祈求庇佑的一種儀式行為。通常個人為「香客」、「香燈腳」，不論是爐主頭家、或廟方、或地方群體、或個人，皆可自行前往他地的神前燒香禮拜，或來還願、有單獨來者、有結隊來者，後者則稱為「某地進香團」。若是個別信徒跟隨某廟或進香團主辦的活動，又稱「隨香客」〔註115〕。

　　（二）割火（神對火）：割火行動主體是「神」，訴求的主要對象是「火」，是神對「靈火」的掬取。較原初的型態是：由人捧著神像和「香火爐」，到某地的廟宇進行「割火」儀式，若有信眾跟隨神明去割火，通常也稱為「隨香」或「割香」；信徒除了向神明祈福或還願外，仍有相當傾向是希望增添「靈氣」（增靈）。此方面的儀式主要有：1. 割火（分火）：在香火來源的廟宇（即祖廟），或前往香火興盛的廟宇割取靈火。2. 過火（踏火）：提高神明靈力，避邪作用。3. 過爐：神明越過香火爐，薰附香煙靈氣。4. 合火：將割取回的香火，添入神明的香火爐中〔註116〕。

　　彰化南瑤宮與1988年以前的大甲鎮瀾宮皆往北港進香，其主要目的是向北港朝天宮「割火」以增加廟裡媽祖的靈力。割火儀式，其過程步驟大致為：

　　（一）首先需將進香神像請出，另外將放置在香擔內的香爐取出，接著由誦經團誦經，誦完經後，由祖廟的住持請火，讀疏文後，在祖廟的長明燈中取火，於祖廟香爐中點燃，接著由進香廟宇執事人員在祖廟香爐中燒疏文及金紙。燒畢，由祖廟住持將香灰用杓子取出，放入進香廟宇之香爐內，如此重複三次，由挑香擔的人將盛了香灰的香爐放入香擔，由住持法師貼上封條〔註117〕，割火儀式始完成。

　　（二）火儀式始完成後，進香廟宇之執事人員即高聲喊：某某神，返來去喔（回自己廟），並依序將神像、香擔、令旗、陪侍、夾侍神、靈符、印信等依序經過祖廟香爐上方傳出，送出廟外，立即啟程返家。待安抵自家廟後，首先須巡遶街庄後才進廟，安置神像，蓋上黃布〔註118〕。

〔註115〕黃美英：《臺灣媽祖的香火與儀式》（台北市：自立晚報，1994年），頁106。
〔註116〕同上註，頁108。
〔註117〕蔡相煇：《台灣社會文化史》（台北縣蘆洲鄉：國立空中大學，1998年），頁246。
〔註118〕同上註，頁246。

（三）進香行列解散之後，還有一項添火儀式，由主事人員卜筶擇定時辰，將割火帶回來之香灰，各取適量添置於本廟各殿香爐中，取下掛在神龕之黃布，整個進香活動始眞正完成〔註119〕。

（四）有關割火儀式詳細情形下列以大甲鎮瀾宮爲例來加以以說明：在大甲鎮瀾宮進香團到達北港朝天宮後的第三天；白天舉行完祝壽典禮後，「割火」儀式在當晚十二時舉行。

以1987年鎮瀾宮最後一次往北港進香爲例，當天情形爲如下：

1. 大甲鎮瀾宮的香擔約「割火」前一小時才進入朝天宮內殿。約晚上十時，鎮瀾宮的交通整理隊先進入朝天宮「割火」場所「清場」，將香客、北港人或其他閒雜人請出去或退回內殿兩側，禁止非工作人員擠入「割火」場所。2. 鎮瀾宮董監事到達北港朝天宮，誦經團也到齊，安置在朝天宮內殿神龕內的進香媽祖由祭祀組人員請出安奉神桌上，鎮瀾宮的香擔打開取出「小火爐」置於兩尊進香媽祖前。3. 誦經團送經後約十時四十分，祭祀組人員請出朝天宮住持僧主持「割火」儀式；他先燃香紙放入朝天宮一個銅質的「萬年香火」大爐內「請火」，然後法師再回廂房。4.「請火」後，祭祀人員開始焚燒各種香紙，並一一唱讀，二、三萬香客名單的「素疏」，誦經團不停的誦經，鎮瀾宮董監事和大甲地區應邀的觀禮貴賓並列持香隨著誦經團跪拜。5. 讀完的「素疏」和香紙不斷投入朝天宮的「萬年香火」大爐內焚燒。6. 到了晚上十二時，再請出法師從朝天宮的「萬年香火」爐連續取約三次「香火」放入鎮瀾宮的小火爐內。法師應鎮瀾宮祭祀人員要求，又增約三次「香火」置入小火爐。7. 挑香擔人員將裝「香火」的小火爐放回香擔的小木箱內，由法師貼上封條完成儀式。8. 祭祀人員喊著「婆仔，轉來去喔」，兩尊進香媽祖、香擔、令旗、千里眼、順風耳、符仔、大印等依序由排成一列的祭祀人員和頭香、二香、三香等代表，手接手快速傳遞到廟外，安置在神轎內準備啓駕回鑾〔註120〕。

鎮瀾宮媽祖回鑾安座之後，還要舉行「添火」儀式，進香活動才算是圓滿完成。所謂的「添火」即將在朝天宮所割回的「香火」添入鎮瀾宮各香爐中。「添火」儀式的舉行日期由廟方人員另擇定良辰吉日進行。以最後一次前往北港進香的民國76年爲例；當年是4月13日媽祖北港進香返抵大甲，經

〔註119〕同上註，頁246。
〔註120〕郭金潤：《大甲媽祖進香》，頁82。

卜筶擇定 4 月 16 日舉行「添火」儀式〔註121〕。「添火」儀式舉行時也等同舉行「割火」儀式一樣除了廟方董監事以及少數貴賓觀禮外，一律禁止閒雜人等在場。

當天晚上十一時，開始由誦經團誦經祈福，鎮瀾宮董監事跟著誦經團上香膜拜，十一時四十分打開置於供桌上的香擔長鎖，由誦經團主持人撕下在北港朝天宮所貼符條，並開啓小木扉，由兩名董事分左右合抬香擔，跟隨著誦經團主持人一一走到該宮各香爐前，由誦經團主持人用長杓將香擔內朝天宮割回的「香火」添入鎮瀾宮各香爐中，完成「添火」儀式〔註122〕。

至於南瑤宮在朝天宮舉行「掬火」儀式的詳細情形由於文獻紀錄上的缺乏，便無法一一加以說明，但依民間上廟宇舉行「割火」儀式的慣例，應與鎮瀾宮舉行時的情形一致。唯一不同的是依往北港進香時行程上的安排：鎮瀾宮在第 2 天到達北港之後，第 3 天早上在朝天宮舉行祝壽典禮完畢當夜即舉行「割火」，隨後舉行回鑾。而南瑤宮則是在日間舉行「割火」儀式，夜間則駐駕新港奉天宮〔註123〕待次晨再與奉天宮媽祖會香後舉行回駕典禮。

中國家族分家時有「捻香灰」儀式，將父母家中香爐的香灰拿一些到新成立之家，以設立一新的祖先牌位祭祀。新舊家族之間有香灰做物質上之連結，才能一氣相通祖脈相傳。同一家人共用一個香爐，反之，共用一個香爐的人也就是同一家人〔註124〕。反之，沒有親子關係的兩戶不會藉分家儀式來建立彼此的親子關係，亦即先有親子血緣關係才有行分家儀式之可能。但在神明分香儀式中卻可藉著執行分香儀式兩廟間的「準分靈關係」或「準親子關係」。例如大甲鎮瀾宮原先創建時並非自北港分靈而建，但在發展過程中因後來因素，而去朝天宮行乞火儀式，而建立在兩廟間「準分靈」關係，亦即李獻璋所謂「對於先它而建，或特別有權威的廟，每隔若干年前往拜候一次」〔註125〕。

人類學家林美容曾提出漢人社會本源觀的看法或許可做爲彰化南瑤宮與大甲鎮瀾宮北港進香之行的延伸思考：

〔註121〕同上註，頁 88。
〔註122〕同上註，頁 89。
〔註123〕詳見於〈彰化南瑤宮媽祖進香〉，《台灣日日新報》，1935 年 3 月 20 日，第 8 版。
〔註124〕張珣：《媽祖信仰的追尋》（台北縣蘆洲市：博揚文化，2008 年），頁 6。
〔註125〕張珣：〈分香與進香——媽祖信仰與人群的整合〉，頁 86。

本源觀是漢人對生命起源、對血緣、對地緣之認識與認同的一套文化邏輯，它同時也是漢人把具有神聖性意涵的，諸如靈性與靈氣這樣的東西之源頭歸屬地方。本源觀具有空間性、時間性、匯聚性與儀式性。所謂空間性是意味這是一個起源的地方，而這地方亦是靈氣與好價值聚集的地方，通常此地方須配合神聖時間而共同決定，如八字。另外，本源也意味著許多好價值的一種匯聚、聚集與會遇，如台語有所謂的「結祖」、「結庄」、「結市」這樣的詞，用來指涉容易造子孫、集結祖先的好地方。本源亦具有強烈的儀式性，神明香火的起源也是一種本源，對此本源要表示崇敬，經過進香的儀式，香火可以得到再生與增強，如祖廟與子廟之見的分香關係，常藉著謁祖進香活動來表達敬意〔註126〕。

基於林氏之說，北港朝天宮符合了本源觀的四個要件，因此北港朝天宮崛起後成為台灣眾多媽祖廟本源的空間象徵，或者是說原鄉的空間象徵〔註127〕。

另外，就林氏之說分析彰化南瑤宮與大甲鎮瀾宮的進香活動則有下列差異：

（一）就同樣「割火」儀式而言：彰化南瑤宮在朝天宮舉行「割火」儀式，「神明香火」起源的意味濃厚，因此笨港進香理由具有儀式性。大甲鎮瀾宮則是基於朝天宮為當時香火興盛的媽祖廟，因此是「靈氣」與「好價值」聚集的地方，北港進香理由深具空間性與匯聚性。

（二）就本源空間象徵地而言：彰化南瑤宮笨港進香，朝天宮是媽祖香火本源，而新港則是南瑤宮先輩楊謙的居住地，北港與新港皆為南瑤宮進香團的本源空間象徵地；而大甲鎮瀾宮除了世居在大甲的平埔族道卡斯人外，與北港地區居民相似：多數人口具有泉州籍的原鄉背景，因此選擇北港朝天宮作為本源空間的象徵地〔註128〕。

〔註126〕林美容：〈從本源分離——漢人社會的本源觀念〉，發表於「英國倫敦政經學院人類學系學術研討會」，未出版。

〔註127〕林政逸認為：「廟宇符合林氏所云的本源觀念，透過此條件，使廟宇成為一種漢人心中本源的空間象徵，或者說是原鄉空間。」筆者參考其說。詳見林政逸：《廟宇文化空間與社群互動之關係——三峽清水祖師廟的個案研究》（台中市：國立中興大學都市計劃研究所碩士論文，1998年），頁15。

〔註128〕蔡相煇：《台灣的媽祖與王爺》（台北市：臺原出版社，1989年），頁168。

圖3－3：大甲鎮瀾宮同治年間擴建時的地卦磚（或稱磚契、合磚），現
存放於文化大樓。（筆者攝於 2011.03.05）

圖3－4：民國 77 年（1988）出土的天后宮界碑，現安置於祿位廳一側。
（筆者攝於 2011.03.05）

第四節　小結

透過本章對彰化南瑤宮及大甲鎮瀾宮北港進香的討論，試將結果發現分
爲下列部分來說明：

　　（一）有關彰化南瑤宮的笨港進香活動：現今南瑤宮廟方認為：「笨港天后宮被洪水沖毀，因此該進香活動暫告受阻。然而，由於笨港附近後來仍有許多與原笨港天后宮有淵源之其他廟宇，如北港朝天宮、新港奉天宮等，因此，南瑤宮媽祖遂改至笨港地區遶境，並至北港朝天宮及新港奉天宮等廟駐駕會子時香。後來由於與北港朝天宮部份信徒產生誤解，逐漸地便只在該宮會子時香，而不駐駕過夜，如今則更只剩下拜訪活動，而取消了與該宮會香之儀式。因此，如今之會香儀式暫時只限於在新港奉天宮一處。」而李獻璋說：「南瑤宮笨港進香在朝天宮「掬火」是「過路香」的性質〔註129〕。」但參照日治時期的《台灣日日新報》卻有不同的說法：

　　　　彰化南礁天上聖母。人信仰之尤甚。香煙則分自北港也〔註130〕。

　　　　彰化の媽祖は北港媽祖の分身……〔註131〕。

　　　　……訂古歷三月十七日午前零時。由本廟出發。當夜于西螺街一泊

　　　　十八日北港謁祖進香〔註132〕。

因此筆者認為：笨港天后宮沖毀與「過路香」之說，是有待討論。

　　（二）有關大甲鎮瀾宮往北港進香：筆者認為至鎮瀾宮的北港進香或多或少也受南瑤宮笨港進香之影響。當時的南瑤宮進香是中部地區盛事，據《台灣日日新報》報導當時笨港進香回鑾有從大甲、豐原、東勢等地方民眾參與盛會：

　　　　……是日彰化市郡近郊。遠及大甲臺中豐原東勢各郡下善男信女。自

　　　　早各備香燭等。陸續結隊而來。……誠可謂人山人海之熱鬧云〔註133〕。

因此筆者以為：與彰化南瑤宮僅有一縣之遙的鎮瀾宮應或多或少有受到南瑤宮的影響而前往北港。

　　（三）有關「香火」文化意涵的部份：歸結上述的文獻和研究，可知媽祖香火儀式意義的衍變如下：

　　（1）台灣漢人早期移民社會，其廟宇的建立和主神來源，多由從一個原始的祖廟「分火」或「分香」而來，早期是來自大陸，後期多出自本島各大

〔註129〕李獻璋著，鄭彭年、劉月蓮譯：《媽祖信仰研究》（澳門海事博物館，1995年），頁288。

〔註130〕〈北港進香〉，《台灣日日新報》，1910年3月30日，第5版。

〔註131〕〈彰化媽祖の繁昌〉，《台灣日日新報》，1917年6月12日，第3版。

〔註132〕〈彰化南瑤宮媽祖進香〉，《台灣日日新報》，1917年3月20日，第8版。

〔註133〕〈彰化媽祖大祭典數日間約六萬餘人進香參拜者更多連日更混雜〉，《台灣日日新報》，1935年4月26日，第4版。

廟宇，因而建立了一種鬆弛的主從關係，每隔一段時間，則需回祖廟舉行「交香」或「割火」儀式，一方面加強彼此的關係，一方面增進香火靈氣〔註134〕。如北港朝天宮前往湄洲進香、彰化南瑤宮前往北港進香舉行割火即是。

（2）在台灣社會演變過程，「割火」和「交香」儀式已呈現多樣性的內涵。割火儀式已不侷限於有直接香火來源的祖廟，有一些廟宇是到較先建立的，或有特別權威神明或神明相當靈驗的廟宇割火。大甲鎮瀾宮往北港朝天宮舉行的進香和割火儀式，便是一例〔註135〕。

（3）有些廟宇回祖廟進香舉行割火時，並且著重割火之前兩廟的爐火香煙的香交（即交香）即表示兩神心靈相通。但是後期發展，交香的祠廟不再限於分香的關係，也可以舉行交香儀式，甚至不同的神明也可以交香，例如王爺到朝天宮（主祀媽祖）交香的實例〔註136〕。

（四）對北港朝天宮的影響：由於彰化南瑤宮與大甲鎮瀾宮每次以數萬人次之多的前往北港進香〔註137〕，除了帶給北港地區實質的經濟效益外，亦發揮無形的宣傳效果，讓朝天宮媽祖信仰勢力範圍實質的拓展至中部地區每個角落甚至吸引桃、竹、苗及台北地區人士前來迎請。〔註138〕因此，北港朝天宮能在日治時期眾多媽祖廟中崛起，彰化南瑤宮與大甲鎮瀾宮扮演了重要的推手。

〔註134〕黃美英：《台灣媽祖的香火與儀式》，頁83。
〔註135〕同上註，頁84。
〔註136〕同上註，頁84。
〔註137〕彰化南瑤宮及大甲鎮瀾宮日治期間歷年進香皆有上萬人參與如《台灣日日新報》報導：「彰化南礄天上聖母。人信仰之尤甚。香煙則分自北港也。故在舊時代。歷年多有進香之舉。時隨香者不下十餘萬人。」、「前報大甲街媽祖晉香遠境一節。去十四日大甲往北港進香。十九日媽祖回鑾。本線五分線……皆增發臨時列車。……其數不下三四萬人。」詳見〈北港進香〉，《台灣日日新報》，1910年3月30日，第5版；〈大甲媽祖巡繞誌盛行列多例年有數倍附各審查入賞等級〉，1932年4月22日，第8版。
〔註138〕自1908年起已有北部地區如：枋橋、擺接堡等地區奉迎北港媽祖、1909年有桃園、樹林等地迎請北港媽祖。北部地區之所以能克服交通問題迎請北港媽祖主要是拜1908年至1911年間縱貫鐵路陸續開通之所賜。詳見曾月吟：《日治時期朝天宮與北港地區之發展》（嘉義：國立中正大學歷史研究所碩士論文，1995年），頁105～121。

第四章 「北港媽落府」與神明會

　　北港朝天宮媽祖除了接受各地信徒前來進香外，亦有三媽前往府城的活動，北港地方人士稱爲「南巡」。朝天宮相關人士方面認爲：媽祖巡歷究因於北港媽祖往湄洲割香的歸途，因海流關係，必須經由台南上山；故藉此南巡，以便該地信士禮拜〔註1〕。

　　相較於北港地方人士的「南巡」之說，府城人則是認爲：北港朝天宮開山住持僧樹壁奉媽祖神像至笨港，極可能是外九莊民向府城大媽祖廟乞求分香，奉住持僧之令來笨港，暫祀於信徒家，或祀於竹柱茅頂的小祠中，康熙39年（1700）始集資建磚壁瓦頂的廟宇，請樹壁住持，遂成爲笨港媽祖廟的開山住持。至雍正8年（1730）始建造較具規模的廟宇。根據此說法北港朝天宮係由府城分香而建，故須來大天后宮謁祖晉香〔註2〕。這樣的傳說在清末的〈府城教會公報〉已見記載：

> 每年3月23日就是媽祖生：tī府城有一間大媽祖廟，是祀大媽參二媽。後來有分二媽ê神像去北港奉事，號做北港媽；幾若年以來，有風聲伊ê名興到南北二路，四圍ê男女不止熱心服事，有ê去北港燒金，有ê來府城，無定著。北港ê二媽有時三月面著來府城，探大媽〔註3〕。

〔註1〕 李獻璋著，鄭彭年譯：《媽祖信仰研究》（香港：澳門海事博物館，1995年），頁216。

〔註2〕 詳見石萬壽：《台灣的媽祖信仰》（台北市：台原出版社，2000年），頁210。

〔註3〕 〈迎佛冤家〉，《台南府城教會報第22號》，1887年4月；筆者引用張學謙主持，台語文數位典藏資料庫（第二階段）：http://210.240.194.97/nmtl/dadwt/pbk.asp（檢索日期：2011年8月5日）

今年 3 月 14 日，有入府内；未到城門 ê 時，城内外 ê 廟有十外頂大輦出城去等接--伊。The-beh 相近 ê 時，大家相爭愛先接--著，搶頭香較有名聲，走到冤家，三老爺宮較處頭鏢，大旗舉無抵好，hō普濟殿境 ê 人 lì-lì 破，tùihit-tiáp 就拾恨。抵抵入城 ê 時大家就相扑--lah，chham 賣物 ê 擔續 lòng-lòng--倒，以及賣粉粿 ê 甌仔也續提--起來準石頭相擲，舉人 ê 店窗枋做器械來損--loh！參 tòeteh 隨香查甫查某也著傷不止濟人；佛轎有 ê 也續扑歹，兩爿有 ê 著傷眞傷重，致到著扛去 hō縣主驗，也續掠 4 個人送落縣〔註4〕。

三老爺宮眞 m̄願倒轉去叫人來截 tī 半路 beh 扑--伊，抵抵普濟殿 ê 佛轎過，beh 倚兩間厝遠，就 hō伊圍--teh。M̄-kú 普濟殿強 kohchhòaⁿ，tó-ngē 犁--過去，tī-hia 又 koh 冤家，佛轎扛走到小媽祖，hiaê 人就來 kāin 做公親。佛轎 hō小媽祖留隔一暝，才 hō伊扛倒--去。三老爺宮 ê 人著傷不止濟，普濟殿也無少〔註5〕。

像 hit 日下太子佮南廠也扑到不止傷重，是因爲頂 pang 去送南鯤身王爺就有積怨〔註6〕。

到 16 日北港媽 beh 倒--去，縣主就照次序排列 hōin 送出城，武營也派兵去持防，是驚了 hiah-ê 佛轎 koh 冤家。送出城 ê 佛轎佮人已經倒轉--來，北港媽就行，behiaê 人也來接--伊，續送過 inê 社，嶄然有 hiah 遠；hit 時 inê 厝就 hō火燒眞濟間，續無人 thang 扑火，到 in 倒轉來火已經 hoa--lah！可見敬佛會害人眞慘--lah〔註7〕！

且不論外國人對媽祖信仰的認知是如何，由當時的〈府城教會公報〉至少能得知：這樣的傳說在府城流傳至少有百年之久。

究竟，北港朝天宮南下府城是由什麼時候開始的呢？而這樣的宗教活動究竟是「南巡」或「謁祖進香」還是「迎請媽祖」呢？而日治時期南下府城究竟是什麼樣的情形？對北港朝天宮信仰地位將產生什麼樣的影響？以下章節試透過相關史料及文獻來加以說明。

〔註 4〕同上註。
〔註 5〕同上註。
〔註 6〕同上註。
〔註 7〕同上註。

第一節 「北港媽祖落府」之契機

　　法國哲學家羅蘭・巴特認為:「神話是概念和實踐的整體所構成的意識形態,透過主動地推展社會主流團體的價值和利益,保障主要的權力結構。〔註8〕」康熙22年(1683)施琅克台,企圖建立官方寺廟及儀式,做為政權的一種支配形式〔註9〕,以保障大清帝國的利益。之後,祀典大天后宮以其官方的領導地位,號令全臺的媽祖信仰,並以其為進香中心〔註10〕。

　　嘉慶23年(1818)祀典大天后宮發生大火,幾乎把大天后宮夷成平地〔註11〕,導致官方一時無媽祖可奉。恰巧嘉慶24年(1819)朝天宮新雕三郊媽祖。新雕媽祖也需要有其他媽祖襄贊香火,而府城、笨港間商號又素有往來,可能在二個三郊的合作下〔註12〕,促成了北港媽祖南下府城的開始,

　　本節試透過相關史料、文物來探討祀典台南大天后宮創建過程及北港朝天宮南下府城的歷史因素。

一、祀典大天后宮祝融之災

　　康熙23年(1684)台灣正式納入大清帝國版圖。施琅以在平台期間受到媽祖示現神蹟之助請求康熙加封媽祖〔註13〕,並隨之捐奉平台之後所擁有南明王室成員朱術桂宅第寧靖王府為天后宮。高拱乾《台灣府志》:

> 一在府治鎮北坊赤嵌城南。康熙二十三年,臺灣底定,將軍侯施琅同諸鎮以神有效順功,各捐俸鼎建,廟址即寧靖王故宅也。內庭有御敕龍匾「輝煌海滋」,一在鳳山縣治安平鎮渡口。〔註14〕

又王禮主修、陳文達編纂的《臺灣縣志》:

> 大媽祖廟,即寧靖王故居也。康熙二十三年,靖海將軍侯施琅捐俸改建為廟,祀媽祖焉〔註15〕。

〔註8〕約翰・史都瑞(John Storey)著,李根芳、周素鳳譯述:《文化理論與通俗文化導論》(台北市:巨流,2003年),頁121。
〔註9〕黃美英:《台灣媽祖的香火與儀式》(台北市:自立晚報出版社,1994年),頁67。
〔註10〕同上註,頁77。
〔註11〕石萬壽:《台灣的媽祖信仰》,頁249。
〔註12〕蔡相煇:〈北港朝天宮與臺南大天后宮的分合〉,《臺灣文獻》,51卷4期(2000年12月),頁149。
〔註13〕有關媽祖示現神蹟之奏摺,詳見於:《天妃顯聖錄》(南投:台灣省文獻委員會,1996年),頁11～12。
〔註14〕高拱乾:《台灣府志》(台北市:台灣銀行經濟研究室,1960年),頁119～120。
〔註15〕陳文達主修:《台灣縣志》(台北市:大通,1987年),頁208。

康熙 28 年（1689）台南大天后宮除了設有禪室付住持僧外〔註16〕，在廟前廣場設有講約所〔註17〕，做爲教化善良風俗的場地。康熙 57 年（1718）康熙派遣使臣海寶、徐葆光往琉球冊封琉球王，於 59 年（1720）還。海寶、徐葆光等人因感念天妃保佑而上奏禮部將媽祖列爲祀典。《中山傳信錄》〈春秋祀典疏〉：

> 該臣等議得：差回琉球國翰林院檢討臣海寶、編修臣徐葆光等奏稱：
> 「臣等奉旨冊封琉球國王，往返海道，闔船官兵以及從役數百人無
> 一虧損，皆得安歸。其中往返之時，風少不順；臣等祈禱天妃，即
> 獲安吉。自前平定臺灣之時，天妃顯靈效順，已蒙皇上加封致祭。
> 今默佑封舟種種靈異，仰祈特恩許著地方官春秋致祭，以報神庥」
> 等語〔註18〕。

清廷將媽祖列入祀典，享有國家的春、秋致祭。又因爲台南大天后宮是台灣第一間由官方建立的權威媽祖廟，故地位之崇高。而鄰近由民間建立的鎮北坊水仔尾小媽祖廟，是相對於「大天后宮」而來的稱呼，這是清領台大天后宮建立後才流行的。〔註19〕

康熙 60 年（1721）4 月朱一貴起兵於羅漢門，並殺總兵歐陽凱等於春牛埔，隨後在大天后宮舉行登基典禮〔註20〕，同年 6 月，爲施琅六子水師提督施世驃所俘〔註21〕。11 月藍廷珍獻匾於大天后宮，題「神潮徵異」。此匾爲大天后宮現存年代最早的匾額〔註22〕。

雍正 4 年（1726）又御賜「神昭海表」之額，交與藍廷珍懸於大天后宮及廈門、湄洲三處天后廟〔註23〕。

乾隆年間台南大天后宮又歷經四次重修分別；乾隆 5 年（1740）、乾隆 30 年（1765）、乾隆 40 年（1775）、乾隆 49 年（1784）〔註24〕。

〔註16〕高拱乾：《台灣府志》，頁 219。
〔註17〕范咸：《重修台灣府志》（台北市：台灣銀行，1961 年），頁 46。
〔註18〕徐葆光：《中山傳信錄》（台北市：臺灣銀行，1972 年），頁 30。
〔註19〕王見川、李世偉：《台灣媽祖廟閱覽》（台北縣蘆洲市：博揚文化，2000 年 8 月），頁 31。
〔註20〕石萬壽：《台灣的媽祖信仰》，頁 245。
〔註21〕劉良璧：《重修福建台灣府志》（台北市：台灣省文獻會，1993 年），頁 426。
〔註22〕石萬壽：《台灣的媽祖信仰》，頁 246。
〔註23〕王必昌：《重修台灣縣志》（台北市：臺灣銀行，1961 年），頁 172。
〔註24〕石萬壽：《台灣的媽祖信仰》，頁 247～249。

乾隆 5 年（1740）11 月，鎮標遊擊石良臣於後殿建左右廳，以其右廟祀總鎮張玉麒〔註25〕。乾隆 30 年（1765）知府蔣允焄有感於：

> 后宮在郡西偏，殿宇峨峨，廟貌奕奕，□甚都。而外乏廨舍，每當大禮舉行，班聯候集，坐立階除，踧踖無餘地。夫嚴對越，效駿奔，將事之誠也；整冠裳，一齋莊，未事之敬也。雖三日七日，凡百庶司，告虔有素；而戴星披月，稅駕停驂、曾不得從容靜穆之地，凜潔齋以相見，何以交神明而昭慎重歟？〔註26〕

於是，

> 覓地廟右二畝許，構廳三進，爲更衣所。地雖窄，而氣象寬也；近市囂，而到此心肅也〔註27〕。

乾隆 40 年（1775），蔣元樞整修了台南大天后宮，峻工後大天后宮享殿左壁留有〈重修天后宮碑記〉〔註28〕但未說明整修經過。乾隆 49 年（1784）郡守孫景燧復修，董其事者爲鎮北坊當地紳士陳名標、韓日文〔註29〕。嘉慶元年（1796）有：紳士沈清澤、林有德、黃世綏輩同住持僧超如復募修焉。〔註30〕

嘉慶 23 年（1818）台南大天后宮發生嚴重火災，將廟中歷朝皇帝御題匾額、對聯、三代牌位幾乎俱焚盡。留存者僅後殿的寧靖王神位、蔣元樞祿位，再拜殿的藍廷珍匾（或重作），以及神像、石牌、龍柱、祭器等不易燃物而已〔註31〕。據道光年間陳國瑛《臺灣采訪冊，祥異》（七）火災所云：

> 嘉慶二十三年戊寅三月十六日寅時，天上聖母廟災，中殿及後殿俱爐，神像、三代牌位蕩然無存。住持僧所蓄銀錢俱鎔化。惟大門一列尚存。凡火災燒至廟宇而止。此次專焚神像，殊堪詫異〔註32〕。

此場大火在民國 93 年（2004）6 月台南大天后宮神像修復時獲得證實，由媽祖神像內部所取出三塊玉牌，第一塊銘文云：「天上聖母寶像，道光元年，泉郡晉水陳成居敬造」，第 2 塊銘文云：「福建興化府莆田縣湄洲嶼天上聖母降

〔註25〕謝金鑾：《續修台灣縣志》（台北市：臺灣銀行，1962 年），頁 64。
〔註26〕臺灣銀行經濟研究室編：《台灣南部碑文集成》（南投市：臺灣省文獻會，1994年），頁 64。
〔註27〕同上註，頁 64。
〔註28〕同上註，頁 115。
〔註29〕謝金鑾：《續修台灣縣志》，頁 219。
〔註30〕同上註，頁 64。
〔註31〕石萬壽：《台灣的媽祖信仰》，頁 249。
〔註32〕陳國瑛：《臺灣采訪冊》（台北市：臺灣銀行，1959 年），頁 44。

誕於大宋建隆元年三月念三日吉時，開光於道光二年十一月十六日午時吉」，
第 3 塊銘文云：「重興總事三郊蘇萬利、金永順、李勝興，監生陳瑛疆〔註33〕」，
由此推測，大天后宮媽祖塑像應在嘉慶 23 年（1818）這場大火中受難〔註34〕。

二、笨港三郊參與大天后宮重建

大天后宮發生火災，對當時剛到任不久的台灣知府鄭佐廷〔註35〕而言是
件大事，於是委託府城三郊：蘇萬利、金永順、李勝興為總事進行募款重修
的工作。

府城三郊成立於清雍正初，是台灣最早成立的行郊。配運於上海、寧波、
天津、煙臺、牛莊等處之貿易者，尤以糖業為主要商品，稱北郊，郊中有二
十餘號營商，群推蘇萬利為北郊大商。配運於金廈兩島、漳泉二州、香港、
汕頭、南澳等處之貨物者，以油、米、什子為主要商品，稱南郊，郊中有三
十餘號營商，群推金永順為南郊大商。熟悉於台灣各港之採糶者，日港郊，
如東港、旗後、五條港、基隆、鹽水港、朴子腳、滬尾配運之地；港郊有五
十餘號營商，共推李勝興為港郊大商〔註36〕。

乾隆末年，北、南、糖三大郊之間為尋求共同利益，彼此往來更形頻繁，
感情日益融洽，乃在水仙宮三益堂攝連絡辦事處，負責處理三大郊所屬各商
號共同商務，仲裁各店號的糾紛。嘉慶元年時，三大郊正式合稱三郊，並以
蘇萬利、金永順、李勝興名義對外行文，成為府城規模最大的進出口商團，
也成為府城各郊中的領袖〔註37〕。

三郊平時的任務，可以分成對內、對外兩部分。對內主要工作有三：一
為置公用的砰柄、石駝、尺度、武量各一副，作為郊商與行鋪間，以及郊中
各商號間交易時秤量的標準。二為仲裁郊中各店號間，郊商與行鋪間的商務、
債務糾紛，有時也代替官府調解行鋪中各店號之間，甚至民間所發生的各種

〔註33〕蔡相煇：《媽祖信仰研究》（臺北市：秀威資訊科技，2006 年），頁 426～427。

〔註34〕張元鳳：〈古蹟保存的價值與政策——以一級古蹟台南大天后宮媽祖神像為
例〉，收入《2008 年國際文化資產日宗教性文化資產論壇手冊》未註明出版單
位，頁 26。

〔註35〕詳見於陳國瑛：《台灣采訪冊》，頁 85。

〔註36〕蔡相煇：〈北港朝天宮與台南大天后宮的分合〉，頁 147。

〔註37〕石萬壽：〈府城的行郊（福佬人的商業活動）〉，《歷史月刊》137 期（1999 年 6
月），頁 69。

民間糾紛。三是負責所轄的義民祠、大天后宮、水仙宮、海安宮、鹿耳門天后宮、溫陵媽廟等六座寺廟的維護、管理、祭典事宜，以及中元節在鹿耳門祭海上亡魂，在五條港**玔**仔船上祭港中亡魂的普渡等事宜。對外的主要工作，則有防海、平亂、派義民、助軍需、賑卹、修築、捐金、義舉，以及官府交代的公事爲公益事項〔註38〕。

嘉慶23年（1818）大天后宮逢火災之後，三郊受台灣知府鄭佐廷委託大天后的重建工作。當時響應三郊重建大天后宮工程參與捐獻者遍及府城、笨港、鹿港、澎湖等各地官紳、士商、郊行、廟宇。而相關工程則由嘉慶23年（1818）年開始至道光10年止總計捐銀一萬五千餘員〔註39〕。先後修復有；觀音殿、更衣亭、正、後殿、山川門及其他部分，並重雕天后媽祖及相關神明金身。正殿竣工後，其左側神龕奉祀有水仙尊王，右側神龕則奉祀四海龍王，此後三郊漸漸參與大天后宮的經營，也擴大了大天后宮在媽祖信仰的影響〔註40〕。

大天后宮的重建工作，捐款最多者爲北港地區的行郊——廈郊金正順、泉郊金合順、糖郊金順興共捐款120大圓，爲全台各地捐款最多者〔註41〕。

其實，笨港地區商人與台南府城商號在康熙年間已已所往來，在當時可藉由倒風內海進入台江內海再經由馬沙溝通往鹿耳門。黃叔璥《台海使槎錄》：

> 笨港並有小港可通鹿耳門內，即名馬沙溝是也。總之，臺灣三路俱可登岸；而惟鹿耳門爲用武必爭之地者，以入港即可以奪安平而抗府治也〔註42〕。

康熙49年（1710）以後，笨港以南地方大致墾熟，可藉由航運至政治中心所在的府城販賣。《諸羅縣志》：

> 笨港：商船輳集，載五穀貨物〔註43〕。

除了進行台灣島內的米糧穀物販運之外，當地的郊行也藉由天然的港口進行對外貿易的工作，清代笨港地區出現的郊行有；布郊、 **L**郊、杉郊、**籤**郊、

〔註38〕同上註，頁70。

〔註39〕臺灣銀行經濟研究室編：〈台灣南部碑文集成〉（南投市：臺灣省文獻會，1994），頁592～595。

〔註40〕蔡相煇：〈北港朝天宮與台南大天后宮的分合〉，頁147。

〔註41〕蔡相煇：《媽祖信仰研究》，頁427。

〔註42〕黃叔璥：《台海使槎錄》（台中：台灣文獻委員會，1975），頁6。

〔註43〕周鍾瑄：《諸羅縣志》（台北市：台灣銀行，1962），頁12。

泉郊、金合順、廈郊金正順、龍江郊金晉順、糖郊金興順、綢郊金義成、北郊、染郊、藥郊〔註44〕。其中以郊行最大者，爲經營笨港至泉州貿易的郊商金合順、經營笨港至廈門的郊商金正順及龍江郊商金晉順〔註45〕。這些郊行，其成立確實年代不詳，但在乾隆 4 年（1739）笨港三郊已與府城三郊同樣取得郊商領袖地位，也合資創建水仙宮以爲公所處理闔郊商有關問題，兼祀水仙尊王〔註46〕。

另外，北港地區商人與台南紳商互有往來紀錄也見於北港朝天宮現存神轎、神案、祭器，許多是台南商人如張立興號等捐獻，可以佐證兩地郊商互相合作、支持對方媽祖信仰的情形〔註47〕。

巧合的是，北港朝天宮在嘉慶年間也有重建。在當時有新雕媽祖神像，在民國 85 年（1996）朝天宮重修這些神像，在三媽神像背部發現一長寬各約 15 公分的空間，裡面安置當年神像雕刻完成竣時入聖所置寶物，計含：媽祖香火一份（用黃綢布包裹）、鵲鴒（八哥）一隻、金幣一枚、銀幣一枚、當朝歷代錢幣（即順治、康熙、雍正、乾隆、嘉慶等通朝寶各一枚）、生鐵小片、白絲線一束（象徵三魂七魄）、小銅鈴一個、五穀種少量（稻豆等當地農作物種籽）、小銅鏡一枚、細長竹片一片（象徵德行）、相關吉日之黃曆（開雕、入聖、安座）、祝詞一分（祝詞內容包含雕塑神像原因、開雕、入聖、安座吉日時刻，病署上年月，用絲線綁妥。）祝詞內文如下〔註48〕：

> 嘉慶辛未歲次十六年九月廿八日吉日良時，重興北港朝天宮，奉祀
> 天上聖母恩主及諸佛神聖金身寶像，住持僧浣衷，弟子本命乙酉年
> 九月一日丑時建生，心念虔敬，新雕二媽、三郊媽天上聖母寶像，
> 擇于五月初八日戊辰日丁巳時起工雕刻聖母入聖，香火、金身、寶
> 像及諸寶物安腹，擇于六月初九巳亥日戊辰時入聖大吉
> 聖母開光進殿，擇於八月初三日壬辰日乙巳時安座大吉
> 祈求

〔註44〕林玉茹：《清代臺灣港口的空間結構》（台北縣中和市：知書房出版，1996），頁 89。
〔註45〕蔡相煇編著：《北港朝天宮志增訂版》（雲林縣北港鎮：財團法人北港朝天宮董事會），頁 83。
〔註46〕蔡相煇：〈北港朝天宮與台南大天后宮的分合〉，頁 148。
〔註47〕蔡相煇：《媽祖信仰研究》，頁 426。
〔註48〕蔡相煇：〈北港朝天宮與台南大天后宮的分合〉，頁 148。

神恩庇祐，……，

工商便利，四時無災，八節有敬伏願

廟宇興隆，永繼彌深，代代相傳，年年成順，

惟望

風調雨順，國泰民安，境土□靈，父慈子孝，兄友弟恭，

鄰里和睦，止誦息寧，和相勸勉，實力奉行，乃

天地歡喜，……日月流行，則善自

申矣。

嘉慶貳拾肆年五月□日叩祝〔註49〕

這篇祝詞是當時北港朝天宮住持浣衷所立，裡面明記北港朝天宮於嘉慶 16 年（1811）重建歷經八年竣工，由於嘉慶年間的重建並未有碑文留下，無法見及三郊捐款情形，但由當時住持僧浣衷發願新雕朝天宮二媽及三郊媽行為，應可證明三郊在朝天宮重建過程中必定出力甚多，以致笨港三郊在嘉慶年間已開始信奉媽祖。也由於此祝文的出現，讓後人知台灣最著名的「北港三媽」，真正的稱呼是三郊媽〔註50〕。

據蔡相煇推測，北港媽祖南下府城的契機，極可能為嘉慶 23 年（1818）大天后宮大火導致官方一時無媽祖可奉祀，新雕媽祖也需有其他媽祖襄贊香火，笨港北港朝天宮大和尚浣衷又新雕三郊媽祖，而府城、笨港間的商號又素有往來，可能在二個三郊合作下，開啟了北港媽祖南巡的契機〔註51〕。

而這項活動在道光年間的活動規模已相當盛大，任職於台灣兵備道徐宗幹有如此的觀察：

壬子三月二十三日，為天后神誕。前期，臺人循舊俗，迎嘉邑北港廟中神像至郡城廟供奉，並巡歷城廟內外而回。焚香迎送者，日千萬計。歷年或來、或否，來則年豐、民安。販賈藉此營生，而為此語也。前任或密屬住持卜筊，假作神語，以為不來；愚民亦皆信之。省財、省力，地方不至生事，洵為善政。然祈報出於至誠，藉以瞻小民之貿者，亦未可張而不弛；且迎神期內，從未滋事，故聽之。十五日，同鎮軍謁廟，男婦蜂屯蟻聚欲進門，非天后神轎夫執木板

〔註49〕同上註，頁 148～149。
〔註50〕同上註，頁 149。
〔註51〕同上註，頁 149。

辟易之，不得前。偶微服夜巡，自宵達旦，用朱書「我護善良，進
香須做好人，求我不能饒你惡」云云簡明告諭，並大書「販運洋土、
船破人亡」八字於殿前，乘其怵惕之心以道之。神道設教，或可格
其一二耳。十六日，神輿出巡，輿夫皆黃衣爲百夫長，手執小旗，
眾皆聽其指揮。郡城各廟神像，先皆昇之出迎，復送天后出城而後
返。舉國若狂，雖極惡之人，神前不敢爲匪；即素犯罪者，此時亦
無畏忌，以迎神莫之敢攖也。是日午後，忽大雷雨，霹靂不已。郡
城昇神輿者，至城門皆覺重至千鈞，兩足不能前，天后之輿則迅疾
如駕雲而飛。雨止，聞北港之夫與郡城神輿各夫爭路挾嫌，各糾約
出城後互鬥洩忿。城外溝岸內埋伏多人，爲雨驅散；南門外同行三
十餘人，雷斃其二，餘皆被火傷，不知其何爲也！非此雷雨，則鬥
必成，而傷害之人多矣。神之靈也，民之福、官之幸也〔註52〕。

據徐宗幹的觀察能發現：「北港媽落府」是「臺人循舊俗，迎嘉邑北港廟中神像
至郡城廟供奉，並巡歷城廂內外而回〔註53〕。」由當地官紳主動迎請的意味頗
爲濃厚。但對府城地方居民而言：府城是當時全台的政治中心〔註54〕，且大天
后宮具有官方祀典性質，地位崇高〔註55〕，來此晉見大天后宮媽祖是理所當然。

第二節　清代北港媽祖神明會

　　清代北港朝天宮南下府城活動時，沿途居民自願性組成許多神明會，以
因應朝天宮南下的活動。經日治時期所做的宗教調查，這些神明會分佈在嘉
義縣、台南縣等地區且大多成立於清代。

　　這些神明會與北港地區內神明會最大的不同是：北港鎮境內的神明會主
要任務是參與北港朝天宮媽祖遶境。而北港鎮以外的神明會，除了元長鄉與
水林鄉的神明會也擔任朝天宮的轎班工作之外，其餘分佈在嘉義縣、台南縣
的神明會成立最主要的目的是北港媽祖南下府城時擔任其轎班的任務或迎請
入該地區供居民參拜。

〔註52〕徐宗幹：《斯未信齋文編：斯未信齋雜錄》（南投市：台灣省文獻委員會，1994
　　　　年），頁69～70。
〔註53〕同上註，頁69。
〔註54〕王見川：《臺灣的寺廟與齋堂》（台北縣蘆洲市：博揚文化，2004年），頁61。
〔註55〕同上註，頁84。

本節試由相關史料及文獻來討論北港地區外的神明會分佈情形、沿革歷史，並進一步分析清代北港朝天宮南下府城時所經的路線。

一、北港境外的神明會與信仰勢力的拓展

如前面第三章所述：神明會之前神明會是對一些神明有虔誠的信徒，自願組成的團體，像媽祖會、太子爺、土地公會等。神明會的會員組成有不同層次之分，比如在土地公廟會時，一些熱心人士爲了讓拜拜的活動熱絡一點，就組織土地公會，以運籌活動內容〔註56〕。

神明會的成員不限於同村庄的人，它是由一些熱心的人組成的。神明會常有「吃會」的活動：在神明生日時舉行祭典，祭拜結束後就舉行吃會，一同共宴。另外有一些神明會則是超部落的〔註57〕，如前面第三章所提到彰化南瑤宮的十個神明會。

此外，隨著廟宇的發展神明會可以分爲以下三種：（一）未建廟宇之前的神明會。在台灣有些地方公廟建立之前，是由當地熱心居民組織神明會，維持村庄保護神的祭祀。這類作爲廟宇之前身的神明會常常只限於某一村莊或某一地方的信徒才能參加，有時也要限制祖籍，或限制某一姓的人才參加，這跟台灣傳統的村庄很多是血緣，也有很多是同一祖籍地來的移民及其後代所構成的同籍村庄有關，不過很多所謂的同籍村庄，其本質上是以某姓占優勢的血緣村庄，因此有些神明會之會員資格，會既限定某一祖籍，又限定某一姓氏。（二）附屬於廟宇的神明會。一旦廟宇設立之後，原有神明會組織的，該神明會可能繼續維持下來，作爲核心信徒參與廟務的主要組織。原先沒有神明會的廟宇可能爲了使神明的祭祀熱絡些，而組織神明會。也有些廟宇建立之後可能因村庄較大，香火較盛，熱心的信徒日多，而另外雕刻主神的分身，組織神明會，廟會活動時可以有一些基本的信徒抬轎或參與陣頭。無論如何，這些神明會是附屬於廟宇的，要接受廟方之管理組織如管理委員會的管理獲分派工作，而其會員仍以地方居民爲主體，由地方上熱心的信徒參與。（三）與廟宇有關但獨立於廟宇的管理組織與祭祀組織之外的神明會。往往一個歷史悠久的大廟，其主神由於靈異傳說的累積，信徒不斷增加，可能爲了廟宇要謁祖進香，而使這些信徒結合起來組織神明會。這些神明若僅是以

〔註56〕林美容：《台灣人的社會與信仰》（台北市：自立晚報，1993年），頁181。
〔註57〕同上註，頁181。

廟宇主神及其分身爲其祭祀對象，對廟宇內其他神祈並不祭拜，則此會與主導廟宇每年例行性祭典的管理組織和祭祀組織分道揚鑣，並無關連；而且這樣的神明會常常會超過廟宇所屬地方社區，而成爲區域性的信徒組織〔註58〕。

以上三種神明會，只有第三種超越地方社區的大型神明會，其主祀神才有信仰圈可言〔註59〕。

以北港朝天宮主神媽祖爲中心，在北港鎮之外神明會大多在清領時期出現，主要分佈於鄰近的元長鄉、水林鄉、嘉義縣與台南縣。據日人所調查位在元長鄉的有：（一）雲林縣元長鄉客仔厝媽祖會。（二）雲林縣元長鄉客仔厝新三媽轎班會。（三）雲林縣元長鄉下寮舊二媽轎班會。（四）雲林縣元長鄉內寮新二媽轎班會。（五）雲林縣水林鄉溪墘厝聖母會。詳如表4−1所示：

表4−1：雲林縣元長鄉、水林鄉與朝天宮有關神明會

名　稱	所在地	創立年代	沿　革
雲林縣元長鄉客仔厝媽祖會	元長庄客仔厝414	乾隆29年（1746）	北港的東方下寮庄，有塊漂流木，便依照北港媽祖的神體雕刻媽祖、二媽、三媽以供祭祀。
雲林縣元長鄉客仔厝新三媽轎班會	元長庄客仔厝323	乾隆29年（1746）左右	前記的二媽、三媽木刻像，在此祭祀，當地區民成立三媽轎班會。
雲林縣元長鄉下寮舊二媽轎班會	元長庄下寮274	乾隆29年（1746）	雕刻北港媽祖神體奉祀之。
雲林縣元長鄉內寮新二媽轎班會	元長庄內寮292	乾隆29年（1746）	北港媽祖祭典時擔任新二媽的轎班之會員。
雲林縣元長鄉頂寮媽祖會	元長庄頂寮264	同治5年左右（1866）	擔任北港媽祖轎班。
雲林縣元長鄉頂寮舊三媽轎班會	元長庄頂寮512	光緒28年（1902）	北港舊三媽出巡的時候，擔任轎班會員。
雲林縣水林鄉溪墘厝聖母會	水林庄溪墘厝41	嘉慶20年（1815）	奉祀北港媽祖的分神。

資料來源：整理自蔡相煇：《北港朝天宮志》，頁152～156。

〔註58〕林美容：《媽祖信仰與台灣社會》（台北縣蘆洲市：博揚文化，2006年），頁60。
〔註59〕同上註，頁60。

　　嘉義地區與北港朝天宮有關的神明會則有：（一）嘉義縣六腳鄉蒜頭媽祖會。（二）嘉義縣大埔鄉大埔聖母會。（三）嘉義縣番路鄉前大埔媽祖會。（四）嘉義縣鹿草鄉頂潭媽祖會。（五）嘉義縣民雄鄉牛斗山媽祖會。（六）嘉義縣梅山鄉小梅天上聖母會。（七）嘉義縣鹿草鄉麻豆店聖母會。（八）嘉義縣六腳鄉港尾寮媽祖會。（九）嘉義縣鹿草鄉山子腳聖母會。（十）六腳鄉三姓寮媽祖會。（十一）嘉義縣六腳鄉潭子墘媽祖會。（十二）嘉義縣鹿草鄉海豐聖母會。（十三）嘉義縣六腳鄉灣內媽祖轎班會。（十四）嘉義縣六腳鄉蒜頭媽祖會。十五）嘉義縣六腳鄉灣內聖母轎班會。（十六）嘉義縣朴子鎮小棧榔媽祖會。詳如表4－2所示：

表4－2：日治時期嘉義縣地區與北港朝天宮有關神明會

名　稱	所　在	創立年代	沿　革
嘉義縣六腳鄉蒜頭媽祖會	六腳鄉蒜頭	嘉慶 18 年（1813）	恭迎北港媽祖南部出巡時迎禮的媽祖會
嘉義縣大埔鄉大埔聖母會	大埔庄大埔四一二	嘉慶 20 年（1815）	本會是由北港媽祖的信徒所成立的
嘉義縣番路鄉前大埔媽祖會	番社庄前大埔	嘉慶 22 年（1817）	住同地的葉姓祖先，從北港媽祖分香成立本會組織，當初會員各出一員。
嘉義縣鹿草鄉頂潭媽祖會	鹿草庄頂潭	約 170 年前（1763，乾隆 28 年）	當地人林力，從北港媽祖分香奉祀，每人出銀二元，購地五分，以其收益為祀費。
嘉義縣民雄鄉牛斗山媽祖會	民雄庄牛斗山	約 150 年前（1780，乾隆 45 年）	前往北港媽祖參拜較費時間、費用，所以成立本會。
嘉義縣梅山鄉小梅天上聖母會	小梅庄小梅六七	約 130 年前（1803，嘉慶 8 年）	從北港媽祖分香祭祀之，以祈求會員們的安穩、繁榮。當初創立之會員金是一圓。
嘉義縣鹿草鄉麻豆店聖母會	鹿草庄麻豆店	130 年前（1803，嘉慶 8 年）	信仰北港媽祖者，每年會員全部往北港參謁媽祖，因此成立本會。有田七分六厘餘。
嘉義縣六腳鄉港尾寮媽祖會	六腳庄港尾寮	130 年前（1803，嘉慶 8 年）	當地居民每年迎請北港的媽祖庇佑豐年，而成立此會。會出錢 10 元，購地以其收入維持，計有旱田二甲一分九厘餘。

名　稱	所　在	創立年代	沿　革
嘉義縣鹿草鄉山子腳聖母會	鹿草庄山仔腳	130 年前（1803，嘉慶 8 年）	山子腳庄陳煌奉請北港媽祖來本莊鄭長方家奉祀，當時本莊崇敬媽祖者都來參拜，並成立此會，購有田地四分四厘餘，爲祭祀費。
六腳鄉三姓寮媽祖會	六腳庄三姓寮	約 120 年前（1813，嘉慶 18 年）	約 120 年前，當地部落附近流行惡疫，迎請北港媽祖前來奉祀保佑，所以成立此會。
嘉義縣六腳鄉潭子墘媽祖會	六腳庄潭子墘	約 60 年前（1873，同治 12 年）	北港媽祖出巡時，當地居民輪番當轎夫。
嘉義縣鹿草鄉海豐聖母會	鹿草庄海豐	光緒初年（1875）	北港媽祖每年往台南出巡時，皆經過本庄，大家恭迎之，並擔任輿夫，但本莊有不少窮人，……所以捐款成立此會，購買田地一甲一分六厘餘，以其收益爲祭祀費並補助款。
嘉義縣六腳鄉灣內媽祖轎班會	六腳庄灣內	光緒 3 年（1877）	在部內鳳山宮的例祭，恭迎北港媽祖會時的轎班會。
嘉義縣六腳鄉蒜頭媽祖會	六腳庄蒜頭	光緒 7 年（1881）	恭迎北港媽祖南部出巡時的媽祖會。
嘉義縣六腳鄉灣內聖母轎班會	六腳庄灣內	明治 16 年（光緒 9 年，1883）	在部內鳳山宮的例祭，恭迎北港媽祖會時的轎班會。
嘉義縣朴子鎮小槺榔媽祖會	朴子街小槺榔四一	光緒 13 年（1887）	北港媽祖南巡時，蘇達、黃老澎等人發起媽祖會擔任輿夫。

（一）資料來源：整理自蔡相煇：《北港朝天宮志》，頁 157～165。

（二）說明：上述神明會皆以北港朝天宮媽祖爲主要祭祀對象，且有會員、例祭、爐主制度。

　　另外，分佈於台南縣地區的神明會有：（一）台南縣新營市太子宮媽祖轎班會。（二）台南縣新營市新營媽祖會。（三）台南縣左鎮鄉石子崎天上聖母會。（四）台南縣白河鎮客莊內聖母會。（五）台南縣大內鄉頭社媽祖會。（六）台南縣大內鄉頭社媽祖會。（七）台南縣新營市鐵線橋天上聖母轎班會。（八）台南縣新營市茄苳腳媽祖會。（九）台南縣新營市舊廍媽祖會。詳如表 4－3 說明：

表4－3：日治時期台南縣地區與北港朝天宮有關神明會

名　稱	所　在	創立年代	沿　革
台南縣新營市太子宮媽祖轎班會	未說明	雍正年間（1723～35）	在北港媽祖的南部巡行時，當地部落創立之媽祖會
台南縣新營市新營媽祖會	新營庄新營	乾隆11年3月（1746）	由北港媽祖廟分香，會員各出一圓五十錢。
台南縣左鎮鄉石子崎天上聖母會	石子崎三九八	乾隆55年（1790）	媽祖由北港媽祖廟分香而來。
台南縣白河鎮客莊內聖母會	白河庄客庄內	咸豐4年（1854）	因至北港參拜媽祖路途遙遠，有很多不便，故從北港媽祖廟分香祭祀。
台南縣大內鄉頭社媽祖會	頭社一七二	咸豐8年（1858）	由北港媽祖廟分香，奉祀黑面媽祖。
台南縣大內鄉頭社媽祖會	頭社三二一	咸豐8年（1858）	由北港媽祖廟分香，奉祀白面媽祖。
台南縣新營市鐵線橋天上聖母轎班會	新營庄鐵線橋	光緒3年（1887）	本會從前就有，日本治台之初解散，但因北港媽祖南下巡行時有很多不便，故再由蘇德仁、王石頭等發起成立此組織，……以供奉祀。
台南縣新營市茄苳腳媽祖會	新營庄茄苳腳	約60數年前（1783，同治12年）	由北港媽祖分香。因農事忙，故成立本組織，雕刻媽祖神像，在每年其例祭日時，舉行祭典。
台南縣新營市舊廍媽祖會	新營庄舊部	不詳	原為父母會之組織，會員因事務繁忙，要到北港參拜媽祖轎困難，所以雕刻媽祖神像祭祀之，並改名為媽祖會。

（一）資料來源：整理自蔡相煇所錄1933年台灣日日新報社發行《台南州祠廟名鑑》。
　　　　　　　詳見蔡相煇：《北港朝天宮志》，頁165～169。

（二）說明：

1. 上述神明會皆以北港朝天宮媽祖為主要祭祀對象，且有會員、例祭、爐主制度。

2. 台南縣新營市太子宮媽祖轎班會共有四個同名團體，其中兩個創立於雍正年間，兩個創立年代不詳；而台南縣左鎮鄉石子崎天上聖母會除了奉祀媽祖外，另有奉祀玄天上帝、太子爺、福德爺；此外，台南縣新營市茄苳腳媽祖會除了奉祀媽祖外，另有奉祀關帝爺、玄天上帝、五佛、千里眼、順風耳。

　　北港朝天宮南下府城時與彰化南瑤宮情形時相似，在鄰近區域區皆有神明會參與。那麼當時的嘉義縣及台南縣是否能視之爲朝天宮的「信仰圈」範圍呢？知名人類學家林美容對「信仰圈」的界定是：「所謂信仰圈，是以某一神明（和）其分身知信仰爲中心，信徒所形成的志願性宗教組織，信徒的分布有一定的範圍，通常必須超越地方社區的範圍，才有信仰圈可言。」並以（一）一神信仰。（二）信仰範圍。（三）信徒組織。（四）集體性宗教活動等四個主要概念來說明，分別敘述如下〔註60〕：

　　1. 信仰圈是以一神之信仰爲中心，通常歷史悠久的廟宇，其主神較有可能發展出信仰圈。信仰圈即是以一神爲中心，其信仰的對象就只包括該神及分身，若該神是某一廟的主神，信徒的祭祀並不包括廟宇中其他的配祀神、從祀神等，因爲這些神祈的祭祀是地方居民的義務，屬於祭祀圈的活動〔註61〕。

　　2. 信仰圈含蓋一定的地域範圍，且其範圍通常超越最大的地方社區範圍，即超越鄉鎮界線。不過信仰圈並非是隨意的、沒有組織、沒有一定界線的香客或信徒之分布範圍，而是有一定界線、有組織的地域性民間宗教活動範圍〔註62〕。

　　3. 信仰圈有一定形式的信徒組織，以神明會最爲常見，信徒之入會完全是志願性的，而非強迫性。另外，信仰圈基本上是一種信徒組織，它與廟宇的管理組織以及廟宇的祭祀組織並不一致，是互相分離的〔註63〕。

　　4. 信仰圈是以對某一神明的信仰爲主，其活動也就限於對該神的祭祀。該神的千秋祭典，雖然地方社區居民會舉行，而信徒必然也要另外舉行。此外，爲了增加該神的靈力，信徒往往組織轎班會或進香團到其香火起源地進香。爲了加強信徒與該神的儀式性關係，常常信徒所屬的地方社區，在其祭祀圈的活動中，會請該神參與巡境、看戲等。而爲了表彰信仰圈主神對其信徒所屬的地方社區之儀式上的統屬關係，每年會有過爐儀式，輪流到各地角頭巡境，供民眾祭拜〔註64〕。

　　首先以一神信仰的概念來分析雲、嘉、南地區與北港朝天宮相關的神明

〔註60〕 林美容：〈由祭祀圈到信仰圈——台灣民間社會的地域構成與發展〉，收入《中國海洋發展史論文集第三輯》，（台北：中研院，1988年），頁101。
〔註61〕 同上註，頁101～102。
〔註62〕 同上註，頁102。
〔註63〕 同上註，頁102。
〔註64〕 同上註，頁103。

會。「信仰圈即是以一神為中心，其信仰的對象就只包括該神及分身，若該神是某一廟的主神，信徒的祭祀並不包括廟宇中其他的配祀神、從祀神等，因為這些神祈的祭祀是地方居民的義務，屬於祭祀圈的活動。」而在台南縣左鎮鄉石子崎天上聖母會除了奉祀媽祖外，另奉祀玄天上帝、太子爺、福德爺。另外，台南縣新營市茄苳腳媽祖會也除了奉祀媽祖外，另有奉祀關帝爺、玄天上帝、五佛、千里眼、順風耳。因此，無有專屬北港朝天宮媽祖的一神信仰。

其次是雲、嘉、南地區的神明會涵蓋範圍雖有超越北港鎮以外地區，然而卻無綿密且似彰化南瑤宮嚴謹地域性組織如：台南地區最早成立的神明會為台南縣新營市太子宮媽祖轎班會，然而該會所在地卻不明。此外，朝天宮媽祖神明會以跨鄉鎮範圍的點狀式零星分佈，不若彰化南瑤宮會媽會有角頭組織，「大角」下有「小角」〔註65〕。

另外，北港朝天宮與彰化南瑤宮相形對照之下，南瑤宮能形成跨縣市的信仰圈與林氏認為下列個因素有關：（一）進香活動的舉辦使會媽會先後成立。（二）彰化是清朝時期彰化縣邑治之所在。（三）清治時期彰化縣漳泉械鬥的頻仍。（四）有關彰化媽祖靈異傳說與故事的傳播〔註66〕。

因此鄭志明認為：「朝天宮認為自己是媽祖信仰大本山，自然沒有往母廟刈火進香的需要，所以缺乏因為進香活動而組織會媽會的契機；其次北港在歷史上從未成為任何縣治的所在地，無法產生地域性民間宗教組織與行政官僚體系之層級結構配合效果；但是歷史上的漳泉械鬥曾多次在北港附近發生，至於北港媽祖的靈異傳說就更多了，所以南瑤宮形成信仰圈的第三與第四因素顯然並非決定因素〔註67〕。」

另外，鄭志明亦認為：「進一步考察第二因素，雖然北港從未成為縣治所在，但是林氏亦不排除沿海地區由於開發較早而成為人群認同中心的可能性，北港在台灣開發史上素有『一府二笨』的早期商業大港地位，一樣會有成為其他鄉鎮信仰中心的效果，由此可知第二因素也非形成信仰圈的決定因素。是以真正讓北港朝天宮與彰化南瑤宮有所區別的因素只剩下有無進香刈火活動而已，也就是說，北港朝天宮自居為媽祖信仰大本山的觀念使它只能

〔註65〕詳見上註，頁111。
〔註66〕詳見上註，113～116。
〔註67〕鄭志明：《北港朝天宮的神明會》（嘉義縣：南華管理學院，1998），頁14。

形成一個朝拜場而非一個信仰圈，這個觀念是朝天宮媽祖信仰特性，但也就造成了它的限制。」而這樣的宗教特性影響所及也使得北港朝天宮的「祭祀圈」特性格外突出〔註68〕。

二、由朝天宮神明會探究南下府城路線

由清代北港朝天宮在雲、嘉、南區域所成立的神明會能得知，朝天宮以南區域最早在乾隆22年（1757）鹿草庄頂潭一帶已成爲北港朝天宮媽祖信仰勢力所及範圍。此外亦由能嘉義縣六腳鄉蒜頭媽祖會、嘉義縣六腳鄉潭子墘媽祖會、嘉義縣鹿草鄉海豐聖母會、嘉義縣六腳鄉灣內媽祖轎班會、嘉義縣朴子鎮小槺榔媽祖會、台南縣新營市太子宮媽祖轎班會等神明會推測當時朝天宮大略所行路線應爲：北港──嘉義縣六腳鄉──嘉義縣朴子鄉──嘉義縣六腳鄉──台南縣新營市──台南市。

出身茅港尾望族的憚園主人黃清淵之記載，當時行程，係由府城居民赴北港，洽定細節，3月12日晨自北港啓程，經由朴子，夜宿鹽水港，3月13日晨，自鹽水港啓程，夜宿茅尾港（今台南縣下營鄉茅港尾）。3月14日：晨自茅港尾啓程，入台南府。3月14日：出巡城內。3月16日：上午出巡城外，下午受府城各神歡送，循來路回宮〔註69〕。

另據日治時期北港朝天宮董事蔡培東記憶，赴郡城尋歷路徑如下：

> 聖母上午八點由廟啓程，經南港──大嵛──嵛仔──蒜頭──大槺榔──馬稠後──林竹仔腳──鹽水──經鐵線橋──入麻豆（停頂街）──渡曾文溪──經善化──新市──永康庄邊（疑即洲仔尾）──由小北門入台南府──遊外五朝街──至台南大天后宮──翌日中午入廟。回駕時，遊五朝街後，循原路回宮〔註70〕。

而日人石川止戈則說明北港媽祖清代到府城時是由北門進入，府城的地方官需正裝整齊在北門外迎接，朝天宮所分香在台南樣仔林媽祖廟也到場拜候：

> 舊清時代於に、地方官は必す正裝北門外に出でて、北港媽祖の來ろのを迎えたのであつた。從つて人民も之に倣ひ、北門に出迎へ、熱鬧甚た盛んなものがぬつに。又臺南市元の樣仔林街に、一つの

〔註68〕同上註，頁15。
〔註69〕蔡相煇編著：《北港朝天宮志增訂版》，頁175。
〔註70〕同上註，頁175。

媽祖廟がぬる。それは北港媽祖から分香して來たもので、之亦每
年三月には其の實家である北港の媽祖に拜候すること、北港の媽
祖が臺南市の大媽祖に拜候するに異らない。之れ或は神明間た於
ても長幼順序なるものがあつて、恰も間が長老尊敬し、孝養を盡
すと同樣の意味であらう、領臺後明治三十九年、一回の行列あり
たる後は、この行事は行はれなくなつた〔註71〕

另外，據李獻璋在戰後所做的調查「北港媽落府」行進路線是：

> 北港媽祖落府是從北港經過鹽水港、麻豆、中營、鐵線橋、三坎店
> 而鹽行，才由小北城門入台南的。其間在鹽水港以南，凡所經過的
> 村鎮，均由所在廟宇設法接待，並各指派該地信士接替抬轎。將至
> 府城之前，市內普濟殿、橫仔林朝興宮、馬公廟、元和宮、南廠保
> 安宮、藥王廟、下太子廟、良皇宮諸廟，亦皆以輦轎抬其神到鹽行，
> 或經往三坎店迎接她。唯大天后宮是不去的。這些前往迎接的神，
> 出發前先須到大天后宮行一上馬的儀式；回來時，亦須行一落馬儀
> 式。上馬與下馬儀式是把神轎抬進宮內，於敲鐘擂鼓聲中，站在媽
> 祖神前把軟扛閃動三五分鐘，燒香放炮之後，轉頭出廟便算完成了
> 〔註72〕。

進入府城後先迎請到太子亭，隨後至大天后宮：

> 迎接的神轎，最先到著與媽祖接頭時，北港媽祖給與「接頭香」燈（高
> 約一尺之竹骨紙糊者）。每一迎接的神轎，與北港媽祖初接頭時，均
> 須行三進三退之禮，以表敬意，然後一塊兒進入城內。北港媽祖進城
> 之後，首先抬至太子亭，由大天后宮備辦香花茶果，說聲「請三媽昇
> 座」，把她請上桌來受兩方董事人參香。才又抬回大天后宮昇座、敬
> 茶，受信士禮拜。神轎出入，該廟均須一一敲中擂鼓〔註73〕。

子時一到舉行「掬火」或稱「請火」儀式：

> 至是夜子時，一過十二點，朝天宮方人員即將北港帶來之香擔，搬
> 上大天后宮神桌上的大香爐前，請住持僧唸經。唸完，蔡公（廟守）

〔註71〕 石川止戈：〈北港媽祖廟に就いて〉，《台灣時報》，1934年3月，日期及版次
不明。

〔註72〕 李獻璋著，鄭彭年、劉月蓮譯述：《媽祖信仰研究》（澳門海事博物館，1995
年），頁216～217。

〔註73〕 同上註，217。

> 即由神爐舀一杓子香灰於火坩，此即所謂掬火，或說請火。把它拿
> 從大爐香火之上過來安放入亭（安放火坩之亭形木箱子），鎖上銅
> 鎖，復以寫著「太歲某年月日⋯⋯」的封條封住，才用縛在掛尾青
> 竹知兩面烏旗左右狹持之下，由數十個關係者重重圍著保衛而出。
> 也常有以傘遮掩香擔而出者。同時請三媽隨後上轎，大叫「聖母倒
> 來去呵！」或「三媽轉來去喔！」，急急走出廟門，即上歸途。媽祖
> 神轎一去，大天后宮即須將門關閉云〔註74〕。

儀式進行結束，隨即回鑾：

> 媽祖謁祖，例必從小北門入，從大北門出。要送行的各廟神轎，或
> 到大天后宮，或在隨便的半路上相等，伴她繞境；最後經由五全景
> 街而出門。五全景街有老香鋪號曾振明者，每次必製一條為數一百
> 零八粒之「香珠」，於鑾駕經過該店時，奉獻北港媽祖。把它掛在神
> 像頸上，才送她出大北城。隨香信士，亦皆隨至城外，方始散去。
> 在清朝時代，媽祖要回鑾時，還須抬到鎮台衙，讓鎮台參香，然後
> 辭去云〔註75〕。

經由石川止戈的報導及李獻璋的調查能了解：北港媽祖南下府城的活動晚輩
前去晉見長輩的意味是相當濃厚的，充分反映了媽祖信仰內的擬親屬邏輯
〔註76〕。

第三節　日治時期北港媽落祖府城

　　日治初期，由於各地治安情況不穩且經濟蕭條，導致台南大天后宮香火
也跟著衰落，在台南與北港兩地商人再度合作之下邀請朝天宮媽祖南下，重
振大天后宮香火也活絡了當地經濟。往後在迎請北港媽的過程中發生不愉
快，而使得台南地方人士決定塑造一尊新的鎮南媽，讓台南大天后宮成為台
南市以南地區的信仰重鎮。本節試透過相關史料及文獻來說明日治時期府城
地區迎北港媽祖的相關情形。

〔註74〕同上註，217。
〔註75〕同上註，217。
〔註76〕詳見張珣：《媽祖信仰的追尋》（台北縣蘆洲市：博揚文化，2008年），頁6～
　　　　7。

一、府城紳商迎北港媽情形與經過

　　台南大天后宮在清朝統治時代；香火頗盛，地位崇高，是台灣媽祖廟的代表。但受到日治初期戰火影響，當時的寫眞帖顯示，大天后宮香火零落，廟前搭建帳篷，近似難民營〔註77〕。而在日人治台之前北港媽祖南下府城的活動也因戰火影響而中止。據當時報載：

> 斗六廳下北港街之朝天宮。乃崇祀天上聖母。夙推本島有名之祠廟。
> 遠至北部各廳下。亦多前往參詣者。蓋其靈應實灼然也。該廟神輿。
> 領臺前嘗出境至臺南。以爲臺南附近參詣者之便。嗣因土匪蜂起。
> 道途不便。其事遂止〔註78〕。

在日人治台之後，台南大天后宮成爲日本佛教曹洞宗的佈教所〔註79〕，而晚上有夜學會提供台灣人子弟學習國語、英語及其他文藝：

> 當市大媽祖宮內曹洞宗布教所。曩者設有夜學會。島人之子弟。……
> 其功程有國語英語。及其他文藝等。授業時間則自午後七勾鐘起。
> 至九勾鍾云〔註80〕。

後來曹洞宗移去三郊又將廟租潮州班演劇，一時神前香火全無。明治38年地方人士擅貼香條，謂北港媽祖將循舊例南下府城進香。當時北港人曾席珍在台南賣糖，以經營布業爲生的「錦榮發號」主人石學文問北港人曾席珍是否有此一事？曾席珍回答：並無此計劃。而後石學文託辛西淮及廳長山形脩許可，最後由府城三郊組合長許藏春具名前往北港洽談事宜並委託石學文至北港迎請媽祖南下〔註81〕。

　　石學文是誰呢？石學文又叫石謨記、石大謨，咸豐8年（1858）生，台南府城宮後街人。光緒8年（1882）與友人汪耀記、王在記等人合股在宮後街開設「錦榮發號」經營布疋生意。幾年來獲利頗豐，迄大正年間，錦榮發號已全歸所有。此外，石學文亦經營染布業並當上商工會幹事。對於各地「社寺廟宇」的修整，貢獻頗多，生前曾皈依龍華派「德化堂」。他「平生慈善，最信仰北港天上聖母」。在日治中期朝天宮重修時，石學文獨立募款數萬元予朝天宮，因此列名朝天宮董事〔註82〕。

〔註77〕詳見於王見川、李世偉：《台灣的寺廟與齋堂》，頁87。

〔註78〕〈北港聖母出境〉，《漢文版台灣日日新報》，1907年4月24日，第5版。

〔註79〕〈築布教所〉，《漢文版臺灣日日新報》，1908年11月21日，第4版。

〔註80〕〈夜學再開〉，《漢文版臺灣日日新報》，1910年4月23日，第4版。

〔註81〕〈鎮南媽之靈威〉，《台灣日日新報》，1921年6月29日，第6版。

〔註82〕王見川、李世偉：《台灣的寺廟與齋堂》，頁87。

　　明治40年（1907）北港媽祖在舊曆3月14日至16日往台南大天后宮進
香，爲了因應高雄至台南往返旅客鐵道部提供優惠方案〔註83〕。當時朝天宮
因遭祝融之災尚在爲重建工程募款。此次南下府城，三郊組合代表許藏春、
吳甄香、陳仰高等倡議捐金寄附：

> 斗六廳下北港街之朝天宮。乃崇祀天上聖母。夙推本島有名之祠
> 廟。……本年雖期以舊曆三月十四日至十六日。凡三日間。移其神
> 輿至臺南媽祖廟。然該廟前年罹于火災。方募捐二萬五千圓。以便
> 新築。尚未落成。故事亦不果。臺南市民不勝焦灼。近乃有三郊組
> 合許藏春吳甄香陳仰高等外數名。共爲總代。倡捐相當之寄附金。

圖4-1：清道光時期（1821～1850年）台灣行政區域圖——雲林、
**　　　　嘉義縣**〔註84〕

資料來源：台灣歷史文化地圖。

〔註83〕〈天上聖母の出輿と汽車賃割引〉，《台灣日日新報》，1907年4月28日，第
　　　　5版。
〔註84〕中央研究院台史所建置，台灣歷史文化地圖資料庫：
　　　　http://thcts.sinica.edu.tw/tctsweb/theme.php?axl=adminarea_q5.axl
　　　　（檢索日期：2011年4月13日）。

圖 4－2：清道光時期（1821～1850 年）台灣行政區域──台南縣 〔註85〕

資料來源：台灣歷史文化地圖。

　　而此次北港媽祖南下府城活動亦帶來不少效應；如府城居民有達到豐收的效應而趁年終及新春期間三五成群結伴往北港進香以答謝媽祖〔註86〕，亦有遠自高雄、屏東搭乘火車來台南進香，結果因人潮眾多市內廟宇的香火因而更盛。而經營大大小小生意的似乎也較往昔活絡：

> 本年相傳北港聖母將下南。致鳳山阿緱蕃薯寮等地之客人男婦。搭
> 火車來市進香者。絡繹不絕。市內近日不但香火之盛。即大小生意。
> 亦甚形鬧熱云〔註87〕。

明治 42 年（1909）8 月底北港朝天宮三媽〔註88〕由蕭壠抵安平進入台南市內

〔註85〕同上註。
〔註86〕〈豐年歸功聖母〉，《漢文版臺灣日日新報》，1907 年 12 月 27 日，第 5 版。及〈赤崁春帆準備進香〉，《漢文版臺灣日日新報》，1908 年 3 月 25 日，第 4 版。
〔註87〕〈台南片信香火盛況〉，《漢文版臺灣日日新報》，1908 年 4 月 23 日，第 4 版。
〔註88〕至日治時期為止北港朝天宮內共雕有編號第一至廿六號之編號不等的媽祖神像供各地信眾迎請詳見於鎮目滋平：〈媽祖を語る〉，《台灣時報》，1936 年 2 月，日期及版次不明。而明治 42 年（1908）台南市及高雄縣所迎祀之媽祖為朝天宮三媽。詳見於〈赤崁春帆聖母回鑾〉，《漢文版台灣日日新報》，1911 年 4 月 9 日，第 3 版。

大天后宮，隨即受到普濟殿民眾歡迎〔註89〕。10月迎往仁合里大潭庄以及大
灣庄供地方人士奉祀，之後大壺廟庄迎至該庄。據當時報載迎北港媽祖參與
陣頭及人數有：

> 宋江陣及獅陣。計四五十。總共信徒有二萬餘人〔註90〕。

同年11月有高雄舊城地方人士接續迎請，鹽埕埔苓雅簝亦繼續迎奉。明治43
年（1910）4月北港三媽祖駐鑾鳳山，繼續在南部接受地方人士奉迎。北港媽
祖所經之處

> 市上往來雜沓。各家座客皆滿。間有無可投宿者。二三十人。結爲
> 一隊。在亭仔腳度夜〔註91〕。

明治44年（1911）4月朝天宮三媽抵達阿公店由地方上13庄聯合迎請遶境，
據報導當地參與者有數萬人〔註92〕。

明治44年（1911）台南廳將開物產共進會於是藉北港媽祖之名號招居民
參加〔註93〕，而此次所迎媽祖爲朝天宮內二媽〔註94〕，主辦單位熱情歡迎朝
天宮轎班一行百餘人分別住到；石學文特別臨時建的總鋪、許藏春於水仙宮
的三益堂、藥王廟董事特別準備的棧房〔註95〕。然而在此次迎北港媽祖時卻
也發生幾次大打出手的意外；2月4日當天

> 有長興上里大灣庄。與永康上中里蜈蜞潭庄兩庄獅陣。在三崁店庄
> 角。互相格鬥〔註96〕。

另外，據新聞報導：

> 開山王廟人。以彼神輿係崇奉國姓爺。爲日本人所尊重。後到竟欲
> 先行。幾與下太子與馬公廟讓成爭端。故七日將出廟遶境。當事者
> 即於六日傳到三十五位保正。同堂拈圖。令各保護神輿〔註97〕。

而此次共進會迎北港二媽游境活動在2月7日

> 七日下午七勾鐘本島人奉擁市內告廟神輿。集合三山國王廟。……

〔註89〕〈天南雁音香火因緣〉，《漢文版臺灣日日新報》，1909年9月21日，第4版。
〔註90〕〈天南秋信迎后盛況〉，《漢文版臺灣日日新報》，1909年10月6日，第4版。
〔註91〕〈恭迎天后〉，《漢文版臺灣日日新報》，1910年4月20日，第5版。
〔註92〕〈台南通信歡迎媽祖〉，《漢文版臺灣日日新報》，1911年4月30日，第3版。
〔註93〕〈赤崁春帆捐聖母緣〉，《漢文版臺灣日日新報》，1911年1月16日，第3版。
〔註94〕〈赤崁春帆聖母回鑾〉，《漢文版臺灣日日新報》，1911年4月9日，第3版。
〔註95〕〈赤崁春帆欸留轎班〉，《漢文版臺灣日日新報》，1911年2月9日，第3版。
〔註96〕〈赤崁春帆獅陣格鬥〉，《漢文版臺灣日日新報》，1911年2月7日，第3版。
〔註97〕〈保正監督〉，《漢文版臺灣日日新報》，1911年2月11日，第3版。

十一勾鐘頃再集合三山國王廟。十二勾鐘始解散〔註98〕。迎媽祖行

列解散後，朝天宮二媽即駐蹕大天后宮。

同年 4 月 8 日朝天宮二媽迎至灣裡街一帶，而三媽已由阿公店回到台南市。

然而朝天宮方面以捐緣期限已滿知會石學文以及三郊總代許藏春，石、許二

人將二媽由灣裡送至台南市會同三媽於舊曆 15、16 兩日遶境台南市區，17 日

再將神像送至蕭壠，再讓媽祖回北港：

> 北港天上聖母。自去年五月間。市內牛磨後街。由蕭壠請三媽來南。
> 後爲鳳山阿緱各地方迎去。至月初仍由阿公店送到市。而二媽即自
> 共進會時迎來。前月間緣灣裡街來請。……因當道者以捐緣期限已
> 滿。……故北港當事人知會三郊許藏春及石大謨。二媽再由灣裡來
> 市。同三媽訂於陰曆十五十六遊繞城廟內外。十七日仍送到蕭壠。
> 由蕭壠轉送北港云〔註99〕。

明治 45 年（1912），北港朝天宮自大火及地震之後重建竣工落成，同年 7 月

明治天皇去逝時值國喪期間，自該年起北港朝天宮接續三年都未再繼續南

下，直到 1914 年第一次世界大戰後全球經濟陷入空前蕭條，遂有地方人士之

議：

> 臺南市大媽祖廟。所崇祀天上聖母。市民多信仰之例年於舊曆三月
> 二十五日致祭粢盛豐潔。肥腯橫陳。香火連日不斷。甚形熱鬧。此
> 二十日又屆其期。然因丁國憂。人民正在謹慎中。未便舉行。因此
> 該廟董事等。日前爰在外宮後街三郊組合事務所會議。赴會者計有
> 三十二名。該組合長許藏春及幹事長王雪農兩氏。提議待明年國喪
> 告闋。然後盛舉祭典〔註100〕。

大正 4 年（1915）4 月 27 日台南地方透過石學文負責，北港朝天宮媽祖睽別

三年後再度南下府城與開山王廟國姓爺一起合迎遶境。當天

> 自午前八時起。市內紅男綠女即陸續赴小北門外柴頭港廟前待駕。
> 香車寶馬。香屬於途〔註101〕。

警務課課長命令東西區區長及各保正到場監督：

〔註98〕 〈共進會彙報媽祖行列〉，《漢文版臺灣日日新報》，1911 年 2 月 9 日，第 3
版。

〔註99〕 〈南瀛鯉信聖母回鑾〉，《漢文版台灣日日新報》，1911 年 5 月 19 日，第 3 版。

〔註100〕 〈議祭天后延期〉，《台灣日日新報》，1914 年 4 月 20 日，第 4 版。

〔註101〕 〈迎接天后盛況〉，《台灣日日新報》，1915 年 4 月 29 日，第 6 版。

> 天后聖駕。於午後一時。乃至小北門外。遂即入城由大統街繞新路
> 而至臺南驛前。旋由西竹圍街沿各街而入大媽祖宮〔註 102〕。

當天府城的商店、雜貨店負責人應接不暇，爲府城地區帶可觀的經濟效益〔註 103〕。然而，卻發生意外的插曲，成爲中止北港媽祖落府城的活動的導火線。

當時府城迎媽祖有一傳統，北港媽祖南下進入府城時皆由藥王廟地方人士參與扛神轎的任務。究其因是戴潮春事件後台南官方恐參與事件者扮做香客，混入城內進而阻擋朝天宮神輿於城外，於是改由北港媽祖入城之後駐駕於藥王廟由藥王街人士參與扛神輿的任務。而戴朝春事件之後藥王街人士參與扛神輿的任務也就形成慣例：

> 清咸豐三年，土匪戴萬青擾亂時擾亂時，台南戒嚴，值聖母將來進
> 香，官府恐土匪扮作香隊，混入城內，出阻聖母在城外，乃駐駕於
> 藥王廟。以後聖母凡南下來往，須由藥王街人昇之，他人不得與焉
> 〔註 104〕。

然而，例年迎北港媽祖時，地方上常因爭著爲北港媽祖扛神輿的工作而起禍。台南市內派出所，只好派出多名壯丁分爲兩班；一班直往北港媽祖神輿之下，另一班到半途迎接。而派出所這樣的安排引起了藥王廟街上人士誤會：

> 例年常因爭昇聖母轎以起禍。擬當市八派出所，每管下壯丁六名，
> 計四十八名，分作兩班一班二十四名，直往北港昇下，一班到半途
> 迎接。遂惹動藥王廟街人，以爲如此破常例〔註 105〕。

該街王福田氏寫一信託於在北港擔任刑事的本島人，向該支廳長官表示：若聖母駐南十餘天，會影響當地生意三萬金。當地商人亦表示反對意見。然而該年大正 4 年（1915）迎北港媽祖時間將至，石學文南下迎請，曾席珍以支廳長不肯爲由婉拒石學文。最後在台南廳與北港支廳長兩相協調下，讓北港以糖郊媽祖代替三媽南下並約定農曆 4 月 1 日送媽祖至鹽水港，已供地方人士奉迎。據當時報載：

> 乃有該街人王福田者，寫一信，托北港本島人某刑事，向該支廳長
> 言，若聖母駐南十餘天，當地生意影響有三萬金。一般商人亦起大

〔註 102〕同上註，第 6 版。
〔註 103〕同上註，第 6 版。
〔註 104〕〈聖母塑像原因〉，《台灣日日新報》，1915 年 5 月 27 日，第 6 版。
〔註 105〕同上註，第 6 版。

反對。至期，石往迎，曾等以支廳長不肯辭。石飛電話來南，南紳
托台南廳長與支廳長交涉始肯。無如北港紳商任石如何交涉，終不
肯。後擬將北港糖郊媽充作三媽。石無可何，乃异下，不敢言，預
約陰曆四月一日送媽祖至鹽水港，以備該街人民歡迎〔註106〕。

北港媽祖進入府城後繞境之後，駐駕於大天后宮期間。石學文一如往常的早
晚前晚奉香，至農曆 3 月 29 日晚上，依舊前往。然而當晚石學文見到發爐：

見內爐香煙滾滾自爐底起。以該爐係在內帳下。不時三炷香而已，
何以能發爐。意媽祖必有所指示。乃扶乩請聖母出駕。曰：余感南
部爾眾一片信誠，兹北港諸爐下。既不以信誠待爾。雖余正身不來
南。余眞神實來南。所謂有其誠即有其神是也。自滋以往。余要長
住台南。以受爾眾香煙〔註107〕。

隔天鹽水港地方人士已知台南所迎請的爲糖郊媽，因此往北港朝天宮迎請三
媽，而未到台南大天后宮迎請糖郊媽。最後石學文將眞相說明台南地方上紳
商，地方紳商眾所憤怒，決定明年不再前往北港，並決定新雕一尊三媽神像：

越四月一日，連日大雨滂沱。鹽水已知臺南所請者爲糖郊媽，亦直
到北港請三媽去敬奉。石至是乃對南紳言明：三月十二夜三點鐘，
要請三媽坐轎起駕，被北港人請出，如是者三五次。眾大憤，謂北
港諸紳商待我如此惡感情，三媽既要長住台南，可塑神像以爲南部
人敬奉，曆（翌）年免住北港。遂劇金數千金以爲基本并備置一切。
會議一年一次，合國姓爺大道公出爲遠境，市內諸神興其出，其三
媽神像，擇定此二十四日開斧，二十八日開光。將來入神後，必有
一番大熱鬧云〔註108〕。

新雕的北港三媽擇於舊曆 5 月 16 日開光，20 及 21 日兩日間遶境，22 日舉行
安座。遶境市區當日與北港僅有一水之隔的新港奉天宮媽祖亦參與其中，安
座當天由

東區長許廷光氏主祭，西區長謝羣我氏副祭。三郊組合長許藏春氏
董事石學文氏與祭〔註109〕。

〔註106〕同上註，第 6 版。
〔註107〕同上註，第 6 版。
〔註108〕同上註，第 6 版。
〔註109〕〈媽祖塑像彙報〉，《台灣日日新報》，1915 年 6 月 25 日，第 6 版。

並連續舉行三天的醮典〔註110〕。而新雕的北港三媽地方人士命名為「鎮南媽祖」〔註111〕。

臺南紳商與朝天宮決裂後，一面未將南下大天后宮的糖郊媽迎回北港，一面雕塑鎮南媽取代北港三郊媽，強烈表達對北港的不滿。北港方面，一則主事者已非傳統三郊，對於府城是否迎北港媽祖並不介意，加上台南紳商未將糖郊媽送回，也不無失禮，故未積極彌補挽救〔註112〕。

而值得特別注意的是自大正4年（1915）年朝天宮媽祖不再南下府城後，當時屬半官方性質的《臺灣日日新報》，在大正12年（1923）出現讚譽朝天宮是媽祖信仰的「總本山」的報導

　　本島人三百萬民眾最信仰厚媽祖總本山北港朝天宮……〔註113〕。

二、大天后宮鎮南媽的產生

大正4年（1915）「鎮南媽」落成之後，自翌年起，即有屏東地方居民前來進香以及迎請〔註114〕。大正5年（1916）起府城地區迎媽祖的活動由原先的迎北港三媽改為迎大天后宮內的鎮南媽。而當年第一次遶境府城時，新港奉天宮媽祖及蕃薯寮兩地媽祖亦參與其中：

　　臺南市大媽祖宮。所祀天上聖母。……自本年春以來。各處進香者
　　絡繹不絕。者番臺南市紳商等。乃籌劃於來十三、四兩日。昇媽祖
　　神像遶境。……其時新港與蕃薯寮兩處所祀之媽祖。亦欲前來逐隊
　　〔註115〕。」

大正8年（1919）5月，臺北大稻埕以保正李清誥、宋玉成兩人為代表，迎請鎮南媽至大稻埕慈聖宮供台北信徒參拜。隨後，基隆當地紳商前來迎請鎮南媽參與慶安宮媽祖遶境。待基隆兩日間的遶境活動後，鎮南媽亦接受霞海城隍廟之迎請與霞海城隍一同遶境：

　　又有臺北大稻埕以保正李清誥宋玉成兩人作代表。於去十一日午前

〔註110〕〈建醮盛況〉，《台灣日日新報》，1915年7月10日，第6版。
〔註111〕〈鎮南媽之靈威〉，1921年6月29日，第6版。
〔註112〕蔡相煇：〈北港朝天宮與臺南大天后宮分合〉，頁153。
〔註113〕〈北港媽祖來ろ三日より大祭執行〉，《台灣日日新報》，1923年4月21日，第4版。
〔註114〕〈迎請聖母〉，《台灣日日新報》，1916年4月9日，第6版。
〔註115〕〈議迎媽祖〉，《台灣日日新報》，1916年5月6日，第6版。

九時前來迎請駐駕於慈聖宮致敬。三日基隆諸紳商擬欲迎到該地。

參予十六七兩日慶安宮天后之繞境再送歸大稻埕。俟五月十三一同

霞海城隍繞境。全管七十二庄。先後迎請。約上宜蘭。以為人民敬

奉。然後洽途。以備臺中街庄迎請。大約奉送聖母回鑾。當在八九

月間云〔註116〕。

大正9年（1920）5月，大天后宮舉行紀念祭典，大龍峒保安宮保生大帝及霞海城隍、大稻埕慈聖宮皆受府城當地紳商邀請到台南游境：

此次保安宮保生大帝及大稻埕霞海城隍、天上聖母三位神駕莅南、

經定來十四日五前七時二分。由列車歸北。（即舊廿六早）又臺南鎮

南媽祖及基隆湄洲媽祖亦將同車到北〔註117〕。

有關日治時期歷年府城迎媽祖情形詳如下表4−4所示：

表4−4：日治時期歷年府城迎媽祖情形

年 代	時 間	新聞標題	相關情形
1907	04／10	稟迎天后	因商況不振，內外郊諸商人，合稟當道。請照舊慣往迎。以期商業繁昌。經於日前批准。
1911	01／16	捐聖母緣	台南市將開物產共進會，欲藉北港三媽招來各地民眾參加。5月間與三媽一同回鑾。
1915	05／27	聖母塑像原因	說明日治時期北港朝天宮媽祖南下的起因及石學文見到北港媽祖發爐欲永駐府城的經過。
1915	06／25	媽祖塑像彙報	舊曆5月16日鎮南媽開光，20、21日兩日間遶境台南市，當時新港奉天宮媽祖亦參與其中。
1916	05／06	議迎媽祖	籌劃於13、14兩日迎媽祖，新港奉天宮及蕃薯藔媽祖欲前來響應。
1917	05／03	臺南媽祖祭典	台南大媽祖街媽祖祭典，固定初五六七日三日間舉行之。
1918	04／26	鎮南媽遶境	臺南大天后宮於舊曆3月16、17兩日遶境，詩意故事，特別翻新。
1919	04／17	臺南媽祖例祭昨今の二日執行	臺南市媽祖例祭，既以此十六七兩日執行。且其所裝臺閣。經連雅堂改良後較前亦益加出色。

〔註116〕〈赤崁短訊迎請媽祖〉，《台灣日日新報》，1919年5月19日，第6版。
〔註117〕〈準備迎接神駕〉，《台灣日日新報》，1919年5月12日，第6版。

年 代	時 間	新聞標題	相關情形
1920	03／14	天后宮開會議	臺南大天后宮，奉祀鎭南媽祖。例年於陰曆 3 月 15 日，舉行祭典十六十七兩日出爲繞境。坊間謠傳祭典停止。
1921	04／16	準備迎神	臺南大天后宮鎭南媽祖，例年陰曆三月十五六兩日，出爲遶境。各地來觀者動以數萬計，影響市內各途生意甚鉅，迎神以振商況，停止則商況不佳。
1922	04／08	臺南聖母遶境	臺南大天后宮天上聖母，照年例於舊 3 月 14 日舉行祭典。舊 15、16 兩日繞境。
1923	04／28	迎神認可	定於 5 月 11 日祭典，12、13 兩日，舉行遶境。
1924	04／15	祭典續聞	訂十七日舉行祭典，遶境 18、19 兩日。本年度欲盛大舉行，藉以振興市況。
1925	03／14	籌備媽祖祭	決定舊 3 月 15 日舉祭，當天午後及 16 日遶境。
1926	04／16	臺南媽祖祭典	古曆 3 月 13 日，舉行天后宮鎭南媽祖祭典。15、16 兩日媽祖神輿遶境。
1927	04／12	臺南媽祖將舉春祭	定 15 日午前 10 時舉祭，16、17 兩日遶境。
1928	05／02	祭典日訂	因久邇大將宮將蒞南改期。茲已定 5 月 12 日，即舊曆 3 月 23 日，媽祖誕辰當日舉祭。翌 13、14 兩日遶境。
1930	04／10	臺南媽祖祭遶境兩天	11 午前 11 時舉行春季祭典。12、13 三兩日正午起，市內遶境。
1931	04／14	臺南鎭南媽遶境會議按近日招集各團	避高雄港勢展後，各擇來 5 月 8 日午前 9 時，舉媽祖祭典。翌 9、10 兩日遶境。
1932	04／19	臺南鎭南天妃爲諸團體熱誠籌備燦行改延繞境期日	原訂 22 日早上 10 時舉行祭典，23、24 遶境。但遇天長節，改爲 4 月 1 日祭典，2 日間遶境。
1933	04／13	祭典延期	決定新曆 4 月 7 日祭典。8、9 兩日遶境云。
1934	03／18	大天后宮例祭開磋商會決定	4 月 27 日午前 11 時舉行祭典。翌 28、29 兩日間繞境。
1935	04／27	臺南鎭南媽籌備繞境	訂於 4 月 1 日於廟執行祭典，而 2、3 兩日繞境。

年代	時間	新聞標題	相關情形
1936	04／12	台南大天后宮	於新曆 5 月 8 日舉行祭典，9、10 兩日遶境。

（一）資料來源：

1. 〈赤崁帆影裏迎天后〉，《漢文版台灣日日新報》，1907 年 4 月 10 日，第 4 版。

2. 〈天南雁音香火因緣〉，《漢文版台灣日日新報》，1909 年 9 月 21 日，第 4 版。

3. 〈赤崁春帆捐聖母緣〉，《漢文版台灣日日新報》，1911 年 1 月 16 日，第 3 版。

4. 〈媽祖塑像彙報〉，《台灣日日新報》，1915 年 6 月 25 日，第 6 版。

5. 〈議迎媽祖〉，《台灣日日新報》，1916 年 5 月 6 日，第 6 版。

6. 〈臺南媽祖祭典〉，《台灣日日新報》，1917 年 5 月 3 日，第 7 版。

7. 〈赤崁特訊鎮南媽遶境〉，《台灣日日新報》，1918 年 4 月 26 日，第 6 版。

8. 〈臺南媽祖例祭昨今の二日執行〉，《台灣日日新報》，1919 年 4 月 17 日，第 7 版。

9. 〈赤崁短訊天后宮開會議〉，《台灣日日新報》，1920 年 3 月 14 日，第 6 版。

10. 〈準備迎神〉，《台灣日日新報》，1921 年 4 月 16 日，第 6 版。

11. 〈臺南聖母遶境〉，《台灣日日新報》，1922 年 4 月 08 日，第 6 版。

12. 〈迎神認可〉，《台灣日日新報》，1922 年 4 月 28 日，第 6 版。

13. 〈赤崁特訊祭典續聞〉，《台灣日日新報》，1924 年 4 月 15 日，第 6 版。

14. 〈籌備媽祖祭〉，《台灣日日新報》，1925 年 3 月 14 日，第 4 版。

16. 〈臺南媽祖祭典〉，《台灣日日新報》，1926 年 4 月 16 日，第 4 版。

17. 〈臺南媽祖將舉春祭〉，《台灣日日新報》，1927 年 4 月 12 日，第 4 版。

18. 〈赤崁祭典日訂〉，《台灣日日新報》，1928 年 5 月 02 日，第 4 版。

19. 〈臺南媽祖祭遶境兩天〉，《台灣日日新報》，1930 年 4 月 10 日，第 4 版。

20. 〈臺南鎮南媽遶境會議按近日招集各團〉，《台灣日日新報》，1931 年 4 月 14 日，第 4 版。

21. 〈臺南鎮南天妃爲諸團體熱誠籌備燦行改延繞境期日〉，《台灣日日新報》，1932 年 4 月 19 日，第 4 版。

22. 〈祭典延期〉，《台灣日日新報》，1933 年 4 月 13 日，第 4 版。

23. 〈大天后宮例祭開磋商會決定〉，《台灣日日新報》，1934 年 3 月 18 日，第 4 版。

24. 〈臺南鎮南媽籌備繞境〉，《台灣日日新報》，1935 年 4 月 27 日，第 4 版。

25. 〈台南大天后宮〉，《台灣日日新報》，1935 年 4 月 12 日，第 4 版。

（二）説明：自大正 4 年（1915）後，北港朝天宮廟方不再南下。而自該年起府城迎
　　　　　媽祖爲祀典大天后宮的鎭南媽遶境。

　　「藝閣」是「詩意藝閣」的簡稱，也叫「詩意閣」，有「蜈蚣閣」和「裝
台閣」兩種。藝閣最慢在中國宋代已略具雛形，此時的「訝鼓戲」，便被認爲
是藝閣的濫觴。到了明代，藝閣已頗爲流行，「迎台閣」是這個時代的節慶盛
事，不過何時傳入台灣，卻無確切時間，只知道清中葉已有「馬前閣」的東
西〔註118〕。到了日治時期大正 7 年（1918）的鎭南媽遶境開始有強調藝閣特
別翻新的報導：

　　　　臺南大天后宮。客年新塑鎭南媽祖。各街商圍々體迎神遶境。極臻
　　　　熱鬧。因定爲年例。於舊曆三月十六七兩日遶境。本日及明廿六日
　　　　恰當其期。各庄各境及商團熱誠準備。詩意故事。特別翻新〔註119〕。

同年霞海迎城隍活動中，北部地區也有如何改良藝閣的輿論出現：

　　　　但所謂詩意者。要有古今事跡。一經裝出令人知爲某人某事。且點
　　　　綴棚閣之物。亦宜有廣告的意味。乃見其佳。若仍用二三雛妓。髮
　　　　蓬似鬼。面黑如煤。縈一白頭巾綠頭巾披一白風帔綠風帔。古今事
　　　　跡毫無。點綴亦沒意義碎布破紙。滿棚亂飾令人觀之欲嘔。雖有千
　　　　萬棚。不值一顧。若能意匠經營富廣告的意味。點綴清淡。一棚可
　　　　抵百十棚〔註120〕。

但眞正爲藝閣做出改良發貢獻的是日治時期史學家連雅堂。大正 8 年（1919）
4 月府城鎭南媽落成後舉行第 4 次祭典，連雅堂改良了原先的藝閣，視各行各
業配合加以藝閣裝扮主題：

　　　　且其所裝臺閣。自經連雅堂氏匠心獨運。各視其營業種目以爲改新
　　　　而後。無不有廣告的意味。因之較前亦益加出色〔註121〕。

例如當時的石學文經營布疋販賣他所裝飾的藝閣爲：

　　　　如布店錦榮發石大謨裝錦上添花。此錦上添花係石崇故事。不但與
　　　　營業有合。且同是一姓〔註122〕。

連雅堂改良藝閣之後，在大正 8 年至大正 9 年（1919～1920）的府城迎媽祖
活動中蔚爲風潮，以大正 8 年（1919）及大正 9 年（1920）府城迎媽祖活動

〔註118〕黃文博：《台灣民間藝陣》（台北市：常民文化，2000 年），頁 25。
〔註119〕〈赤崁特訊鎭南媽遶境〉，《台灣日日新報》，1919 年 4 月 26 日，第 6 版。
〔註120〕〈稻江準備迎城隍〉，《台灣日日新報》，1919 年 6 月 19 日，第 6 版。
〔註121〕〈臺南媽祖例祭〉，《台灣日日新報》，1919 年 4 月 18 日，第 6 版。
〔註122〕〈赤崁特訊迎鎭南媽祖盛況〉，《台灣日日新報》，1920 年 5 月 8 日，第 6 版。

所參與的藝閣數量爲例：大正 8 年（1919）府城迎媽祖計有藝閣 60 餘棚、大正 9 年（1920）有 50 餘臺費用均在三百以上〔註 123〕。由於台南的廣告藝閣做得相當成功，進而引起彰化、大甲等地迎媽祖時仿效。

社會學家韋伯認爲，宗教能成爲推動經濟的力量。在 1904 年《新教倫理與資本主義精神》（Die Protestantische Ethik unf der Geiet des Kapitalismus）一書中，主張個人可以對自己的行動負責，以理性化方式過一種有目標、有發展的資本主義生活。他的討論針對一種把宗教理解爲包括經濟行動在內的人之社會行動賦予意義，並與一定的倫理原則聯繫著〔註 124〕。而在與韋伯處在同一個世紀東方的府城民眾驗證了韋伯的想法。

第四節　小結

透過本章的討論，本文結果發現以下幾點：

（一）經由徐宗幹的觀察及日治時期的《台灣日日新報》報導，「北港媽落府」是由府城地區民眾迎請朝天宮媽祖，有著神明與神明之間「會香」〔註125〕的性質。但由於府城是當時全台的政治中心，大天后宮又是官方祀典廟，因此，被府城民眾認爲：朝天宮媽祖來此「進香」是理所當然。

（二）北港媽祖爲什麼進入大天后宮後要舉行「掬火」儀式呢？如：黃美英所述：「在台灣社會演變過程，『割火』和『交香』儀式已呈現多樣性的內涵。割火儀式已不侷限於有直接香火來源的祖廟，有一些廟宇是到較先建立的，或有特別權威神明或神明相當靈驗的廟宇割火。大甲鎮瀾宮往北港朝天宮舉行的進香和割火儀式，便是一例。」

（三）由清代開始遍佈在雲、嘉、南即陸續成立有關北港朝天宮神明會或轎班會能得知：自清代開始北港朝天宮的信仰勢力已跨出北港鎮，而主要因素與朝天宮南下府城有關。更進一步而言：日治時期北港朝天宮能崛起也是有雲、嘉、南地區神明會及轎班會等神明會在背後穩固，朝天宮才能藉由各種方式開拓中部地區，甚至是以北的信仰勢力。

〔註 123〕詳見〈臺南迎神盛況〉，《台灣日日新報》，1919 年 4 月 20 日，第 6 版。及〈赤崁特訊迎鎮南媽盛況〉，《台灣日日新報》，1920 年 5 月 8 日，第 6 版。

〔註 124〕輔仁大學宗教系：《宗教學概論》（台北市：五南圖書，2007 年），頁 84。

〔註 125〕「會香」即神明之間的聚會。黃美英：《台灣媽祖的香火與儀式》（台北市：自立晚報，1994 年），頁 104。

　　（四）府城迎媽祖除了宗教因素外，經濟理由所帶來的實質利益也是府城迎媽祖重要的考量。綜觀日治時期活動時分別遇上了；中國與日本政權遞嬗的日治初期（1895～1912 年）及明治天皇去世（1867～1912 年）、第一次世界大戰（1914～1917 年）、大正天皇去世（1912～1926 年）等重大事件，而這些事件的影響反映在府城商況上。當時的石學文、三郊、台南廳長等官紳街面臨經濟不景氣所採取的應變方式爲——迎媽祖來活絡商況〔註126〕。

〔註126〕詳見〈赤崁帆影裏迎天后〉，《漢文版臺灣日日新報》，1907 年 4 月 10 日，第4 版；〈議祭天后誕期〉，《臺灣日日新報》，1914 年 4 月 20 日，第 4 版；〈迎接天后盛況〉，《臺灣日日新報》，1914 年 4 月 29 日，第 6 版；〈臺南媽祖遶境未定〉，《臺灣日日新報》，1927 年 4 月 8 日，第 4 版。

第五章　結　論

　　本文是以台灣日治時期（1895～1945年）的北港朝天宮的崛起做爲考察。而探討的內容主要是以日治時期的宗教政策、地方行政制度爲背景，考察北港朝天宮地方菁英對朝天宮崛起所發揮的作用。並進一步延伸到與朝天宮關係密切的廟宇；彰化南瑤宮與大甲鎮瀾宮進香活動對北港朝天宮崛起的影響以及「北港媽落府」對朝天宮地位所帶來的效益。過此三個主題之探討，本文對於日治時期北港朝天宮崛起是受到以下幾個層面的影響：（一）北港媽祖信仰範圍。（二）北港地方菁英。（三）彰化南瑤宮、大甲鎮瀾宮的北港進香。（四）「北港媽落府」。分別以下列敘述：

　　（一）北港媽祖信仰範圍對朝天宮的影響：在清代北港朝天宮建廟後，在北港境內及鄰近的水林、土庫鄉甚至是嘉義、台南縣皆有以北港朝天宮媽祖爲中心的神明會。這些神明會成立原因不外乎是；爲朝天宮媽祖在遶境時成立的，也有些是基於靈驗迎請或分香北港媽祖；另外有些則是「北港媽落府」時地區居民自願性的成立轎班會，爲北港媽祖擔任轎夫的工作，而形成以北港朝天宮媽祖爲中心的信仰勢力，爲鞏固朝天宮媽祖信仰中的穩定力量。

　　（二）北港地方菁英對朝天宮的影響：由於北港地方菁英參與朝天宮內部事務，給予國家權力介入朝天宮的機會，但也因此讓北港朝天宮眞正成爲全臺知名媽祖信仰總本山〔註1〕。

〔註1〕讚譽北港朝天宮爲台灣媽祖廟「總本山」、「大本山」者有：太田猛、戶水昇。報刊方面則有：《台灣日日新報》、《まこと》、《台灣遞信雜誌協會》等。其中所見以《台灣日日新報》在大正12年（1923）4月21日的〈北港媽祖來ろ三日より大祭執行〉最早，其次是太田猛在昭和10年（1935）的著作《台灣大

（三）彰化南瑤宮、大甲鎮瀾宮對朝天宮的影響：在現存史料中，以彰化南瑤宮的笨港進香爲最早且在清代時已頗具知名度，到了日治時期鎮瀾宮的北港進香成行後，鎮瀾宮成了規模僅次於南瑤宮的進香團體。而這二個以萬人計的徒步進香團，其宣傳力與宗教感染力是難以估量的〔註2〕，能在日治時期再次崛起南瑤宮、鎮瀾宮二座媽祖廟的進香活動功不可沒。

（四）「北港媽落府」的影響：在清代祀典台南大天后宮爲具有官方權威的媽祖廟，朝天宮向先立於前的媽祖廟致敬以表崇高實屬當然，然而在大正4年（1915）朝天宮不再南下府城之後，媽祖信仰總本山讚譽也就被總督府建立起來。

因此，筆者認爲：日治時期北港朝天宮的崛起主要因素有：北港地方菁英的經營與北港媽駔信仰仰範圍對朝天宮信仰地位的穩固以及彰化南瑤宮與大甲鎮瀾宮二個規模盛大進香團對朝天宮的宣傳。如圖5－1說明：

圖5－1：日治時期北港朝天宮之崛起示意圖

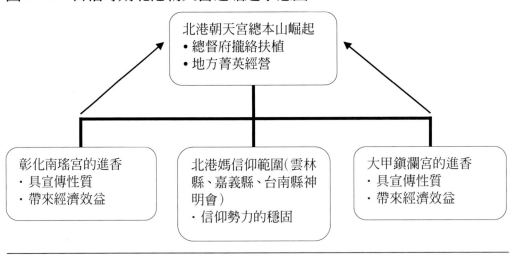

觀》，筆者推測北港朝天宮被日人譽爲台灣媽祖廟「總本山」、「大本山」的開始應爲在大正12年（1923）前後。詳見〈北港媽祖來三日大祭執行〉，《台灣日日新報》，1923年4月21日，第6版：太田猛：《台灣大觀》（台北市：台灣總督府殖產局，1935年），頁數不明。戶水昇：〈北港雜記〉，《台灣遞信協會雜誌》，無版權頁，頁45。作者不明：〈北港朝天宮媽祖祭〉，《まこと》，201號（1935年4月），頁4。〈媽祖廟の總本山北港朝天宮祭典全島の善男善女雲集しきのふ賑かに蓋開け〉，《台灣日日新報》，1937年4月20日，第9版。〈媽祖廟の總本山朝天宮の香爐撤廢全島一、年に廿萬圓を燒く愈よ北港郡で斷行〉，《台灣日日新報》，1937年12月25日，第9版。
〔註2〕溫振華：〈北港媽祖信仰大中心形成試探〉（史聯雜誌），1985年12月，頁19。

　　本文的主要意義在於：

　　（一）由近代化社會──日治時期的國家權力、公共領域、地方菁英等社會面向了解寺廟的轉型及組織再造，並以北港朝天宮為個案說明。

　　（二）日治時期彰化南瑤宮及大甲鎮瀾宮進香活動的歷史現場再現。

　　（三）分析「北港媽落府」的歷史公案及勾勒出歷年「府城迓媽祖」的活動輪廓。

　　另外，在研究展望方面：

　　（一）本文是透過日治時期報刊《臺灣日日新報》與北港朝天宮有關的報導來做為朝天宮崛起的考察，並進一步延伸與朝天關係密切的廟宇：彰化南瑤宮、大甲鎮宮、台南大天后宮來做為對朝天宮崛起影響的研究。由於《臺灣日日新報》中有關北港媽祖報導數量不少，本文僅側重於政治及進香等面向的考察。尚有許多方面的報導是本文所未觸及的如：全台各地區尚有許多小型村落迎北港媽祖，他們與朝天宮的淵源是什麼呢？為何要迎北港媽祖呢？這些村落迎北港媽祖對朝天宮崛起是否也有造成影響呢？

　　（二）北港朝天宮第一代管理者蔡然標雕塑北港媽祖分身並以自己所組織的蓬萊念佛會名義贈給關係友好的廟宇如大庄浩天宮﹝註3﹞。究竟日治時期蔡然標曾經雕塑過幾尊北港媽祖給關係友好的廟宇？而這是否也造成往後朝天宮媽祖分靈眾多的原因呢？

　　（三）在雲林、嘉義、台南等以朝天宮為主要中心的神明會，在戰後是否有建立廟宇呢？而建立的情形是如何的呢？這些廟宇又是否願意承認他們是朝天宮分香的呢？

　　上述這些問題皆可做為後續研究者的探討焦點。

────────────────

﹝註3﹞日治時期為止北港朝天宮內共雕有編號第一至廿六號之編號不等的媽祖神像供各地信眾迎請，分別是：祖媽、二媽、三媽、四媽、五媽、六媽、新祖媽、新二媽、新三媽、新四媽、新五媽、新六媽、糖郊媽、永安媽、慶城媽、安海媽、平和媽、新興媽、菜潭媽、茄冬媽、重興媽、北路媽、汀洲媽、太平媽、武營媽、當興媽。詳見於鎮目滋平：〈媽祖を語る〉，《台灣時報》，1936年2月，日期及版次不明。另訪問金益芳文史工作室林伯奇先生，2011年4月21日。

參考書目

一、古籍與類書

古　籍

1. 不著傳人：《天妃顯聖錄》，南投：台灣省文獻委員會，1996 年。

2. 施琅：《靖海紀事》，台北市：臺灣銀行，1958 年。

3. 黃淑璥：《台海使槎錄》，台北市：台灣銀行，1957 年。

4. 唐贊袞：《臺陽見聞錄》，台北市：台灣銀行，1958 年。

5. 徐宗幹：《斯未信文編；斯未信摘雜錄》，南投市：台灣省文獻委員會，
   1994 年。

6. 台灣銀行經濟研究室編：《安平縣雜記》，台北市：台灣銀行，1959 年。

7. 台灣銀行經濟研究室編：《清聖祖選輯實錄》，台北市：台灣銀行，1963
   年。

8. 台灣銀行經濟研究室編：《台灣南部碑文集成》，南投市：臺灣省文獻會，
   1994 年。

清代台灣方志

1. 王必昌：《重修台灣縣志》，台北市：臺灣銀行，1961 年。

2. 不著傳人：《嘉義管內采訪冊》，南投市：臺灣省文獻委員會，1993 年。

3. 台灣銀行經濟研究室編：《清史列傳選》，南投市：臺灣省文獻委員會，
   1994 年。

4. 江日昇：《台灣外記》，台北市：台灣銀行，1960 年。

5. 沈茂蔭：《苗栗縣志》，台北市：臺灣銀行，1962 年。

6. 余文儀：《續修台灣府志》，台北市：臺灣銀行，1962 年。

7. 周璽：《彰化縣誌》，台北市：台灣銀行，1960 年。

8. 周鍾瑄：《諸羅縣志》，台北市：台灣銀行，1962 年。

9. 范咸：《重修台灣府志》，台北市：台灣銀行，1961 年。

10. 高拱乾：《台灣府志》，台北市：台灣銀行經濟研究室，1960 年。

11. 倪贊元：《雲林縣採訪冊》，台北市：台灣銀行，1959 年。

12. 徐葆光：《中山傳信錄》，台北市：臺灣銀行，1972 年。

13. 陳國瑛：《台灣采訪冊》，台北市：臺灣銀行，1959 年。

14. 陳培桂：《淡水廳志》，台中市：台灣省文獻委員會，1977 年。

15. 陳文達主修：《台灣縣志》，台北市：大通，1987 年。

16. 連橫：《台灣通史》，南投市：台灣省文獻會，1992 年。

17. 劉良璧：《重修福建台灣府志》，台北市：台灣省文獻會，1993 年。

18. 鄭鵬雲、曾逢辰編輯：《新竹縣志初稿》，南投市：臺灣省文獻委員會，1993 年。

19. 謝金鑾、鄭兼才：《續修台灣縣志》，臺北市：臺灣銀行，1962 年。

日治時期調查

1. 大甲公學校編：《鄉土の概觀》，大甲郡：大甲公學校，1933 年。

2. 《臺中州寺廟臺帳（第八冊）：員林街、大村庄、埔鹽庄、溪湖庄、坡心庄》，現藏於南投市國立台灣文獻館。

3. 《寺廟臺帳台中州大甲郡》，未註明版次，現藏於台中市葫蘆墩文化中心。

4. 臨時台灣舊慣調查會：《台灣私法人事篇》，南投市：台灣省文獻會，1994 年。

戰後纂修部份

1. 仇德哉：《雲林縣志稿卷首史略篇》，雲林縣：雲林縣文獻委員會編印，1977 年。

2. 台灣省文獻會：《重修台灣省通志卷二土地志勝蹟篇》南投市：台灣省文獻會，1989 年。

3. 台灣省文獻委員會編：《重修台灣省通志卷三住民志地名篇沿革篇》，南投市：台灣省文獻會，1989 年。

4. 台灣省文獻委員會：《重修台灣省通志卷三住民志宗教篇》，南投市：台灣省文獻會，1989 年。

5. 黃秀政：《台中縣海線開發史》，豐原市：台中縣立文化中心，2001 年。

6. 廖瑞銘編：《大甲鎮志》，台中縣大甲鎮：大甲鎮公所，2009 年。

廟　志

1. 林德政主修：《新港奉天宮志》，嘉義縣：新港奉天宮，1993 年。

2. 國立彰化師範大學地理系編纂：《彰化南瑤宮誌》，彰化市：彰化市公所，1997 年。

3. 張慶宗等著：《大甲鎮瀾宮志歷史風華》，台中縣大甲鎮：財團法人大甲鎮瀾宮董事會，2005 年。

4. 蔡相煇：《北港朝天宮志增訂版》，雲林：財團法人北港朝天宮董事會，1995 年。

二、近人研究專書

中文專書

1. 王見川、范純武、柯若樸主編：《民間宗教第 3 輯》，台北市：南天，1998 年。

2. 王見川、李世偉：《台灣媽祖廟閱覽》，台北縣蘆洲市：博揚文化，2000 年。

3. 王見川：《台灣的民間宗教與信仰》，台北縣蘆洲市：博揚文化出版，2000 年。

4. 王見川、李世偉：《台灣的寺廟與齋堂》，台北縣蘆洲市：博揚文化，2004 年。

5. 王晴佳：《台灣史學史五十年（1950～2000）：傳承、方法、趨向》，台北市：麥田出版，2002 年。

6. 王天濱：《臺灣新聞傳播史》，台北市：亞太圖書，2002 年。

7. 王天濱：《臺灣報業史》，台北市：亞太圖書，2003 年。

8. 石萬壽：《台灣的媽祖信仰》，台北市：台原出版社，2000 年。

9. 台灣民俗文化工作室編纂：《臺灣民俗采風錄》，台中市：文建會文化資產總管理籌備處，2010 年。

10. 台灣大通書局印行：《台灣文獻 309 種提要》，台北市：大通，1987 年。

11. 安平文史工作室所編著：《媽祖信仰與神蹟》，台南市：世峰出版社，2001 年。

12. 杜維運：《史學方法論（增訂新版）》，台北市：杜維運發行，三民總經銷，2001 年。

13. 吳文星：《日據時期台灣社會領導階層之研究》，台北市：正中書局，1992 年。

14. 吳密察、翁佳音、李文良、林欣宜撰文：《台灣史料集成提要》，台北市：行政院文化建設委員會、遠流出版社，2004 年。

15. 李俊雄：《我所知南瑤宮一些事》，自印本，1988 年。

16. 李亦園：《文化的圖像（下）宗教與族群的文化觀察》，台北市：允晨文化，1992 年。

17. 李亦園、張永堂、林正弘編著：《人文學概論》台北縣蘆洲市：國立空中大學，1994 年。

18. 李筱峰：《臺灣史》，台北市：華立圖書，2005 年。

19. 周樑楷：《歷史學的思維》，台北市：正中，1993 年。

20. 林衡道：《鯤島探源（三）》，台北縣永和市：稻田出版，1996 年。

21. 林玉茹：《清代臺灣港口的空間結構》，台北縣中和市：知書房出版，1996 年。

22. 林美容：《人類學與臺灣》，板橋：稻鄉出版社，1989 年。

23. 林美容：《台灣人的社會信仰》，台北市：自立晚報，1993 年。

24. 林美容：《台灣文化與歷史的重構》，台北市：前衛出版社，1996 年。

25. 林美容：《祭祀圈與地方社會》，台北縣蘆洲市：博揚文化，2008 年。

26. 林美容：《媽祖信仰與台灣社會》，台北縣蘆洲市：博揚文化，2006 年。

27. 林淑慧：《台灣文化采風：黃叔璥及其《台海使槎錄研究》》，台北市：萬卷樓，2004 年。

28. 林淑慧：《台灣清治時期散文的文化軌跡》，台北市：台灣學生書局，2007 年。

29. 卓克華：《從寺廟發現歷史：台灣寺廟文獻之解讀與意涵》，台北市：揚智文化，2003 年。

30. 陳其南：《台灣的傳統中國社會增訂版》台北市：允晨文化，1987 年。

31. 陳玲蓉：《日據時期神道統制下的臺灣宗教政策》，台北市：自立晚報，1992 年。

32. 陳國川：《清代雲林地區的農業墾殖與活動形式》，台北市：國立台灣師範大學地理系，2002 年。

33. 陳仕賢：《台灣的媽祖廟》，台北縣新店市：遠足文化，2006 年。

34. 郭金潤主編：《大甲媽祖進香》，台中縣：台中縣立文化中心，1993 年。

35. 張炎憲等編：《台灣史與台灣史料（二）》，台北市：吳三連基金會，1995 年。

36. 張慶宗等：《發現道卡斯大甲村裝史一》，臺中縣大甲鎮：大甲鎮公所，2004 年。

37. 黃美英：《台灣文化斷層》，台北縣板橋市：稻鄉出版社，1990 年。

38. 黃美英：《台灣媽祖的香火與儀式》，台北市：自立晚報，1994 年。

39. 黃富三：《霧峰林家的中挫》，台北市：自立晚報，1992 年。

40. 黃富三主編：《海、河與臺灣聚落變遷：比較觀點》，台北：中研院台史所，2009 年。

41. 黃秀政：《台灣史》，台北市：五南，2002 年。

42. 黃文博：《台灣民間藝陣》，台北市：常民文化，2000 年。

43. 張珣：《媽祖信仰的追尋》，台北縣蘆洲市：博揚文化，2008 年年。

44. 廖忠俊：《台灣鄉鎮舊地名考釋》，台北市：允晨文化，2008 年。

45. 張珣：《媽祖信仰的追尋（續篇）》，台北縣蘆洲市：博揚，2009 年。

46. 蔡相煇：《台灣的媽祖與王爺》，台北市：台原出版，1988 年。

47. 蔡相煇：《台灣社會文化史》，台北縣蘆洲鄉：國立空中大學，1998 年。

48. 蔡相輝：《媽祖信仰研究》，臺北市：秀威資訊科技，2006 年。

49. 蔡錦堂：《戰爭體制下的台灣》，台北市：日創社文化，2006 年。

50. 鄭志明：《神明的由來臺灣篇》，嘉義縣大林鎮：南華管理學院，1998 年。

51. 鄭志明、孔健中：《北港朝天宮的神明會》，嘉義縣大林鎮：南華管理學院，1998 年。

52. 鄭政城：《臺灣大調查：臨時臺灣舊慣調查會之研究》，台北縣蘆洲市：博揚文化，2005 年。

53. 魏淑貞編輯：《臺灣廟宇文化大系（二）天上聖母卷》，台北市：自立晚報社文化部，1994 年。

54. 顏昭武等編撰：《從笨港到北港──北港鎮》，雲林縣斗六市：雲林縣政府，2002 年。

外文專書

1. 相吉良哉主編：《臺南州祠廟名鑑》，台北縣：古亭書屋，2001 年。

譯　著

1. 矢內原忠雄著，周憲文譯：《日本帝國主義下之台灣》，台北：帕米爾書店，1987 年。

2. 井出季和太著，郭輝編譯：《日據之下之台政卷一》，台北市：海峽學術，2003 年。

3. 李獻璋著，鄭彭年譯：《媽祖信仰研究》，澳門海事博物館，1995 年。

4. 黃昭堂著，黃應哲譯：《台灣總督府》，台北市：前衛出版社，2002 年。

5. 增田福太郎著，黃有興譯：《台灣宗教論集》，南投市：台灣省文獻委員會。

6. John Storey（約翰‧史都瑞）著，李根芳、周素鳳譯述：《文化理論與通俗文化導論》，台北市：巨流，2003 年。

7. Althusser，Louis（阿圖塞）：《列寧和哲學》，台北市：遠流，1990 年。

三、期刊、雜誌、會議論文、報紙

期　刊

1. 王顯榮、王盛烈：〈大甲地區聚落發展之研究〉，《台北文獻直字》55、56 期（1981 年 6 月），頁 196～198。

2. 王顯榮：〈大安港史話〉，《台灣文獻》，第 29 卷第 1 期（1978 年 3 月），頁 181～182。

3. 尹德民：〈孔子廟庭祀典故事之七——祀孔釋奠「禮器、祭器」〉，《台北文獻直字》，135 期（2001 年 3 月），頁 52。

4. 江燦騰：〈評石萬壽著《台灣的媽祖信仰——兼論媽祖研究新方向》〉，《成大宗教與文化學報》1 期（2001 年 12 月），頁 311～312。

5. 宋健行記錄：〈臺灣日日新報 110 週年記錄座談會紀錄〉，《臺北文獻直字》（2008 年 6 月），頁 4。

6. 林美容：〈由祭祀圈到信仰圈——台灣民間社會的地域構成與發展〉，載於《中國海洋發展史論文集第三輯》，（台北：中研院，1988），頁 101。

7. 林美容：〈台灣媽祖研究相關書目介紹〉，《台灣史料研究》18 期（2002 年 3 月），頁 135～165。

8. 林永村：〈笨港聚落的形成與媽祖信仰重鎮的確立〉，《台灣文獻》，42 期 2 卷（1991 年 6 月），頁 333。

9. 翁佳音：〈有關北港媽祖的兩條清代資料抄譯〉，《台灣風物》，39 卷 1 期（1989 年 3 月），頁 139～140。

10. 陳維新：〈進香之界定：由人類學角度〉，《人類與文化》，23 期（1987 年 5 月），頁 66～67。

11. 康豹等報告：〈地方社會的跨學科研究讀書會〉，《史匯》3 期（1999 年 4 月），頁 138。

12. 黃美英：〈訪李亦園教授從比較宗教學觀點談朝聖進香〉，《民俗曲藝》25 期（1982 年 7 月），頁 17。

13. 黃富三：〈林文明「正法」案眞相試析——兼論清代台灣的司法運作〉，《臺灣風物》，39 卷第 4 期（1989 年 12 月），頁 1～18。

14. 黃典權：〈香火傳承考索〉，《成大歷史學報》，17 期（1991 年 6 月），頁 113～123。

15. 黃敦厚：〈大甲媽祖進香源流初探〉，《民俗曲藝》，103 期（1996 年 9 月），頁 51～53。

16. 黃阿有：〈顏思齊鄭芝龍入墾台灣研究〉，《台灣文獻》54 卷 4 期（2003 年 12 月），頁 115。

17. 張珣：〈進香、刈火與朝聖宗教意涵之分析〉，《人類與文化》，22 期（1986 年 6 月），頁 50～51。

18. 張珣：〈分香與進香——媽祖信仰與人群的整合〉，《思與言》，33 卷 4 期（1995 年 12 月），頁 85～86。

19. 張珣：〈台灣的媽祖信仰——研究回顧〉，《新史學》6 卷 4 期（1995 年 12 月），頁 89。

20. 張珣：〈香之為物：進香儀式中香火觀念的物質基礎〉，《台灣人類學刊》，4 卷 2 期（2006 年 12 月）頁 42～60。

21. 張慶宗、陳永騰：〈大甲鎮瀾宮的肇建與北港進香〉，《台灣文獻》，34 期 4 卷（1981 年 12 月），頁 181。

22. 張慶宗：〈大甲鎮瀾宮史料的發現與推論〉，《民俗與文化》1 輯（2005 年 9 月），頁 32。

23. 溫振華：〈北港媽祖信仰大中心形成初探〉，《史聯雜誌》，4 期（1984 年 1 月），頁 18。

24. 楊護源：〈清代大甲地區的商業貿易活動〉，《台灣文獻》，第 55 卷第 3 期（2004 年 9 月），頁 187。

25. 蔡錦堂：〈日據時期之台灣宗教政策〉第 85 回台灣研究研討會演講記錄，《台灣風物》42 卷 4 期（1992 年 12 月）頁 112～114。

26. 蔡相煇：〈日據時期的北港朝天宮〉，《中國歷史學會集刊》27 期（1995 年 9 月），頁 221。

27. 蔡相煇：〈近百年來媽祖研究概況〉，《台北文獻直字》152 期（2005 年 6 月），頁 171～205。

28. 蔡相煇：〈北港朝天宮與台南大天后宮的分合〉，《臺灣文獻》，51 卷 4 期（2000），頁 147。

29. 劉枝萬：〈台灣民間信仰之調查與研究〉，《臺灣風物》44 卷 1 期（1994 年 3 月），頁 19～25。

30. 戴寶村：〈日據時期台灣港口市鎮之發展〉，《台灣文獻》40 卷 3 期（1989 年 9 月），頁 33。

31. 董振雄：〈大甲鎮瀾宮戊辰年天上聖母進香記〉，《民俗曲藝》，53 期（1988 年 5 月），頁 13～14。

32. 鄭螢憶：〈信仰科技與地方發展——日治時期私設鐵路與北港朝天宮之關係〉，《暨南史學第十、十一合輯號》，10、11 期（2008 年 7 月），頁 107。

33. 鄭螢憶：《台灣總督府與民間信仰：以日治時期北港朝天宮為例》，《台灣風物》59 卷 3 期（2009 年 9 月），頁 29～60。

34. 蘇全正：〈台灣宗教研究與古文書運用——以北港媽祖廟的創建年代的歷史考察為例〉，《台灣古文書學會會訊》，3 期（2008 年 10 月），頁 20～21。

雜　誌

1. 吳密察：〈「歷史的出現」台灣史學家素描〉，《當代雜誌》，2006 年 4 月，頁 33。

會議論文

1. 王見川：〈南瑤宮、聚星觀、台灣正劇與其他：《水竹居主人》所見日治時期台灣宗教信仰與戲劇〉，收入於《水竹居主人日記學術研討會論文集》（台中縣清水鎮：台中縣文化局，2005 年），頁 7～12。

2. 林美容：〈從本源分離——漢人社會的本源觀念〉，發表於「英國倫敦政經學院人類學系學術研討會」，未出版。

3. 林美容：〈彰化媽在臺灣史上的意義〉，收入《2008 年彰化學術研討會——媽祖信仰國際研究論文集》（彰化市：彰化縣立文化局，2008 年），頁 130。

4. 林茂賢：〈台灣的媽祖信仰〉，收入《2004 大甲媽祖國際觀光文化節媒體人文化研習營會議冊》未註明出版單位，頁 26。

5. 張元鳳：〈古蹟保存的價值與政策——以一級古蹟台南大天后宮媽祖神像爲例〉，收入《2008 年國際文化資產日宗教性文化資產論壇手冊》未著明出版單位，頁 26。

6. 張慶宗：〈認識大甲 53 庄〉，收入於《2011 年大甲媽祖文化研習動研習手冊》（台中市政府文化局，2011 年）頁 2。

7. 曾月吟：〈日據時期朝天宮的發展——以《台灣日日新報》所見爲主〉，收於《媽祖信仰與國際學術研討會論文集》，（雲林縣北港鎮：北港朝天宮董事會，1997 年），頁 246～307。

8. 黃敦厚：〈大甲媽祖進香變遷史〉，收入於《2004 大甲媽祖國際學術研討會》，（台中縣：靜宜大學，2004 年），頁 3。

9. 黃敦厚：〈大甲鎮瀾宮進香歷史之探討〉，收入《台中縣 93 年媽祖文化節鄉土教學——「媽祖文化節教師研習營」研習手冊》未註明出版單位，頁 24～25。

10. 黃敦厚：〈大甲鎮瀾宮史與進香活動演變〉，收入《2006 年大甲媽祖國際觀光文化節大甲媽祖文化研習營手冊》，未註明出版單位，頁 36。

11. 蔡相煇：〈南瑤宮笨港進香釋〉，收入《2008 年彰化研究學術研討會——媽祖信仰國際學術研討會》，（彰化市：彰化縣文化局，2008 年），頁 123～124。

12. 蔡碧峰：〈日治時期北港朝天宮神明會〉，收入於《「走！到民間去」庶民生活與文化學術研討會論文集》《嘉義：國立嘉義大學台灣文學所，2009 年》，頁 287～303。

報　紙

1. 〈笨港進香〉,《台灣日日新報》,1897 年 3 月 2 日。

2. 〈天上聖母の出輿と汽車賃割引〉,《台灣日日新報》,1907 年 4 月 28 日,第 5 版。

3. 〈員林短札香侶何多〉,《台灣日日新報》,1908 年 4 月 18 日,第 4 版。

4. 〈員林通信進香盛況〉,《台灣日日新報》,1910 年 4 月 23 日,第 4 版。

5. 〈北港媽祖祭典〉,《台灣日日新報》,1913 年 2 月 10 日,第 4 版。

6. 〈奉獻匾額〉,《台灣日日新報》,1913 年 11 月 9 日,第 6 版。

7. 〈赤池書記官之視察〉,《台灣日日新報》,1913 年 12 月 27 日,第 5 版。

8. 〈議祭天后延期〉,《台灣日日新報》,1914 年 4 月 20 日,第 4 版。

9. 〈迎接天后盛況〉,《臺灣日日新報》,1914 年 4 月 29 日,第 6 版。

10. 〈迎接天后盛況〉,《台灣日日新報》,1915 年 4 月 29 日,第 6 版。

11. 〈聖母塑像原因〉,《台灣日日新報》,1915 年 5 月 27 日,第 6 版。

12. 〈媽祖塑像彙報〉,《台灣日日新報》,1915 年 6 月 25 日,第 6 版。

13. 〈建醮盛況〉,《台灣日日新報》,1915 年 7 月 10 日,第 6 版。

14. 〈彰化媽祖進香〉,《台灣日日新報》,1914 年 5 月 6 日,第 7 版。

15. 〈聖母塑像原因〉,《台灣日日新報》,1915 年 5 月 27 日,版次不明。

16. 〈媽祖塑像彙報〉,《台灣日日新報》,1915 年 6 月 25 日,第 6 版。

17. 〈迎請聖母〉,《台灣日日新報》,1916 年 4 月 9 日,第 6 版。

18. 〈議迎媽祖〉,《台灣日日新報》,1916 年 5 月 6 日,第 6 版。

19. 〈臺南媽祖祭典〉,《台灣日日新報》,1917 年 5 月 3 日,第 7 版。

20. 〈赤崁特訊鎮南媽遶境〉,《台灣日日新報》,1918 年 4 月 26 日,第 6 版。

21. 〈臺南媽祖例祭昨今の二日執行〉,《台灣日日新報》,1919 年 4 月 17 日,第 7 版。

22. 〈臺南媽祖例祭〉,《台灣日日新報》,1919 年 4 月 18 日,第 6 版。

23. 〈赤崁特訊鎮南媽遶境〉,《台灣日日新報》,1919 年 4 月 26 日,第 6 版。

24. 〈準備迎接神駕〉,《台灣日日新報》,1919 年 5 月 12 日,第 6 版。

25. 〈赤崁短訊迎請媽祖〉,《台灣日日新報》,1919 年 5 月 19 日,第 6 版。

26. 〈稻江準備迎城隍〉,《台灣日日新報》,1919 年 6 月 19 日,第 6 版。

27. 〈嘉義北港媽祖祭〉,《台灣日日新報》,1920 年 3 月 4 日,第 4 版。

28. 〈赤崁短訊天后宮開會議〉,《台灣日日新報》,1920 年 3 月 14 日,第 6 版。

29. 〈準備迎神〉,《台灣日日新報》,1921 年 4 月 16 日,第 6 版。

30. 〈鎮南媽之靈威〉，1921 年 6 月 29 日，第 6 版。

31. 〈臺南聖母遶境〉，《台灣日日新報》，1922 年 4 月 08 日，第 6 版。

32. 〈迎神認可〉，《台灣日日新報》，1922 年 4 月 28 日，第 6 版。

33. 〈赤崁特訊祭典續聞〉，《台灣日日新報》，1924 年 4 月 15 日，第 6 版。

34. 〈台中特訊久築未竣〉，《台灣日日新報》1924 年 5 月 24 日，第 6 版。

35. 〈籌備媽祖祭〉，《台灣日日新報》，1925 年 3 月 14 日，第 4 版。

36. 〈大甲準備賽會〉，台灣日日新報》，1925 年 4 月 14 日第 4 版。

37. 〈臺南媽祖祭典〉，《台灣日日新報》，1926 年 4 月 16 日，第 4 版。

38. 〈臺南媽祖遶境未定〉，《臺灣日日新報》，1927 年 4 月 8 日，第 4 版。

39. 〈臺南媽祖將舉春祭〉，《台灣日日新報》，1927 年 4 月 12 日，第 4 版。

40. 〈沙鹿入廟盛況〉，《台灣日日新報》，1927 年 4 月 23 日，第 4 版。

41. 〈赤崁祭典日訂〉，《台灣日日新報》，1928 年 5 月 02 日，第 4 版。

42. 〈北港媽祖大行列〉，《台灣日日新報》，1926 年 2 月 24 日，第 2 版。

43. 〈北港迎媽祖第二三夜〉，《台灣日日新報》，1929 年 3 月 1 日，第 4 版。

44. 〈北港迎媽祖第三夜〉，《台灣日日新報》，1929 年 3 月 2 日，第 4 版。

45. 〈沙鹿媽祖回宮〉，《台灣日日新報》，1929 年 4 月 23 日，第 4 版。

46. 〈北港媽祖街遶境盛況元宵及翌日兩夜熱誠奉迎〉，《台灣日日新報》，1930 年 2 月 17 日，第 8 版。

47. 〈臺南媽祖祭遶境兩天〉，《台灣日日新報》，1930 年 4 月 10 日，第 4 版。

48. 〈南瑤宮改築會議暫借入四千圓〉，《台灣日日新報》1930 年 11 月 08 日，第 4 版。

49. 〈臺南鎮南媽遶境會議按近日招集各團〉，《台灣日日新報》，1931 年 4 月 14 日，第 4 版。

50. 〈大甲媽北港進香三日回駕遶街盛況陣頭無慮二百餘陣觀眾遠近約萬餘人〉，《台灣日日新報》，1931 年 5 月 7 日，第 4 版。

51. 〈南瑤宮進香筶定當日趣聞〉，《台灣日日新報》，1932 年 4 月 7 日，第 4 版。

52. 〈臺南鎮南天妃爲諸團體熱誠籌備燦行改延繞境期日〉，《台灣日日新報》，1932 年 4 月 19 日，第 4 版。

53. 〈大甲媽祖巡繞誌盛行列多例年有數倍附各審查入賞等級〉，《台灣日日新報》，1932 年 4 月 22 日，第 4 版。

54. 〈彰化進香罷論〉，《台灣日日新報》，1933 年 2 月 11 日，第 8 版。

55. 〈大甲媽祖歸自北港出迎團體百餘陣呈未曾有熱鬧〉，《台灣日日新報》，1933 年 4 月 13 日，第 4 版。

56. 〈祭典延期〉,《台灣日日新報》,1933 年 4 月 13 日,第 4 版。

57. 〈大甲郡求雨得雨即由保正及諸有志等決議報答神麻〉,《台灣日日新報》,1933 年 6 月 1 日,第 4 版。

58. 〈北港媽祖祭典藝閣五十餘臺大賑ひ豫想さろ〉,《台灣日日新報》,1934 年 2 月 25 日,第 3 版。

59. 〈北港朝天宮參詣團體現正募集中〉,1934 年 3 月 16 日,第 4 版。

60. 〈大天后宮例祭開磋商會決定〉,《台灣日日新報》,1934 年 3 月 18 日,第 4 版。

61. 〈北港朝天宮總會祭典變更三月十九、二十日〉,《台灣日日新報》,1934 年 7 月 3 日,第 4 版。

62. 〈北港媽祖行列革新變更古曆三月上元迎燈亦頗雜沓〉,《台灣日日新報》,1935 年 2 月 20 日,第 4 版。

63. 〈北港媽祖祭典革新會〉,《台灣日日新報》,1935 年 3 月 6 日,第 4 版。

64. 〈彰化南瑤宮媽祖進香〉,《台灣日日新報》,1935 年 3 月 20 日第 8 版。

65. 〈北港へ媽祖彰化かろ參拜〉,《台灣日日新報》,1935 年 4 月 11 日,第 3 版。

66. 〈彰化媽祖大祭典數日間約六萬餘人進香參拜者更多連日甚混雜〉,《台灣日日新報》1935 年 4 月 26 日,第 4 版。

67. 〈臺南鎮南媽籌備繞境〉,《台灣日日新報》,1935 年 4 月 27 日,第 4 版。

68. 〈櫻井次官到北港媽祖廟參拜〉,《台灣日日新報》,1935 年 5 月 10 日,第 3 版。

69. 〈北港媽祖參拜團を桃園驛募集て〉,《台灣日日新報》,1936 年 1 月 31 日,版次不明。

70. 〈彰化南瑤宮の北港參詣取止め〉,《台灣日日新報》,1936 年 2 月 10 日第 8 版。

71. 〈大甲鎮蘭宮媽祖北港進香歸來陣頭無數非常盛況〉,《台灣日日新報》,1936 年 4 月 5 日,第 4 版。

72. 〈北港街迎媽祖遠境藝閣陣頭八十餘陣地方觀眾不下二萬人〉,《台灣日日新報》,1936 年 4 月 11 日,第 12 版。

73. 〈準備進香〉,《台灣日日新報》,1934 年 4 月 12 日,第 4 版。

74. 〈台南大天后宮〉,《台灣日日新報》,1935 年 4 月 12 日,第 4 版。

75. 〈鎮蘭宮媽祖北港進香驛募進香團〉,《台灣日日新報》,1937 年 3 月 31 日。

76. 〈本島人大眾期望の朝天宮媽祖祭典あすたをさる迫般賑豫想〉,《台灣日日新報》,1937 年 4 月 28 日,第 5 版。

77.〈媽祖祭の行列け一日に間短縮斷乎、祭典を合理化〉,《台灣日日新報》,
　　1938 年 4 月 11 日,第 5 版。

78.〈朝天宮媽祖大祭典空前の大盛況〉,《台灣日日新報》,1938 年 4 月 22
　　日,第 9 版。

79.〈赤崁帆影裏迎天后〉,《漢文版台灣日日新報》,1907 年 4 月 10 日,第 4
　　版。

80.〈北港聖母出境〉,《漢文版台灣日日新報》,1907 年 4 月 24 日,第 5 版。

81.〈豐年歸功聖母〉,《漢文版臺灣日日新報》,1907 年 12 月 27 日,第 5 版。

82.〈赤崁春帆準備進香〉,《漢文版臺灣日日新報》,1908 年 3 月 25 日,第 4
　　版。

83.〈台南片信香火盛況〉,《漢文版臺灣日日新報》,1908 年 4 月 23 日,第 4
　　版。

84.〈築布教所〉,《漢文版臺灣日日新報》,1908 年 11 月 21 日,第 4 版。

85.〈天南雁音香火因緣〉,《漢文版台灣日日新報》,1909 年 9 月 21 日,第 4
　　版。

86.〈天南秋信迎后盛況〉,《漢文版臺灣日日新報》,1909 年 10 月 6 日,第 4
　　版。

87.〈廟宇重新〉,《漢文版台灣日日新報》,1909 年 12 月 8 日,第 4 版。

88.〈天南雁音香火因緣〉,《漢文版臺灣日日新報》,1909 年 9 月 21 日,第 4
　　版。

89.〈恭迎天后〉,《漢文版臺灣日日新報》,1910 年 4 月 20 日,第 5 版。

90.〈夜學再開〉,《漢文版臺灣日日新報》,1910 年 4 月 23 日,第 4 版。

91.〈赤崁春帆捐聖母緣〉,《漢文版臺灣日日新報》,1911 年 1 月 16 日,第 3
　　版。

92.〈赤崁春帆獅陣格鬥〉,《漢文版臺灣日日新報》,1911 年 2 月 7 日,第 3
　　版。

93.〈赤崁春帆欸留轎班〉,《漢文版臺灣日日新報》,1911 年 2 月 9 日,第 3
　　版。

94.〈保正監督〉,《漢文版臺灣日日新報》,1911 年 2 月 11 日,第 3 版。

95.〈赤崁春帆聖母回鑾〉,《漢文版台灣日日新報》,1911 年 4 月 9 日,第 3
　　版。

96.〈台南通信歡迎媽祖〉,《漢文版臺灣日日新報》,1911 年 4 月 30 日,第 3
　　版。

97.〈台南通信歡迎媽祖〉,《漢文版臺灣日日新報》,1911 年 4 月 30 日,第 3
　　版。

98. 〈南瀛鯉信聖母回鑾〉,《漢文版台灣日日新報》,1911 年 5 月 19 日,第 3 版。

99. 〈北港媽祖宮新築〉《漢文版台灣日日新報》明治 40 年 6 月 9 日。

100. 〈北港媽祖廟に就いて〉,《台灣時報》,1934 年 3 月,日期及版次不明。

101. 〈媽祖を語る〉,《台灣時報》,1936 年 2 月,日期及版次不明。

102. 《台南新報》,1933 年 2 月 9 日,第 8 版。

103. 〈朝天宮媽祖祭男女老幼大擁擠進香客人山人海呈出非常熱鬧〉,《台南新報》,1936 年 4 月 11 日,第 8 版。

四、學位論文

1. 林政逸:《廟宇文化空間與社群互動之關係——三峽清水祖師廟的個案研究》,台中市:國立中興大學都市計劃研究所碩士論文,1998 年。

2. 曾月吟:《日據時期朝天宮與北港地區之發展》,嘉義:國立中正大學歷史研究所碩士論文,1995 年。

3. 黃昭璘:《地方文化的神聖象徵秩序與場域之塑造:以「笨港」為例》,嘉義:南華大學環境與藝術研究所碩士論文,2001 年。

4. 黃敦厚:《台灣媽祖文化語彙全紀錄》,台中:國立中興大學中國文學系碩士在職班,2004 年。

5. 賴翠梅:《北港地區的庶民節慶生活研究》,嘉義:國立中正大學台灣文學所碩士論文,2008 年。

五、網路資源

1. 中央研究院宗教調查資料庫:
   http://140.109.128.168:8080/religionapp/start.htm。

2. 日治時期《台灣時報》電子資料庫:
   http://8080-140.122.127.101.opac.lib.ntnu.edu.tw/twjihoapp/menu/intro.html

3. 台灣歷史文化地圖資料庫:http://thcts.ascc.net/copyright_ch.htm。

4. 台灣總督府(官報)資料庫:http://db2.th.gov.tw/db2/view/。

5. 台灣歷史文化地圖資料庫:
   http://thcts.sinica.edu.tw/tctsweb/theme.php?axl=adminarea_q5.axl。

6. 台語文數位典藏資料庫(第二階段):
   http://210.240.194.97/nmtl/dadwt/pbk.asp。

7. 淡新檔案電子資料庫:http://www.lib.ntu.edu.tw/project/copyright.asp。

8. 國家文化資料庫:http://nrch.cca.gov.tw/ccahome/index.jsp。

附　錄

附錄一：日治時期《臺灣日日新報》有關總督府官員蒞臨北港的
　　　　報導

年　代	日　期	新聞標題	報導內容	備　註
1913	10／26	北港媽祖臨時大祭	今春佐久間總督南巡の序を以て北港媽祖廟た參詣せられたる際香料として金一封を寄進せられしが其後同廟の董事は該金を以て見事なろ匾額を造り之に總督の揮毫を請ひつしが今回いよく完成したろを以て近く之を同廟た獻進すろと同時に紀念の爲め來月中旬を以て臨時大祭を施行すろ手筈なろが內田民政長官は來月六日頃當地出發阿里山視察の途に就がろ？筈はろを以てのにてになりなりそ	
1913	10／28	北港臨時大祭	今春佐久間總督南巡。順途謁北港媽祖廟。捐香火金一封。同廟董事。即以其金奉製扁額並請總督揮毫。以爲同廟紀念。訂來月中旬。舉行臨時大祭。擬俟長官來月六日。視察阿里山歸途。同時參列云。	
1913	11／07	藩憲南巡	內田藩憲。昨午前九時十二分。由臺北驛啓旌。南下嘉義。高田殖產局長。井村臺北廳長。楠參事官。中山警視諸大員。均與偕行。日程豫定本日於嘉義。視察阿里山作業製材工場。次登阿里山。十三日下山後。蒞北港媽祖大祭。又次臨五間厝。視察大日本製糖工廠云。	

年 代	日 期	新聞標題	報導內容	備 註
1913	11／08	扁額奉納式	曩に佐久間總督の揮毫に係ろ北港媽祖廟の大區額（享于克誠）は漸く完成しんれは來十三日內田長官の北港巡視の機やよし區額奉納式營……朝天宮廟內於本島式區額奉納式舉行……	與下一則報導皆爲；同一天、同一版新聞。
1913	11／08	北港媽祖臨時祭	北港朝天宮來十三日一日間臨時祭典舉行當日北港嘉義間北港製糖會社線參拜者對往復三割、片道二割引爲嘉義團體參拜者募臨時祭參詣……近時稀有盛況呈	
1913	11／09	奉獻區額	前佐久間督憲書北港媽祖廟大區額。享于克誠四字。現已鑄成。十三日內田方伯將巡視北港。擬乘機舉奉獻式。是日北港全街。各戶擬高揭國旗。結綠于北港驛。由區長保正等謹出驛前。迓長官。擁區額到朝天宮廟內。舉臺灣獻區式。由參事區長恭讀祭文。是日臺灣鼓樂、藝閣、以及演劇諸準備。頗爲盛況云。	結「綠」于北港驛。「綠」應爲緣。
1913	11／14	長官赴北港	內田長官。昨日午前七時。乘臨時列車赴嘉。直臨北港朝天宮臨時祭典。然後赴五間厝。在大日本製糖會社過夜。十四日午前六時二十九分。發他里霧。就途歸北。	
1913	11／15	北港媽祖臨時大祭	本十三日。舉行北港媽祖臨時大祭。由嘉義恭詣參拜者。雲屯霧集。該街有台灣音樂隊其他種種餘興。異常熱鬧。蓋嘉義來電也。	
1913	12／27	赤池書記官之視察	接北港來電。赤池內務書記官。於本月念五日視察北港媽祖廟。竝北港製糖會社。豫定念六日。首途登阿里山云。	
1929	01／26	大日糖社長贈區北港媽祖	大日本製糖會社長藤山雷太氏。去二十五日午前九時。到北港朝天宮。參拜媽祖。竝招請當地官紳參列。奉掛區額。聞川村督憲。不日亦將舉掛云。	
1930	03／17	石塚總督將參拜北港媽祖同街民踴躍	石塚督憲。於南部視察途中。定十八日午後零時十五分抵北港。欲正式參拜媽祖。當街官民。引以爲榮。踴躍準備歡迎。聞自故佐久間總督親來贈區以後。經閱十八載。當日擬齊集各音樂團、藝閣、假裝行列。奉迎聖母臨時出廟遶境。竝舉大祭歡迎。	

年　代	日　期	新聞標題	報導內容	備　註
1930	06／20	北港媽祖廟總督書匾廿一日舉祭	石塚總督親書「神威浩蕩」匾額。此次奉納于北港媽祖廟。訂來二十一日午前十時……在同廟舉行獻匾祭。	
1931	12／24	總督參拜北港媽祖廟	太田總督。擬於吳鳳廟落成式參拜後。帶同大場文教局長、西村文教局長、西村地方課長、江藤社會課長其他。由橫光知事鄉導。同驅自動車至北港。參拜媽祖廟。竝視察其附近。然後引歸嘉義在同一地宿。豫定于二十四日出發歸府云。	此則新聞為當天第4版報導
1935	02／26	崛田交通總長制匾酬神	北港朝天宮媽祖廟。香火之虔為全臺冠。每年晉香□客。不下數十萬人。鐵道部深託神祐。收入不少。崛田交通總長。欲答神恩。現囑稻江大世界美術館簡荷生氏。特制巨匾。橫三尺。長八尺。四邊六龍戲珠。極其優美中書福輪慈航四字。按來月間詣廟掛匾云。	
1935	04／06	堀田總長到北港媽祖廟掛匾酬神	堀田交通局總長。為獻納北港媽祖廟之匾額。四日午前五時三十分之夜行列車。……到嘉義……休憩後……同十時頃。立川北港郡守。衣裴北港製糖所長。及蘇街長。街有力者等。參列掛匾。其匾文為（福輪慈航）四字。懸掛畢。再廟內舉行臨時祭典。正午於街役場樓上張宴。招待總長。午後三時。一行發北港。乘日糖社線。到嘉義驛。換成本線。四時四十分向臺中云。	

附錄二：日治時期《臺灣日日新報》有關彰化南瑤宮笨港進香報導

西　元	日　期	新聞標題	報導內容	備　註
1910	03／30	北港進香	彰化南瑤天上聖母。人信仰之尤甚。香煙則分自北港也。故在舊時代。歷年多有進香之舉。時隨香者不下十餘萬人。……本年聞欲循例進香。董事吳德功吳汝祥等。往請許可定舊曆三月十六日啟程。迄廿二日歸廟。蓋媽祖有六像。三年輪流。目下各地方。皆準備進香。想屆期必人山人海。豈止臺中一廳已哉。……即此可見矣。	出自：漢文版《台灣日日新報》

西 元	日 期	新聞標題	報導內容	備 註
1910	04／23	員林通信進香盛況	彰化南瑤宮聖母。要往北港進香。已紀前報。但定二十五日起程。……各要襲新衣服。若轎班分。每人另黃馬褂壹領。而各市街。販賣布小旂紙燈雨傘金紙各件。……熱鬧非常。可拭目而待也。	出自：漢文版《台灣日日新報》
1910	05／01	進香光景	彰化南瑤宮聖母。往北港進香。去今已十七年。無怪隨香之眾多。不減於昔時。其遠自新竹苗栗埔里社而來者。不可勝數。……果如預定於念五日午后十時頃。神輿登陸南下。念六日午後二時零。過員林街。燈光輝煌。旌旗鼓樂儀仗備極完美。全街排列香案。……所云十餘萬人。……聞是夜宿西螺街。念七日到北港進香完。乃往宿新港。念八日返。一宿他里霧街。一宿員林街。翌日回廟。……領臺後當以此爲首屆焉。	出自：漢文版《台灣日日新報》
1917	05／06	彰化媽祖進香	既報の如く彰化南瑤宮の媽祖は進香の爲め愈々來ろ七日午前一時同地々出發し北港に向ふ由なろが北港媽祖に對すも進香は古來數年に一回必す之や行ひ來にりしも改隷後は明治四十三年に。一回執行したろのろにて今回は其の第。二回目なり當日神輿に隨從すへし信徒は。少くも三千人を算すへし又大竹圍區長。賴炳煌氏は大總理こして萬事指揮を。爲沿道於禮拜者無慮七。八萬人に遂すへし高帛旭仙氏は本島□。に見ちこの一大行列の光景々活動寫眞。に撮影せんこ目下種々計畫中の由□歸。宮の際に於ひろ出迎式はこ亦頗ろ盛。大極いろ由にて各種の□□、藝閣、飾物等引出すへく各關係者は四日夜。之が爲め協議會そ開催せりこ。	
1917	05／10	地方近事彰化媽祖の出發	既報の如く彰。化南瑤宮の媽祖は北港媽祖廟。に進香すへく七日午前一時半。彰化を出發せり神轎に附隨せろ信徒。無慮五千人音樂隊ちり假裝隊ちり騷然。たろ一大行列は眞に壯觀呈せり同夜。遠近より集まれろ禮拜者は幾萬人なろ。知とす彰化街は到處全く人な以て埋められりこ	

西元	日　期	新聞標題	報導內容	備　註
1917	05／15	彰化媽祖歸廟彰化街群眾五萬人	彰化媽祖以數千人大行列去七日到北港進香。十二日午前十一時。始歸廟。副總理楊吉臣氏。是日至員林出迎。自彰化街信徒始。由廳下各地方出迎者。群聚凡五萬人。全市無立錐之地。而是日彰化驛雜沓尤甚。上下列車。乘降客每一千餘人。一日共約萬人。雖至臺中出臨時列車。猶有不敷。卒至連結客車二十餘臺。以汽罐車牽引力不足故。數百旅客皆不能乘車。蓋該驛十年來所未嘗見者。	
1932	03／30	南瑤宮媽祖籌備進香續聞	彰化南瑤宮媽祖。進香南北港之說。曾登本報。後依種種事故遲延。由彰化實業協會。主催提倡。決定□事陳□事。主其事。□已得媽祖會下大媽總理周坤厚氏々四媽總理賴灶陳尾兩氏為後援。竝改築會之□同。協定三月三十日朝。於神前。筶定出發期日。而捧筶之人。擬請實□協會近藤氏（內地人）張南郭長（本島人）二氏。	
1933	02／01	彰化進香北港	彰化街南門外南瑤宮天上聖母派下信徒。擬於二月中。往南北港進香。照例必須選一統率之士。奈何得其人。眾所矚目於現街長李□□氏。再三懇請氏終不應。訂來二月十日。在神前卜□。屆時若被選定。係天人共□。恐氏亦難推拖云。	
1933	02／11	彰化進香罷論	彰化街南門外之南瑤宮。因欲往南北港進香。九日上午十時招集派下徒眾及各界人士。在本廟廣庭。廣設香案。舉行□卜。供擬街協□大頭氏捧□。一擲□陽。進香之舉。遂作罷論。	
1935	02／18	彰化市南瑤宮天上聖母投筶祈示進香	彰化市南瑤宮。天上聖母由來往南北港進香。已成慣例。前因廟宇改築工事尚未舉行。本年工事將竣工。欲依前例擲筶求聖母指示可否。茲訂十八日（舊曆十五日）午前十時。在該廟內神前。由佐藤市尹捧筶。而決定舉行云。	
1935	02／20	南瑤宮媽筶示進香舊三月十六日	彰化市南瑤宮。天上聖母往南北港進香一事。如所豫定。去十八日午前十一時。在該廟神前。由佐藤市尹投筶。指示承諾。參議結果。即定來舊歷三月十六日啓程。二十二日歸廟。諸執事關係者。即行分擔準備中。	

西元	日 期	新聞標題	報導內容	備 註
1935	03／20	彰化南瑤宮媽祖進香	彰化市南瑤宮。廟宇重修爲景氣關係遷延歲月。未得完成。故謁祖進香之舉亦中止。邇來改築委員長林昌氏。暨諸委員。各媽祖會總理董事諸氏。極力進行築。業已赶告竣工。遂由委員長招集諸關係者磋商。欲乘此良機進香。日前由佐藤市尹。淺野署長及各界官紳。一同聚集于神前。上香默祝。吳士茂氏。朗讀奉告文。市尹捧筊。果獲示決。訂古歷三月十七日午前零時。由本廟出發。當夜于西螺街一泊十八日北港謁祖進香。是夜宿新港。十九日滯新港。二十日回鑾。在斗南庄一泊。二十一日員林一泊。二十二日歸廟。	
1935	04／08	彰化媽進香募集團員	彰化驛以此次南瑤宮大媽祖。及四媽祖鑾駕。定來十八日（舊曆三月十六日）。於北港朝天宮進香。欲便參拜者。對彰化嘉義間往復。運轉臨時列車。目下照左□要項。募集團體。希望多數從速申入。 定員五百名（先到者爲限） 出發來二十日（午前六時四十分）（舊曆三月十八日） 申入要納全額。 申入彰化驛。 一、截收四月十五日（舊曆三月十三日）。	
1935	04／16	南瑤宮媽赴南北港進香隨香者要防疫	彰化南瑤宮諸董事。關于州下發生流行腦炎惡症者□本宮媽祖。欲往南北港進香。隨香者急要依左記方法豫防。以昭慎重云 一、十三日起。請往市役所後保甲事務所。受豫防注射。 一、出發時。俱要懸掛覆口布。 一、各地方所有備置之含口水。大家必要洗口。	
1935	04／26	彰化媽祖大祭典數日間約六萬餘人進香參拜者更多連日甚混雜	彰化南瑤宮媽祖。往南北港進香。既如所報。去二十一日夜半。由彰啓程。途中平安。則二十四日午後一時。進香團員。約六萬餘名。分路數次抵彰。是日彰化市郡近郊。遠及大甲臺中豐原東勢各郡下善男信女。自早各備香燭等。陸續結隊而來。致市內外甚混雜。各媽組輿前有臺灣音樂團。其地陣頭。巡遶市內。至午後五時畢。參拜者不下十萬人。誠可謂人山人海之熱鬧云。	

西元	日　期	新聞標題	報導內容	備　註
1936	02／10	彰化南瑤宮の北港參詣取止め	彰化市南瑤宮媽祖の嘉義郡新巷、北港進香は昨年盛大に舉行したので本年之に□しすべく舉行去ろ七日午前十一時南瑤宮にて於小山市尹、古冢行政主任、二媽行政大總理林昌ふの他關係者五十餘名が參集恆例に依り神筶を以て林昌氏が一同を代表して投下した所□目たなつ□□て今年はとろくこの盛□ろ取止めとなつた	

附錄三：日治時期《台灣日日新報》有關大甲鎮瀾宮進香報導

時　間	日　期	新聞標題	報導內容	備　註
1925	04／14	大甲準備賽會	大甲街鎮蘭宮北港聖母。十三日往北港進香。鑾駕歸來日。帽子團。巧聖團。大甲驛團。⌐商團。雜貨團。吳服團。福州團。金銀細工團。熱心鼓舞。有藝閣獅陣。音樂隊。南管北管車鼓其外不計其數。……又舊曆二十三天妃誕。各團依例欲搶頭二三香。正行準備。頭香帽子團。二香巧聖團。三香大甲驛員。及運送人結團屆時定有一番一香盛況也。	大甲街鎮「蘭」宮應為瀾之誤。
1925	11／25	大甲議迎媽祖	當郡各街庄有倡議乘大甲農產品評之機。順迎媽祖。以添盛況者云。	
1927	4／23	沙鹿入廟盛況	十二日往北港進香之大甲鎮瀾宮媽祖。照豫定以十八日神駕入廟。是日破曉由彰化啓發。至十一日前呼後擁。鼓樂喧天。直入街中遊繞。然後入宮。參詣者絡繹不絕。是夜有臺中金獅團。及庄尾之集英團兩獅。對壘爭技。竝有新樂團和樂社排場演唱郡下各地至者人山人海。雜沓異常云。	
1929	04／23	沙鹿媽祖回宮	自去十三日往北港朝天宮進香之大甲街鎮瀾宮□水媽祖。去十九日。由彰化回宮。比至沙鹿地方。沿途接駕頗盛。及歸境內。巡遶各庄。畢則入宮。時善男信女。時善男信女到宮參詣不絕。	
1929	05／05	大甲媽祖誕日	去二日。即舊曆三月二十三日。為天上聖母誕日。大甲郡下。沙鹿。北勢坑。六路厝。鹿子港寮。紅毛井。梧棲。大庄。清水。大甲。大肚。頂街。下街等十二宮。同時舉祭。是夜沙鹿。人山人海。擁擠不開。熱鬧異常。	

時 間	日 期	新聞標題	報導內容	備 註
1931	05／07	大甲媽北港進香三日回駕遶街盛況陣頭無慮二百餘陣觀眾遠近約萬餘人	模糊	
1932	04／22	大甲媽祖巡繞誌盛行列多例年有數倍附各審查入賞等級	前報大甲街媽祖晉香遶境一節。去十四日□大甲往北港進香。十九日媽祖回鑾。本線五分線。……皆增發臨時列車。……其數不下三四萬人。而柴田街長。各保々正。……迎接隨香。順序巡繞街內。行列由腳□頭香。六塊厝二香。鳳霓閣參香。次成樂軒。日月閣歌□團。大甲音樂陣。申讀音樂陣。兄弟音樂部。五十三庄南北管。採茶、花鼓弄、小出、大小鼓陣頭。各商店廣告宣傳陣。次由腳□麒麟獅陣、營盤口金獅陣。橫圳集英堂獅陣。下腳踏欽習堂獅陣。蕃子寮虎陣。各陣人數百餘名。次活動藝閣。由仁義禮三組審查員。審查等級。在十字街。對左記贈與□旗金牌 特等 百壽□永豐商店 一等 施公傳□人傑三入□□□振甲公司 二等 唐元和入摧石英由救月英精米團 二等 李哪吒收義妖牛車團 三等 陳靜姑取白蛇運輸作業團 三等 神仙傳阿寶義□□∟商團 是日行列。爲進香□鑾。故北例年多有□倍。人□□獅陣。或在廟□。或在公學校廣庭拼場。成樂軒子弟戲。登臺獻技。鬧□更深始散。	

時　間	日　期	新聞標題	報導內容	備　註
1933	04／12	大甲媽祖祭典	大甲郡大甲街鎮瀾□媽祖。自去四日。該地人士。將聖駕用神輿。陸行往北港進香。至去十日回宮。該接人士分團體。□音樂藝閣詩意。獅陣虎陣。蜈蚣陣。軒閣子弟。御前清唱等。□彰化。沙鹿。清水。大甲溪各地迎接。同歸大甲。及抵街乃先遶行市街各處。薄暮入宮。是夜更演清水同樂軒子弟班。外戲數臺慶□。日夜各地男女。來觀者約二萬餘人。致各路自動車。均增發車數。稱該地未曾有之熱鬧云。	
1933	04／13	大甲媽祖歸自北港出迎團體百餘陣呈未曾有熱鬧	既報大甲郡大甲街媽祖。往北港進香。於十日回鑾。是日天朗氣清。各出迎團體。先後往彰化清水大甲溪頭迎接。首由頭香之米商團前導。次則鳳霓園食物團。成樂軒。及香外各團體。庄腳南北管採茶蕃婆弄。車鼓弄。及鳳舞臺開演中之麻豆牡丹社。裝作按察出巡。外各商店廣告旗陣。營盤獅陣。橫圳集英獅陣。腳踏欽習獅陣。蕃子寮虎陣。福州團弄龍自動車團。扮生蕃□。百數十陣。外藝閣等。蜿蜒不絕。……又媽祖宮演戲數臺。而清水同樂軒子弟亦登臺獻技。遠近來觀者數可萬餘。……。	
1934	04／12	準備進香	大甲郡大甲街鎮瀾□街媽祖。自去四日。……將聖駕用神輿。陸行北港進香。自去十日回宮。該街人士分團體具音樂藝閣詩意。獅陣虎陣。蜈蚣陣。軒園子弟。御前清唱等。□彰化、沙鹿、清水大甲溪各地迎接。同□大甲。及抵街乃先遶行市街各處。薄暮入宮。是夜更演清水同樂街子弟班。外戲數臺慶□。……來觀者約二萬人。……稱該地未曾有之熱鬧云。	
1933	06／01	大甲求雨得雨即由保正諸有志等決議報答神庥	既報大甲郡下大甲街。外埔大安、日南、六份等處。……自二十四日。舉行第二次祈雨祭虔誠齋戒沐浴禁屠。停止鼓樂各三日間。以外更有披麻服麻章者。三四千名往大安溪水門、大安港腳踏溪。跪拜祈雨。迨至二十八日。沛然大雨。……即由諸保正有志等集議。欲舉行盛大報答神恩。議決第一媽祖宮。自二十年前重修廟宇。今經完畢。尚未落成。定本年度內。舉行謝	

時 間	日 期	新聞標題	報導內容	備 註
			恩福醮。第二貞節媽。永在媽祖宮合祀。舉行春秋祭典。貞節坊。移往水源地。建牌立碑。第三鐵砧山國聖王廟重新建築廟宇。第四五穀王佛祖諸神要加倍崇敬等事。現各籌備中云。	
1934	04／12	大甲準備進香	大甲郡大甲街鎮蘭宮媽祖。例年赴北港進香。本年依例。定舊曆三月十日早辰起駕。是日宿彰化。十一日宿西螺。十二三兩日。宿北港。十四日回駕。在西螺一泊。十五日彰化一泊。十六日駕回本宮。當日頭二三番各團體藝閣。五十三庄南北管採茶獅陣大鼓陣。共赴大甲溪邊出迎。……且本年鎮蘭宮關係者百餘名。亦出為獎勵賞品。……聞各線路自動車亦明加□發臨時列車。以應觀客之利便云。	
1934	04／27	大甲街鎮蘭宮天上聖母赴北港進香	大甲郡大甲街鎮蘭宮天上聖母。於去二十三日即舊曆十日早晨。赴北港進香。訂來二十九日。舊曆十六日駕回本宮。是日參香各團體。及五十三庄民眾。皆欲往大甲溪邊候駕。現正準備種種藝閣。蜈蚣閣等。參加燦行。鎮瀾宮關係者。出為應援。分發賞品。……茲將聲明參加團體。列名如左。米商團。吳服團。∟商團。煙酒團。雜貨團。藥種團。驛頭團。永豐團。運送團。自動車團。自轉車團。福州團。料理團。帽子團。市場團。飲食團。菓子團	大甲街鎮「蘭」宮應為瀾之誤。
1934	05／02	大甲鎮蘭宮媽祖北滿進香囘鸞誌盛附行列參加入選等級	前載大甲郡大甲街鎮蘭宮天上聖母。依年例赴北港進香一節。於二十九日駕回本宮。是日早頭二三香。及各香外團體。皆往大甲溪頭接駕。沿途香客。及觀眾。多至五六萬人。午後一時。駕到南門。順序進行遶境。頭香十八庄管內。二香帽子商。三香藥種商。香外五十三庄南北管。採茶。蕃婆弄。小出大小鼓陣百五十餘陣。成樂軒鳳霓園子弟音樂團。大甲雅頌齋。及六塊厝雅頌齋。郎君唱。自轉車及各商團廣告行列。營盤田玉麟金獅陣。臺中金勝堂。橫圳集英堂。龜殼欽習堂。山腳麒麟神獅陣。社尾欽習堂獅陣。蕃子寮虎陣。藝閣	

時　間	日　期	新聞標題	報導內容	備　註
			精米□團。期米團。 ∟商團。雜貨金物團。大甲驛甲組團。永豐團。振甲公司團。自動車團等。皆各爭奇鬥巧。由十一名審查委員。票選結果。特等精米機團素女鳴珠佩。仙人弄彩球。一等甲。毛姑晉爵。永豐運送團。一等乙青杉客放海中青救陸大人振甲公司團。二等甲九曲黃河陣期米團。二等乙稻草∟商團。三等甲奪棍雜貨團。三等乙八美圖蜈蚣格大甲驛團。……聖母入宮廟。各團始紛々散去。是夜媽祖宮口。演戲數臺。宮內雅頌齋。御前清曲排場。公學校々庭。有獅陣三陣排式。……鬧至更深始散。	
1934	05／09	大甲鎮蘭媽祭典誌盛	大甲街鎮蘭宮媽祖。於舊二十三日聖誕。五十三庄信徒。各備牲豚。往廟致祭。宮前十八庄管內居民。演唱梨園。各贈優勝旗金品。其他某團及成樂軒。亦欲登台獻技。……增發通霄行臨時列車。以便觀客往來。	大甲街鎮「蘭」宮應爲瀾之誤。
1936	04／05	大甲鎮蘭宮媽祖北港進香歸來遶境陣頭無數非常盛況	既報大甲郡大甲街鎮蘭宮媽祖。自舊五日。赴北港進香。十一日回宮。是早有頭香營盤々。二香橫圳。三香漁市場卸賣團。鳳霓園成樂軒。聚雅齋。墩子腳屯梨園。大突寮和樂社。六塊厝雅頌齋。後寮子、馬鳴埔、社尾、頂店、大安庄等南北管大鼓陣。埔羗林牽牛記。南埔網魚。其他土腳趕計數十陣。獅陣有橫圳集英堂金獅陣。大安欽習堂。營盤口玉麟金獅陣。社尾一堡欽習堂。山腳麒麟神獅陣。蕃子寮合虎記。蛾蜈閣有錦布團水晶宮、九鯉化龍。什貨金物團青女素娥俱耐冷。月中霜裏鬪嬋娟。共榮自動車合資會社三霄會燃燈。振甲運輸公司取回魂草。永豐商店排風大破天門陣。米穀團歐冶子鑄青龍劍。世界樓正德君落嬝。其他西洋音樂陣等準備往大甲溪頭。或南門口迎接神輿。巡迴遶境。各處觀眾人山人海。達數萬人之多。午後四時餘。回本宮。藝閣在役場前。受各審查員投票結果。特等永豐商店。一等共榮自動車合資會社。二等甲米穀團。二	1.大甲街鎮「蘭」宮，應爲瀾之誤。2.營盤「々」，應爲營盤田之誤。3.「蛾」蜈閣，應爲蜈蚣閣之誤。

時 間	日 期	新聞標題	報導內容	備 註
			等乙振甲運輸公司。三等什貨金物團。綿布團。四等世界樓。各贈賞金品等旗。是夜聚雅齋在宮內排場。……本年藝閣雖多然 ㄴ商團不知何故。不裝扮閣云。	
1937	03／31	鎮蘭宮媽祖北港進香驛募進香團	臺灣旅行俱樂部大甲驛幹事。為圖四月十六日（舊三月六日）大甲郡大甲街鎮蘭宮媽祖往北港進香。九日宿北港。……規則如左。大甲驛發四月十九日（即舊三月九日）北港一泊。北港驛發四月二十日（舊三月十日）午後二時四十七分大甲驛著。旅費一人分往復車賃金三圓五十錢（火車在內）旅館費及食費自拂。申入期限至四月九日（舊二月二十八日為止）	

附錄四：日治時期《台灣日日新報》有關台南大天后宮報導

時 間	日 期	新聞標題	報導內容	備 註
1898	08／16	大天后宮開扉式	城內石防街なる大天后宮の開扉式は豫期の如く一昨日執行しりた	
1907	04／8	天上聖母の出輿と汽車賃割引	既報の如く廿六日（陰曆三月十四日）より向ふ三日間北港朝天宮廟の天上聖母臺南媽祖廟へ出輿に就いては鐵道部に於て廿四日より三十日まべ打狗臺南間に限り往復乘車賃の三割引をなすこと為し已に左の如き割合にて各驛に該乘車券を配布したりと云ふ 驛名廿四日廿五日廿六日合計 打貓一、000 一、000 五00 二、五00 後壁寮五00 五00 一00 一、一00	
1914	04／20	議祭天后延期	臺南市大媽祖廟。所崇祀天上聖母。市民多信仰之例年於舊曆三月二十五日致祭粢盛豐潔。肥腯橫陳。香火連日不斷。甚形熱鬧。此二十日又屆其期。然因丁國憂。人民正在謹慎中。未便舉行。因此該廟董事等。日前爰在外宮後街三郊組合事務所會議。赴會者計有三十二名。該組合長許藏春及幹事長王雪農兩氏。提議待明年國喪告闋。然後盛舉祭典。眾均以為然。於是散會。	

時　間	日　期	新聞標題	報導內容	備　註
1914	05／13	迎祀天后	北港朝天宮天上聖母。信奉遍及全島。前清時每年舊曆三月中旬。來臺南市大媽祖宮廟進香一次。駐駕三日。送迎之人以數萬計。以外即不再來。改隸後破除此例。任人迎請。邇年尤盛。其像不足應迎請者之求。近該廟董事等。乃協議更雕數十尊。聽有志者迎奉。聞定自出廟之日起美日徵收金二圓。將來即以此款置產業作該廟基本金。目下臺南廳下打狗請得一尊。苓雅寮庄亦請一尊。近附人民陳牲致祭。演劇酬謝者。每日絡繹不絕。而臺南市牛磨後街及以外數街聯合。亦議定於大葬之後。迎請一尊來該街奉祀至期當必十分熱鬧也。	
1915	04／29	接天后盛況	臺南市諸紳商。以市況邇來不振。協議向北港朝天宮恭請天后涖南。以圖恢復。果如既報。於去二十七日駕臨台南市矣。是日自午前八時起。市內紅男綠女即陸續赴小北門外柴頭港廟前待駕。香車寶馬。香屬於途。而臺南廳下各鄉村之善男信女。亦絡繹而來。無慮數萬人。各廟之董事爐主等。均□神輿出迎。以旌旗鼓樂前導。警務課保安係長以擁擠。恐惹爭端。特命東西兩區長及各保正爲之監督。天后聖駕。於午後一時。乃至小北門外。遂即入城由大統街繞新路而至臺南驛前。旋由西竹圍街沿各街而入大媽祖宮。沿途人民捧香隨駕。踵街互數街之長。香煙裊裊。散遍街上。是日商況爲之大振。香□店爲之暢消。固不待言。而雜貨店亦應接不暇。洵一時之盛況也。	
1915	05／01	迎神滋事	北港朝天宮天上聖母。例年稅駕臺南市之時。該市各廟宇□神輿旗迎接者。以先後爲序。故有先一日即往鹽水港待駕。以奪前矛。本年因五月來初八九兩日。將迎延平郡王。欲其逐隊而行。故東西兩區長於數日前即邀集各保正。決定拈鬮以定先後次序。於是去二十七日。當天后駕到之時。保正余君屏、黃爾圓、趙澄源、蘇澄如外數名及東西役場書記。均執督陣旗。	

時　間	日　期	新聞標題	報導內容	備　註
			先赴柴頭港廟前。以待排列。就中普濟殿、清水寺、七良境於前一日即舁神輿遠接。隨天后聖駕而行。比抵柴頭港。諸保正待聖駕過後。即攔住神輿。照竃排列。此時普濟殿與七良境有衝突之勢。嗣爲諸保正喝止。乃魚貫而行。既入小北門大銃街。永華宮之頭旗。突有數人爲之折毀。並執旗手毆手。一時騷然。嗣有排解者。乃如舊進行。至廿八日下午四時。各保正乃齊集於東區役場。會議該事。乃召永華宮旗手至。問其所以。据該旗手云。彼執旗至小北城邊。即有普濟殿街數人至。謂該旗是七良境街旗。即爲折毀。並執已歐之。或云該旗手就該旗掛在天后駕上。因此諸轎班乃取而折毀。議論紛紛不一。未決而散。是夜八時。復聚集於西區役場。再商處置辦法。以杜絕他日延平郡王遶境之時。再以爭端云。	
1915	05／15	聖母回鑾	北港朝天宮天上聖母。因參加延平郡王遶境。於客月二十七日。爲臺南市紳商營情來南。稅駕大媽祖宮。至今已歷旬餘。延平郡王之遶境。亦已畢事。爰於十四日回鑾。臺南市各廟宇。亦多備神輿鼓樂旌旗。恭送出境。出大北門。由陸路就歸途。市人往送絡繹不絕。聞鹽水港街人民。欲照舊例。請聖母駐駕遶境。特舁神輿出境外遠接。備極熱鬧云。	
1915	05／27	聖母塑像原因	曩者北港朝天宮。議欲重新起蓋。會稟請總督許准。向全島信徒捐題七萬金。南部負有六萬餘圓。實臺南市內宮後街布商錦榮發主人石學文之力也。石素慈心敬佛。奉三媽到處捐題。於市內紳商。不憚矢口勸誘。而又奔走於打狗鳳山阿緱等地。善爲鼓舞。故有此巨額。占全島八九之數。因此得董事名義。而與北港之重要人物。如曾席珍蔡聯標等。時相往來。結契甚密。者番因景氣不佳。臺南諸紳商議迎請聖母。初次石往北港。與曾等交涉。即爲應承。緣官紳和議聖母來南。	

時　間	日　期	新聞標題	報導內容	備　註
1915	06／25	媽祖塑像彙報	北港聖母三媽。感南人奉祀真誠。發爐卜筶示意。要塑金身。永駐臺南護國庇民。已誌前報。茲擇舊曆五月十六日開光。二十廿一兩日間繞境。而與北港聖母對坐之南港聖母。前常與北港聖母。來大天后宮進香。今亦欲先一日蒞南。越日即同市內各境神輿。隨駕燦行。屆期之熱鬧。諒不減前番聖母同聖王合迎之盛況。媽祖原有祀典。選定廿二日安座。並舉大祭。本廳廳長松木茂俊氏。亦欲敘區。恭與祭典。定廳長先行拈香。次東區長許廷光氏主祭。西區長謝羣我氏副祭。三郊組合長許藏春氏董事石學文氏與祭。聞媽祖自入神後。即有種種靈異。不但感昭四方人民。每日紅男綠女。來宮祈禱燒金者。擁擠不開。廳長聞知。日前命陳林二參事。東西兩區長暨紳董等。到大媽祖宮視察地勢。緣該宮坐對西關外。與內外媽祖港街小偏。擬照墻撤去。開一條康莊大道。以接城邊街之新道路。現在與該應解除家屋主交涉。待收買清楚。即欲折毀開鑿。將來大天后宮香火之旺盛。不卜可知。	
1915	07／04	聖母雨澤	臺南自近一二月來各地多風少雨。雖去十一日。僅雨二耗。民苦旱魃之甚。方搔首而望青天。不意二十八日卯刻。大天后宮新塑聖母。適值開光。是日天朗氣清。迄午後九時。忽沛然下面。越日雨勢傾盆。遂有無名氏。謂從此人畜安寧。可於下雨卜之。未始非聖母之所賜云。	
1915	07／05	一心誠敬	臺南市內宮後街石學文。開錦榮發布店。垂三十年。其初係與王某林某合資經營。得利頗豐。目下王林兩家均已抽出。該店遂歸石有。石平生慈善。最信仰北港天上聖母。當前年募修北港朝天宮之時。竭盡全力。隨駕赴各處捐緣。經其手者有六萬餘圓。者番重塑媽祖神像。自開元以來。每月在大媽祖宮內。辦理諸務。拂曉即起拈香。無一日稍晏。其店務一切委諸其子。概不之顧。其一心誠敬。詢難得也。	

時　間	日　期	新聞標題	報導內容	備　註
1915	07／10	建醮盛況	臺南大天后宮新塑北港三媽神像。已於去二十七日開光矣。原擬七月一日連二日遶境。因暑天展緩。又三日廳長將豎團並舉行祭典。因廳長有公外出。亦延期。惟自四日至六日。建三天清醮。第一日德化堂報恩堂西華堂諸持齋者。第二日法華寺諸僧人。第三日開元寺諸僧人。均築清壇。香花茶菓。擊鼓鳴鉦。以誦經懺。全市七八十境之廟宇。各備燭炮荐盒金香環羽彩戲彩用頭旗涼傘鑼鼓送來入醮。如個人大廠口街傅箭專營漁塭業。因大旱而十餘口之塭水將涸。乃日向聖母求甘雨一雨三日。遂謝戲十臺。其餘有所祈禱。或謝一臺二臺。每日夜演戲六七臺。宮之內外。或來祭獻。不時擁擠不開。殊彰盛況云。	
1916	04／09	迎請聖母	臺南大天后官天上聖母。赫聲濯靈。阿緱蕃薯簝方面人民。尤爲信仰。例年自正月至二三月。粵籍男婦。來南進香。動以萬計。因去年新塑三媽神像一座。自開光至入神後。幾次示異於人。致遠近來拈香者。絡繹不絕。日夜香火甚盛。彼時市內各團體。備辨牲醴漢席敬舉。擬擇日迎出遶境。因事中止。者蕃薯簝在住人民。將於陰曆三月六日。來迎請鎮南聖母。住彼地敬奉。擬□駕一個月。緣閑院宮殿下。將幸南。日前當道者對區長保正。議要將本地迎熱鬧。以備殿下觀覽。且去年三月廿五廿六。國姓爺與聖母合迎時。議定此後例年照此兩日間合迎。現在主事人正與區長保正等協議。只准其迎請。或者二禮拜。須送聖母回南云。	
1916	10／30	臺南神社祭	本月二十八日。致祭近衛師團長北白川宮殿下於臺南御遺跡。越日竝舉征臺役戰死者之招魂祭。以殿下金玉之軀。不辭況瘁。統兵來臺。勤勞成疾。薨逝於臺南御遺跡。每年是日開祭示不忘也。數年來因有事故。草草從事。本年自一二月前。各委員會議。陸續準備。務極分外鬧熱。自停車場起。沿亭仔腳街。嶺前後街。直達大西門腳。三界壇街。直達外新街。五全街。直達上橫街下橫	

時　間	日　期	新聞標題	報導內容	備　註
			街。直達莊雅橋街。各街端立一大燈欄。 々上十數燈。俱有寫獻燈兩字。簷前各 垂紅白布一柱。亭柱各懸一旭日燈。各 街球燈。縱橫連貫。式場內外。布置周 詳華麗。毋稍遺憾。入口設二丈高大燈 欄。左右樹紅青幡二枝。庭之左會食場。 圍布作幔。賓客咸集於此庭之右。爲舞 蹈戲臺。雖無管絃歌唱。而步驟卻亦有 可觀焉。庭左三面布幔之內。裝設盆景。 最入人眼目。純是古銅花矸花盤。及古 木奇花異草。點綴成新。種々皆可人。 御遺跡之東。豎一忠魂碑位。地域比隣 交界處。用一索分男左女右。警官在各 頭彈壓。恐人眾紛雜。忠魂碑之後。爲 射擊場前之廣庭爲相撲角力場。一場是 步兵之大人。一場皆是十一二歲之小 孩。龍驤虎鬭。各逞其勇。碑之東爲本 島有名藝妓。一座爲南詞。一座爲北調。 同時歌舞登臺。盡展平生之技。以博一 時之評。碑之北。爲土人芝居。兩班對 演。其餘式場附近。歌臺舞榭。各自運 巧爭奇。他如各團體裝飾故事。沿街舞 唱。會是日大目降街送鎮南媽祖來南。 藝棚車鈸獅陣。致各街觀者。人山人海。 殊爲盛況云。	
1917	04／30	地方近事 嘉義新港 媽祖祭典	新港奉天宮に祭祀せらる、媽祖以下模糊 ……所謂第一媽祖と稱せられ□顯最も 顯著なりといはが共の名聲は何時しか 北港に移りしとはいは事實に□て□賽 の普男女は北港に此し遙かに□數なり といふことなり昨年六月中新港奉天宮 第三媽祖の臺南天后宮鎮南媽開光式に 親臨し居りしが舊三月十七日（新五月七 日）□南を出發。し回駕することゝなり 居り以下模糊……は已に歡迎準備に忙 殺されつつありと而して翌十八日頃新港 に著駕の豫定にして三萬人內外の信者 之に隨伴し來り二日間新港に宿泊すべ ければ同街の雜沓は殆んど想像に餘り あり且つ引續き彰化よりも媽祖對面の 爲め彰化街民二萬數千人來新し同じく	

時　間	日　期	新聞標題	報導內容	備　註
			二泊すとのことなれば同街の殷賑は殆んど言語に絕以下模糊……□□五萬圓□□□□□□立からずふが北港廟十五萬圓を要したりしに。比し修繕期間極めて縮く殆んど雜費に。費消されたること無きを以て北港より以上の壯觀美頤を呈する至るべしとのことなり（二十八日）	
1917	05／03	臺南媽祖祭典	臺南大媽祖街なる媽祖宮祭典は來ら五六、七の三日間に互りて執行さる豫定なるが第一日は市民一般の禮拜日にて六、七の兩日は市內を遊境として神輿の渡御あれば各地方よるの參詣者多數に上り相當の賑ひを呈すべく豫想せられ居れるが去二十九日市內の參事區長保正其他重なる本島人約七十名は大天后宮に集會して祭典執行に付協議し各保より藝棚一臺を出すこと商人各自は隨意藝棚及び樂隊を出すこと以上の費用は自辦のこと祭禮費は現在金三百圓の外三郊組合にて四十圓を負擔し更に不足八十圓は吳服商にて負擔すること等を決定したる由にて地方よりの參詣者の爲鐵道部に汽車賃一割引の交涉を爲したるに過日既に許可となれり	
1917	05／04	臺南媽祖祭典	臺南大媽祖街媽祖祭典。固定初五六七日三日間舉行之。第一日聽市民一般禮拜。餘兩日乃就市市內繞境。豫想屆時各地參詣者。必極人山人海之觀。前月二十九日。市內參事區長保正及諸重要本島人約七十名。經齊集天后宮。協議其事。各保皆出藝棚一臺。商人則藝棚樂隊。皆可隨意。惟費用必須自辦。其祭費除現存三百圓而外。三郊組合負擔四十圓。不足八十圓。則由吳服商負擔之又爲各地參詣者計。特與鐵道部交涉。將汽車資減價一成。昨亦經蒙許可云。	
1917	05／08	抹殺好景	臺南大天后宮。恭奉天上聖母。本爲赫聲濯靈。配列祀典。歷年至三月初。南北來進香者。動以萬計。尤以粵人爲盛。大昨	

時　間	日　期	新聞標題	報導內容	備　註
			年再塑一尊鎮南媽祖。更著顯異。遂訂例年三月十五。舉行祭典。越十六十七兩日出爲遶境。面市各□團各保甲及各街眾市場。莫不準備藝棚鑼鼓旗幟。但以布商團論。內地人小原三枝富永三布商。各捐三百金。合島商捐有二千金。擬裝飾連環閣五十臺。選擇十二三歲美女五十名。先向豐成杉行。購買檜材百四十圓。召數十木匠新製。形如蜈蚣棚者。合諸裝飾品。至少需千餘金。他如金物商團。或以金葉貼爲大旗。或以金環結做涼傘。尤爲誇耀人目。其餘各團體。俱各踴事爭華。炫奇鬪巧。詎意至十五晚七點鐘。狂風大作。驟雨淋漓。越早風伯雖告退。而雨師尚遲留。道路且濘泥。不得已移日未定。先一日南北觀客。陸續由火車到。自大正新路至宮後街。途爲之滿。有乘興而來。敗興而歸者。多此一番風雨。未免抹殺好景云。	
1917	05／16	求福得禍	南人尚鬼。自古爲然。而本島尤甚。凡有廟宇賽神。婦女結伴進香者。恒絡繹不絕。如臺南市天后宮。自去初五日致祭天上聖母以來至今紅男綠女。祈求者尤眾。殿前日月擁擠不開。而掏兒恒渾跡其間。乘機攫取人物。月十二日午後八時頃。有老松町王氏滿者。年近花信。其夫以推馬車爲業。亦具一片熱誠。粧飾一新。金璧輝煌。躬詣該廟焚修。拜跪如禮。乞得爐丹而歸。入門香汗如珠而下。急爲卸妝。方摸鬢邊。而金邊花一股已不翼而飛。即髻上金梅仔花一枝。亦不知而往。駭極。急向沿途找尋。查無蹤跡。其爲逃掏兒摸去。抑亦墜下而遺失。尚未可知。聞該邊花重三錢。價值約十七圓。梅仔針重四錢。價值約二十二餘圓。係假諸其鄰者。王悲甚。汗淚交下。是夜遽萌短見。以纏足帛自縊於後房。幸其夫知覺。急爲解懸。方不致命。近鄰聞知。亦均來勸慰。其夫以王素儉不加苛責。許先以半數償鄰人。餘陸續攤還鄰人許諾。乃寢其事。是求福反得禍也。	

時　間	日　期	新聞標題	報導內容	備　註
1917	05／22	新港媽祖回鑾	新港媽祖五媽。客夏六月間。曾蒞臺南天后宮鎮南媽開光式。月之七日。該地媽祖賽會告終。乃迎請回駕。遍巡臺南新港間沿道六十餘庄。到處殺牲演劇。備受迎迓。去十八日抵嘉。城隍使司迎駕。遶境市內。信宿至二十日。乃往牛斗山一宿。翌日經打貓南堡西庄。擬念二日入廟。十八九兩日。嘉之北管隊。向艋舺協義軒。借用戲服。在城隍廟演戲酬神。新港與嘉義十三腔。則假菁仔市奏樂。香客頗多。洵一時之盛況也。	
1917	07／06	卜筶定獄	臺南鎮南媽祖。例年定陰曆三月十六十七兩日間。出爲遶境。各商團盡情裝飾詩意故事。號召來觀者。眾商業因之大振。以故商團中有公金共業。被有力者霸佔吞沒。皆出爲整理。或至訴訟。已誌前報矣。茲者金連興米商團。有店屋一座。被郭銅貢罷收十數年。不爲輪值。遂致解散。他爐下出爲告訴。判官問爾等向來輪值。有何方法。答以由神前卜筶而定。去一日午前九時。命眾爐下帶來大竹筶一副。在三判官面前卜筶。除數年前店稅被郭收去不記外。結局。大正六年份店稅卜定盧轀山收。七年歸郭樹收。八年份歸郭銅貢收。九年份歸施安收。在郭以爲案從此了結矣。詎之凡屬金連興爐下。前應份之額。被郭收去者。皆欲再告討稅金其他龔富登等。亦欲再告其盜印。但卜筶定獄。亦屬趣聞云。	
1918	01／18	爭迎鎮南媽	臺南市大天后宮。自前年新塑鎮南天上聖母以來。靈應昭彰。不獨進香者每日絡繹不絕。即各村落凡有建醮祈安。罔不虔備神輿。恭請監臨。如月前歸仁北里。彌濃庄。下營庄等相繼虔請。大有應接不暇之勢。迨月之十六日。南港建醮。該港人民。以該街所祀奉天宮媽祖。係從大天后宮分靈者。故於前三日。即以該港紳董爲總代。到臺南市與該宮深董交涉。即於初四日早番車恭請鎮南聖母神駕賁臨。是時神旗掩映。鼓樂喧鬧。諸紳董隨駕而行。頗形熱鬧。比到該港。奉香以迎者男女如蟻。計有數千人。洵一時之盛況也	

時　間	日　期	新聞標題	報導內容	備　註
1918	03／02	景盆賽會	臺南大天后宮。自調塑鎮南聖母後。每年上元夜。市民競獻盆景。大殿下中亭左邊數百盆花松。右邊數百盆水仙花。皆以大理石澎湖珊石及五色螺殼點綴山水人物。自成佳趣。一邊燦爛青蒼。奪人心目。一邊芳香馥郁。沁人心脾。中間林仲魁供俸牡丹花三盆。各開花兩輪其他奇花異草。色々俱備以下模糊……裝飾兩柔已開花。插餘□結多蕾中。人幾不□眞偽。	
1918	04／25	臺南商品券燒卻	臺南商工會にては既報回收の商品券第一、二、三回發行分計三萬四千六百二十圓を二十三日午前九時より佐々木會長外役員數名其他警察官吏新聞記者等立會の下に市內媽祖宮なる街大天后宮神前大火爐にて燒卻處分に附せるが此間約二時間を要したる由にて最近迄の未回收高は第一回發行二百二十五圓第二回同上九百九十圓第三回同上四百七圓九十錢合計千五百四十二圓九十錢なりと	
1918	04／25	媽祖紀念祭	鎮南天上聖母第三回紀念祭は市內媽祖宮街大天后宮に於て二十五日午前十時より執行せられ祭典順序は爆竹に開祭を合圖し（一）迎神（二）地方長官拈香（三）行初獻禮行亞獻禮、行終獻禮（四）撤饌（五）送神（六）飲福受胎等にて當日は市內及び市外の參詣者多數にて盛況を呈す可しと	
1918	04／26	赤崁特訊鎮南媽遶境	臺南大天后宮。客年新塑鎮南媽祖。各街商團々體迎神遶境。極臻熱鬧。因定爲年例。於舊曆三月十六七兩日遶境。本日及明廿六日恰當其期。各庄各境及商團熱誠準備。詩意故事。特別翻新。上至斗六下及阿緱。列車爲之減價云。	
1918	04／26	媽祖紀念祭（二十五日臺南來電）	臺南媽祖紀念祭は已報の如本日午前十時より大天后宮にて執行されたるか引きつぷき二十六七の兩日盛大なる祭典行はれ午前十一時より御神体其他の行列市內を練り廻はり地方よりの參詣者多數に上り當地は相當の賑ひを呈すべし（二十五日臺南來電）	

時　間	日　期	新聞標題	報導內容	備　註
1918	04／27	臺南媽祖紀念祭	該祭典如所既報。以二十五日午前十時。在大天后宮執行之。廿六七兩日仍繼行其盛大祭典。是日午前十一時。竝奉神輿繞境然以地方參詣者之多。當地必見相當之熱鬧。	
1918	04／27	臺南の媽祖祭（二十六日臺南電話）	既報の如く臺南大天后宮に於ける鎮南聖母の媽祖祭典は二十六、七日の兩日に互り催され共大行列其他の催しあり各町本島人、內地人共提燈を吊し夜間は燈火を點じれ景氣を添へ市外各地方よりの參拜者は陸續として臺南市に乘込み其數一萬人を以つて數へられ終日雜沓を極めたり（二十六日臺南電話）	
1918	04／29	鎮南媽繞境盛況	舊曆三月十六十七兩日。爲鎮南媽遶境之日。是日午前十一時。煙火一發行列由本廟啓驛。劈頭路關牌。路關鼓。托燈長腳牌。其次第一番粗糠崎派出所管內。第二番三界壇第四番南勢街。第五番莊雅橋。第六番竹仔街。第七番總爺街。第八番西竹圍。第九番元會境。又次則各商團。十番油車。十一藥郊。十二金銀細工。十三陶器。十四白米。十五煙草賣捌。十六 L 舖。十七材木。十八金物商。十九吳服。（內地人富永小原三井等亦在內）二十西市場。廿一線香。廿二三山協和堂（即福州團）廿三雜貨。廿四三郊組合。廿五阿片請賣。二十六貸座敷。二十七糖餅。二十八書紙。二十九足物。三十海產。三十一豆油各商團。皆以其所販賣之物。各出意匠。織造而成。臨風飄揚。就中裝飾詩意故事。推三山協和堂爲冠。彼蓋匠心獨運。推陳出新頂馬藝棚。肩頭戲皆有趣味。巡按司駕前所裝之什錦。（所謂十家將）武靴武服。一對々新鮮奪目。雖吳服團。六臺藝閣。臺下。臺下。盡情裝點。每臺須破費四五百。猶不及他。臺南城廂內外。男則友朋逐隊。女則姊妹成行。紅紅綠綠。往々來々。人山人海。幾無立錐之地。所存喧囂之聲。如雷貫耳。入夜酒樓妓館。旅次嘈囃。更不堪問。据觀客云。	

時　間	日　期	新聞標題	報導內容	備　註
			南至楠梓坑驛。北至番仔田驛。待一二幫車。無座位因之不得來觀者。亦目不少。尚有臺北々管長義軒一行。約百人亦來參拜。擬於十八夜。在大媽祖宮開演子弟戲云。	
1918	05／02	掏兒被捕	月之廿五日。臺南市媽祖廟街大天后宮董事等。如例舉鎮南天上聖母第三回紀念祭。翌廿六七兩日昇神像繞境。一時附近各村落善男信女。結伴焚修者。約有數萬餘人。而無賴之徒。恒於人眾擁擠之處。混跡其中。思乘機掏摸。如二十六日神輿方出廟之時。廟前人如堵築。備極擁擠。有清水町廖氏香者。前往隨駕。珠翠滿頭。立於廟前照墻後左畔。其時人眾雜沓。廖仰首以觀。忽有掏兒摸其鬢上珠花一朵。廖不之覺。該掏兒已將逃矣。忽爲一少女所見。大聲呼賊。廖聞之急摸其鬢邊。始知珠花被摘。回顧該掏兒上執珠花在手。欲逃不得。遂被某刑事補去。廖因得奪回珠花。喜出望外。以爲神佑。向神輿稽首無數。並言翌日欲備牲醴致祭。已答神恩云。	
1918	06／19	稻江準備迎城隍	大稻埕霞海城隍。例年於舊五月十三日遶境。本年將屆其期。新例公選之祭典委員長及諸委員。皆一片熱誠。極力準備。務較前年熱鬧。多方勸誘各團體協力。各團體亦鑑臺南迎鎮南媽之盛。一致團結。茶商布商糖米商什貨商乾菓物商其他各商。分途準備。各保團體亦分保措置。茶商每舖擬出詩意一棚。欲駕他途而上。由是以思。屆時必有如茶如火之觀可知。但所謂詩意者。要有古今事跡。一經裝出令人知爲某人某事。且點綴棚閣之物。亦宜有廣告的意味。乃見其佳。若仍用二三雛妓。髮蓬似鬼。面黑如煤。紮一白頭巾綠頭巾披一白風帔綠風帔。古今事跡毫無。點綴亦沒意義碎布破紙。滿棚亂飾令人觀之欲嘔。雖有千萬棚。不值一顧。若能意匠經營富廣告的意味。點綴清淡。一棚可抵百十棚。常留後此榜樣。膾炙人口。雖破	

時　間	日　期	新聞標題	報導內容	備　註
			些金錢。於自家商業有益。不算虛麼。又隊容宜整。不可錯綜無序。旌旗鼓樂。又重翻新。遶境之時間。宜稍延長。自正午始。自午後六時止。各街各巷。一行々過。使全市其他外來之人。皆得觀之庶乎可矣。是所望於諸委員及各團體。	
1918	07／10	赤崁特訊宣講善書	善書中者中載因果報應諸事件。寓勸懲之意。宣講之俾聽者有所覺悟。咸知從善而去惡。此感化之入民者深也。臺南市天公壇之同仁社。大天后之資善堂。普濟殿街之正心社。或星期日。或朔望日。或一禮拜。擇定幾天。或午後一二時。或入夜七八時。終年宣講不綴。至暑天時候。人民不能早睡。諸善士恆出爲提倡。市內多添十數處宣講場所。僅以西關外論。如蔡厝街巷街之郭龍家。仁和街之某米店。金瀛街之趙某。招集婆蔡郭哂等。輪夜出香花茶菓諸費。亦在該街宣講。郭文瑞吳阿才許汝成黃三諸宣講生。皆不取分值。亦一舉善云。	
1918	12／06	赤崁特訊鎮南媽祖顯異	鄉村慣習。遇有多坎坷疾病者。爭迎神佛以求平安。此次惡性感冒流行。臺南南門外桶盤淺庄。日前來迎鎮南媽祖去鎮鄉。昨有竹篙厝庄轎舁一客。往海口歸途至庄外。遇一婦人。要雇其舁入市內大天后宮拈香。議定往返工資一金六十錢。至即卸下。許久不出。見之杳然。轎夫據情以告。宮外人眾。有走報董事石謨記。石帶一金六十錢。將來給轎夫。既謂是舁媽祖回宮。斷不敢領受。與者受者爭讓間。一小孩見轎內座位置二金。到處喧傳。聖母之顯異如此。	
1919	04／17	臺南媽祖例祭昨今の二日執行	臺南の媽祖例祭は十六七の兩日に亙りて執行され十六日正午過神輿は幾多の行列を隨へて大天后宮を發御市內の重なる箇所を巡行し順路には到る處に奉迎の大行燈吊るされ地方よりの一般參詣者は前日來南せるもの多數にして是內何處も頗る殷賑を極めたり（十六日臺南電報）	

時　間	日　期	新聞標題	報導內容	備　註
1919	04／18	臺南媽祖例祭	臺南市媽祖例祭。既以此十六七兩日執行之。十六日正午許。奉其神輿。隨從許多行列。由大天后啓程。繞偏市內重要各所到處皆吊奉迎大燈。地方之一般參諸者。亦以日前紛紛來南。故市內皆極其熱鬧。且其所裝臺閣。自經連雅堂氏匠心獨運。各視其營業種目以爲改新而後。無不有廣告的意味。因之較前亦益加出色。	
1919	04／20	臺南迎神盛況	臺南大天后宮鎮南媽祖。例年以舊三月十五日舉行祭典。十六十七兩日迎神出爲繞境。此關係全市之商業者大。其一切應辦事宜。本島人合內地人。經幾次在臺南公館。開臺南公會幹部會議以決定之矣。致祭之日。禮文順序。先放爆竹請神。地長官拈香。行各獻禮。已而撤饌送神。禮畢。於臺南公館飲福。先數日各商舖準備燦行諸事。均極忙碌。苦心用意。俾得各符其事。以昭廣告。旗幟。布商團。則揀各色綢緞。貼以色紙店號。金銀商團。即以金葉銀絲。鋪敷而補綴之雜貨商團即以五色珠五色線。牽連而貫串之。金物商團即以鐵環銅線穿成之。糕餅商團即已雲片糕石羔而拈附之。草索商團則以麥草旗。飲食商團□雞毛旗。履物商團則草履足袋旗。線香商團振尚儀則雙龍紋煙香旗。材木商團永森記則杉片花旗。其它大旂小旂。五花十色爭奇鬭巧。所謂無奇不有詩意。布商錦榮發。妝洛川龍女。贈蕭曠以輕綃。震裕裝褒姒裂帛。合源棧藥郊裝天台採藥。永森記衫行裝牛山伐木。六保蔡厝裝買甯二府故事兩臺。一爲寶玉到籠翠庵與妙玉品茗。一爲林黛玉戲教鸚武以上數臺裝飾品有費數百金者。福州團裝四臺。一是陸地行舟。一是觀音度上才。一是鐵弓緣。一是收蛤精。雖人有亦有，然經彼點綴設色。亦覺清鮮。金銀商團舊足成。裝紫薇獻犳。該犳純以金葉爲之。又有以金葉點綴成屋。而以藝妓坐於其間。所謂金屋儲阿嬌者。其他六十餘藝棚。所裝飾者。實美不勝收。貸坐敷團中一陣北管。皆是教坊諸藝人。就中一對々二十名妓	

時　間	日　期	新聞標題	報導內容	備　註
			女。辦作男裝。純是白麥帽。藍長衫。白襪自鞋。嘉義阿里山檜材商德豐號。係臺南人蘇友讓營業。挑選十三四歲妙齡女子。裝八名宮女。步行手托化粧品。衣服麗都。殊爲奪目。總合三十餘團體中。扔以三山爲冠。不但裝出者傑出即三陣音樂。衣服整齊一色亦有可觀云。	
1919	04／23	迎神書後	臺南迎鎮南媽祖。市內八派出所管內。及三十餘商團所裝飾旂熾詩意。暨一切故事。其盛況已誌前報矣。茲查迎神所影響。大受利益者。鐵道部首屈一指。自十四日午前十二時火車自阿緱開來有三輛長客車。至楠梓坑驛。乘客須立於車外。至十七日餘頭幫車外。自楠梓坑以下五升降場。有接打狗驛電話而不發單。有單已發了車至見車內外無立錐之地。伺候三四幫車皆然。明日亦然。欲來而不果來者約五七千人。南車如是。北車可知矣。總南北由火車來者。有五六萬人。由陸路來者有萬餘人。大約男婦老幼。當在八萬人左右。一人來往車資按六十錢。當在四萬金以上。旅館草花街內地人之大和館。本爲島人上客之投宿開仙宮之旭館本店。關帝街之武藏館。尚充滿。何論大和。本島人之開仙宮本島館。竹篾街之日之丸館。竹仔街之臺英會館做針街之太平館。十七日未晚。已無下塌處。若嶺後街之三山館。南北館。府西巷街之閩粵館。自數日前。假粵人已充斥。其他米街附近之下等客館。無處投宿者。皆曰假寐一宵無妨。館主人亦應接不暇酒館醉仙樓醉仙閣西薈芳賓美樓小樂天第一樓福住亭。及內外松金樓。暨十餘間飲食店。自十七日十點鐘開鼎後。座上客長滿第一日醉仙樓收四百餘金。醉仙閣寶美樓西薈芳各三百餘金。小樂天內外松金樓二百餘金。第二第三兩日。次第減少。醉仙樓三天約收千金。問有一酌□侑酒五十次。得資百二十金。妓館三日間。如眞花園收入五百金。合成樓收入四百餘金。玩春園碧芳院進春樓各收入三百餘金。貸座敷二十九間。總計收入	

時　間	日　期	新聞標題	報導內容	備　註
			約在萬金。布店錦榮發合發每日千餘金。三日約有五千金。震裕順記稍遜。亦有三千金內外。金銀店足成長房日有千餘金。三日亦得有五千金。新舊足成皆在千金內外。雜貨店推源利爲最。收入有二千金以上。義和千餘金次之。他各數百金而已。內地商店雜貨亦甚好市。無暇查問。統計大小生意。皆有多收入此次迎鎮南媽。總有二十萬零金。流入臺南市云。	
1919	05／12	赤崁特訊抵南視察	德川賴倫侯一行。去初八日午後五時四十五分。抵臺南驛。官民有志。無數出迎。一行立乘腕車。入舊知事邸。翌朝八時。由荒卷警務課長。川中子庶務課長等。導往御遺跡參拜。竝巡視各公學校。開山神社。孔子廟等。在該廟時。由參事許廷光楊鵬搏。說明件件樂器。侯不禁嘆臺南疇曩爲首善之區。不愧爲禮明樂備之休。最終往大天后宮。謁媽祖。躬爲拈香燒本島金紙。獻金幣香儀科抽籤詩一枚。竝帶去卜筶一副。宮內本安排花壇。以祝皇太子冠禮。侯爵鑑賞古玩重器許久。始往公園休憩。同六十零。乃赴臺南公館。受官紳公□。同八時半。始歸行臺。以觀本島人所裝諸故事。由張作人林仲魁。陣陣導入在時鐘臺下。繞花塢三匝而行。藝閣四臺。先一停於侯前。許陽二參事在旁一一說明。一月下美人。一鵲橋會。一二喬觀書。一弄玉吹簫。裝飾有變。頗值侯一觀。先頭十三空以成社。其以福州團什番又次經文社十三空。奏霓裳曲。聲音□喨。洋洋盈耳。參事日。此本日聖廟之樂音也。侯甚滿足。最終弄龍各整隊而出。又翌朝九時。赴打狗云。	
1919	05／13	鎮南媽祖蒞稻	臺南大天后宮鎮南媽祖。去十一日午後七時。由急行列車蒞北。稻江信仰者多數至臺北驛恭迎。現駐鸞於新媽祖宮。日日往參拜者。不計其數。鎮南媽祖之神靈。極爲赫濯。南部三廳轄人民。一誠信仰。香火甚盛。與信仰北港媽祖不異。來十六日基隆依例迎湄洲媽祖遶境。聞將迎鎮南媽祖蒞基。俾基人參拜云。	

時 間	日 期	新聞標題	報導內容	備 註
1919	05／19	赤崁短訊迎請媽祖	臺南大天后宮天上聖母。自來顯赫。尤著遐方。如蕃薯簝阿緱一帶之善男信女。崇拜愈見虔誠。例年自二月初起粵人來南進香者。絡繹不絕。自彫製鎭南媽祖。其靈異更無遠弗屆。日來迎請去奉祀者踵相接。一年半在宮。半在外。前月繞境後。市內各商團。每日輪流演劇致祭。尙未完結。又有臺北大稻埕以保正李清誥宋玉成兩人作代表。於去十一日午前九時前來迎請駐駕於慈聖宮致敬。三日基隆諸紳商擬欲迎到該地。參予十六七兩日慶安宮天后之繞境再送歸大稻埕。俟五月十三一同霞海城隍繞境。全管七十二庄。先後迎請。約上宜蘭。以爲人民敬奉。然後沿途。以備臺中街庄迎請。大約奉送聖母回鑾。當在八九月間云。	
1919	05／19	和聲鳴盛	臺南大天后宮。自二三月間。臺北大稻埕及艋舺有長義社等三班。先後來演。各博好評。昨又有嘉義義興軒來南。入街。各商團爲之放爆竹。以歡迎。贈送色旗紅彩。十五十六兩日於天后宮前。登臺開演。步武盡致。服色新鮮。宮之董事錦榮發爲主人翁。治館舍。備茶煙。日則便茉飯。夜則開酒席。聞欲留各子弟戲。皆破費數百金。獨一人負擔而不借云。	
1919	05／21	諸羅特訊子弟晉香	嘉城音樂社有義和義興二班研究北管。久已馳名。二班各自前年習演戲齣。整備服飾逢場作戲。以鳴盛世之音亦昇平景象也。日前臺南大天后宮賽神。義興軒曾往晉香。兼爲演奏。大博好評。義和軒做工尤爲嫺熟。亦儗于來月初束裝上北。參拜稻艋明神。并爲一試厥技云。	
1919	06／15	迎鎭南媽祖	臺南大天后宮鎭南媽祖。自客月菡北以來。稻艋及各街庄居民。大表歡迎。迎請者無虛日。日前大稻埕城隍爺邀境。北部住民可弗論。其自中部來者。至城隍廟參拜。又必到新媽祖宮。參拜鎭南媽祖云。是蓋鎭南媽祖之神靈赫濯。有以致之也。	

時　間	日　期	新聞標題	報導內容	備　註
1919	10／08	媽祖回鑾	臺南大天后宮鎮南媽祖。自本年四月間臺北大稻埕紳商界。迎去崇拜。嗣後艋舺基隆宜蘭各地請去演戲賽會。相續不絕。月是由北而中。滯留五月間。至本四日始回南。蓋緣董事人石謨記每一次要請媽祖。彼須上北。至始至終。往復諸費。以及媽祖啓駕儀仗應需各項。共破四五百金。皆彼一人負擔。非若他媽祖董事人無論遠近請媽祖。一天總須二金。五個月約得三百金。而石反損失四五百金故到處歡迎。鎮南媽祖回鑾之日。午前六時。市內男媽老幼。往北門外焚香跪接者，無慮數千人云。	
1920	03／14	赤崁短訊天后宮開會議	臺南大天后宮。奉祀鎮南媽祖。例年於陰曆三月十五日。舉行祭典十六十七兩日出為繞境。本年為欲修理廟宇。外間誤傳祭典及繞境。皆暫停止。不知祭典是煌々體制。自不可缺。即繞境於商業有所增益。更不可無。去八日午後二時。參事區長三十六保正及董事三郊組合員等在宮後事務室開會議。以該宮係全臺祀典廟。決定向督府稟請認可六萬金。向島內富紳巨賈信士等捐題。重新廟貌。一面準備舉行祭禮及迎神云。	
1920	04／27	神人交好	去年大稻埕保正李清誥宋玉成來南。媽祖去奉祀。媽祖董事石大謨隨駕往北。因與李宋結為老兄弟。現逢人說項。大兄李現年七十二。兄宋六十四。拙庚六十三。去年陰曆五月十三。臺北迎霞海城隍鎮南媽祖。參加出境。本三月十六十七。臺南迎鎮南媽遶境。聞霞海城隍及基隆湄洲媽祖。亦要來參加云。	
1920	04／27	演子弟戲	去十七八基隆得意堂子弟班。來謝鎮南媽祖大時鐘兩個。在天后宮前演唱雨天。廿二廿三廿四。嘉義々興軒演唱三天。此後大稻埕艋舺平樂社長義軒協義軒。先後將來演唱。每班子弟戲謝媽祖及旅費。須開千金。即主人翁應酬費。亦將五百云。	
1920	05／03	保生大帝南遊	臺北大龍峒保安宮保生大帝。此次因臺南大天后舉行紀念祭典。其董事許廷光外七	

時　間	日　期	新聞標題	報導內容	備　註
			氏。具東經米商宋玉成君到保安宮。恭請保生大帝聖駕到南遊境。宮之管理董事諸氏。以百餘年前。保安官甫成。二帝係由白礁經由臺南而到臺北入廟。沿道地方人民演戲迎接。此次大帝南遊。實爲初次。必不可草々從事。致失誠敬。爰開臨時會議。派員隨神駕到南。並于二日午後（舊三月十四日）旌旗鼓樂。詩意畫閣。遊繞大龍峒大稻埕各街庄後。關係諸人士衣冠送神駕到台北驛附近豫設神壇。次干是夜八九點鐘一同由神壇。鼓樂奉送至驛場。上列車南下。保生大帝靈顯百餘年。遠近信仰最深。客歲舊七月流疫。遠近地方往迎遊境者。無不立見平安。七月二十日至廿四日一時遠近男女到廟參拜者。多約二十萬人。舊十一月將舉慶成建醮。適逢十月孤星落地降雨。人民多謂難望晴天。而醮壇著手。一連二十餘日接晴霽溫暖。人以爲神之靈應。建醮後感冒流疫。亦隨時寧息。建醮之第三日。因安龍謝土不完全。廟中井水忽變濁生臭。與街道消溝濁水無異。醮壇僧道。數次洗淨接不效。借人淘汰及經數次大雨。亦濁臭如故。後經大帝乩示。鎮以靈符。三日而井水不動。變臭爲甘。人咸服其靈異。此次遊南必大顯神化可知。又嘉義、臺中、新竹各地。或者沿道駐駕亦未可知。關係諸神士。擬神駕回北時。再備鼓樂到驛場迎接。回保安宮。演戲慶祝云。	
1920	05／03	霞海城隍南遊	大稻埕霞海城隍。此次臺南大天后宮紀念祭典。亦于二日夜遊臺北驛。同保安宮保生大帝。乘列□南下遊境。城隍靈應。南部信仰者甚多云。	
1920	05／04	臺南媽祖大祭非常なる賑ひ（三日臺南發電）	臺南媽祖大祭は三日午前十時より執行せられ多數官民の參拜ありて式は莊嚴を極め正午より公館に□□あり來賓二百餘名にて盛宴なりしが此日より各地方の參詣者陸續來南し四、五の二日は神輿市內を□□し各團體の□し執行列蜿蜒として續き市內は到る□□□□杳を品すべし	

時　間	日　期	新聞標題	報導內容	備　註
1920	05／05	臺南媽祖祭商況大に潤ふ	臺南市の大天后宮なら鎮南天上聖母即い媽祖の本年大祭は既電の如く三日午前十時より約一時間餘に瓦つて嚴肅裡に執行されたが本祭式には兩三年前から市內の重なる官民の參列を見るに至り且各町內でも獻燈を軒々に吊るし相當の裝飾を施こすやうになつたの一段の御祭氣分を有意義に唆るかの如くなら既に三日の日には島內遠近の各地方より參詣の爲來南すら午後一時より春季大祭を執行し吉備舞の奉納あり終つて岡臺南教會長の說教ある筈尚又同六日午後八時より宵祭を執行し吉備舞奉納あり終つて永井教會長の「平和大詔と將來の宗教に就て說教ある筈	
1920	05／06	臺南媽祖祭御興渡御は六日（五日臺南電話）	五日の臺南媽祖祭御興渡御は朝來土沙蹕りの雨にて六日に延期されしも基隆臺北等遠方とりの參詣者は滯在中にて四日の如きは市中一般の商況頗る活氣附き意外の殷賑を見たり（五日臺南電話）	
1920	05／07	媽祖の餘慶臺南大天后宮	臺南市大天后宮に鎮座まします媽祖の本年大祭典は已報の如く去る三日執行され遠くは基隆、臺北邊よりの參詣者や神興渡御參加團も尠からずあつて四日の市內巡遊は夜に入つて一入の盛觀を極め到る處に人出の大雜沓を演出したが五日は折惡しく朝よりの雨天で地方參詣者の足を止め其日の渡御行列は順延となつた 何んでも聞く所によると遠近よりの參詣者は斯神に信心深いのみならず近年の好景氣でシコタマ懷中を暖めて居る連中が多く且又質や八を置いても此際はと言つた連中も加はつて居たので何れも申合せた如うに金子放れが良く臺南市內各店舗は媽祖さんの餘慶に浴し此兩三日中は隨分と有卦に入つたらしい帽子類を山積した臨時据賣行商抔は、見る見る中に賣品を悉皆飛ばして了ひ金銀細工商抔は註問一時に	

時　間	日　期	新聞標題	報導內容	備　註
			殺到して夫れ指輪、夫れ腕輪に時計と云つた鹽梅式の好況裡を餘儀なくされて天手古舞を演じた抔も以て其一斑を窺知させるに足りやう、ただ吳服物類が右に比べると割合に閑散らしかつた相だが併し何んと言つても媽祖の御惠みに各方面にえ互つた豐なるものがあつたに相違無い、道行く田夫野人らしい姿の懷中には澤山の紙幣が捻じ込められて、厘毛の値切りもせずに□々で色々の物品を買附けて居たと云ふことだ	
1920	05／08	赤崁特訊迎鎮南媽盛況	四日臺南鎮南媽遶境。是時春和景明。天高氣煦。正午煙火三揚。由本廟口整陣行列。劈頭路關牌路關鼓托燈頭旗。第一番永樂町派出所管內諸鑼皷藝閣神輿。第二番福住町。第三番壽町。第四番錦町。第五番清水町。第六番本町。第七番新町。第八番□松町。第九番大宮町一同。第十番履物商團。十一番糖餅。十二番藥材。十三番海產。十四番西市。十五番金銀。十六番吳服。十七番足袋。十八番∟郊。十九番銀紙。二十番材木木挽。廿一番什貨。廿二番福州團。廿三番貸座敷。廿四番金物。廿五番棕簑。廿六番藥物。廿七番煙草。廿八番三郊。廿九番臺北之皷樂兩對韓范二大神霞海城隍保生大帝湄洲媽祖三頂花轎。三十番本宮馬隊執事香擔。卅一番以和社十三腔。卅二番壯丁團變駕一對對轎班。卅三番鎮南媽神輿殿後爲振聲社之御前清客。商團中各以其所賣之物。或製成旗幟。或點綴棚閣。或裝飾故事。與其營業。有吻合者。無非欲昭其廣告如布店錦榮發石大謨裝錦上添花。此錦上添花係石崇故事。不但與營業有合。且同是一姓。糖餅團味珍齋之裝三娘送飯入瓜園。及蔗境分甘。棚面舖敍卻好。裝角欠雅其他吳服團什貨團∟團所裝飾藝閣美不勝收。惜多不揭出典故。有欠分曉。旗幟中如雞毛草履金銀絲等。或以趣味勝。或以貴品勝。或以精細工夫勝。要不著材木商永森記之一杉片花旗較爲	

時　間	日　期	新聞標題	報導內容	備　註
			上乘。旗幅以三色檜杉。每枝截作五六寸長。潤約五分。厚約二分。入爲蔴香範。四邊以杉片花捲爲圓圜。排一層壽字垛。一層萬字垛。々之鬚。則以生扁柏爲之。旗頭垂一罄牌。純以杉片花製成一森字。聞四個木工師。經兩週間。晝夜鬥角勾心而成。總藝閣在五十左右。大半不惜工資。一臺開三百以上者有之。本年福州團解散。所裝亦是出色。全體似較前稍遜。然南北來觀者。人數較多。自一日每幫火車皆立而無座位。閩粤館南北館三山館日之丸館。自二日夜已充斥酒樓妓院。皆應接不遑。滿市人山人海。當此財界恐慌之際。其奢侈依然如是。怪底越日雨師稅駕。上天示儆。以抹殺其好景也。	
1920	05／12	準備迎接神駕	此次保安宮保生大帝及大稻埕霞海城隍、天上聖母三位神駕蒞南、經定來十四日五前七時二分。（即舊廿六早）由列車歸北。又臺南鎮南媽祖及基隆湄洲媽祖亦將同車到北。保安宮關係一二三保有志。擬於神駕抵北時。齊到臺北驛迎接。暫憩於驛場附近丸協運送店豫備神壇。然後于午前十時。由各街庄虔備□輿鼓樂及其他一切行列。到保安宮口取齊次到神壇迎接諸神駕。于大稻埕大龍峒各街遊境。回送至保安宮。一昨大稻埕及大龍峒人士。經於慈聖宮商量一切。決定各街各庄。準備鼓樂藝閣。及其他陣頭。以表誠敬。屆期踵事增華。必有一番熱鬧。又一二三保眾等。亦準備迎接云。	
1920	5／12	赤崁短訊／裝藝送神	大龍峒保生大帝。大稻埕霞海城隍。基隆湄洲媽祖。本擬陰曆二十日駕回北部。臺南諸商團。因十七日雨師稅駕。阻撓遊興。依然勃勃。皆欲再裝藝閣。出送三客神。奈連日多少降雨。十八夜傳諸紳商在大天后宮開會議。恭挽神駕再勾留幾天。俟二十五日。灣里支廳天上聖母來進香。一同迎出遶境。其準備所裝故事。必不亞於前日。定午後九時。送至驛頭。舉數代表奉三神以歸云。	

時　間	日　期	新聞標題	報導內容	備　註
1920	05／14	臺南媽祖祭神輿渡御昨日決行さる（十三日臺南電話）	去ら五日舉行の豫定なりし臺南大天后宮の媽祖神輿は雨天つゞきの爲め延期され居りしが十三日午前十時より開始の事となり市內及び附近より參加せる隨員進香隊多數にて市內西北部は殷賑を極め此日夜行にて北上の臺北基隆よりの媽祖神體見送りの爲め停車場は大混雜を極めたり（十三日臺南電話）	
1920	05／15	三神駕歸北	臺北大龍峒保生大帝同大稻埕霞海城隍天上聖母三神駕。昨已由南乘車歸北。基隆湄洲媽祖臺南鎮南媽祖亦一同駕臨。保安宮關係一二三保有志。各於午前七時到臺北驛恭接。臺南大天后宮董事代表余君屏、石秀芳二氏亦送至臺北。諸神聖暫迎於臺北驛前豫備神壇午前十時。大稻埕、大龍峒、牛埔仔、新庄仔、二三重、水柯頭、社仔、三角埔仔暨其他各街庄善信。均備旌旗鑼鼓樂詩意神輿到驛前神壇迎接。遊繞大稻埕大龍峒等處。頗爲一時熱鬧云。	
1920	05／20	赤崁短訊神降未歸	稻江平安社奉謝范二將軍。來南參加鎮南媽遶境。因雨師阻興。不能演戲。二將軍暫滯南。社員陸續旋梓。近日社員再重來。連日在大天后宮演子弟戲。受市內各商團各宮廟贈旌旗六七十旒。金牌十數面。本擬十六日歸北。不意十五夜金牌被盜賊剪去。現刑事認眞搜索。歸期尙未定云。	
1920	05／22	基隆特訊協議媽祖繞境	來六月三日（舊曆四月十七日）基隆慶安宮聖母。竝湄洲媽祖。依例神輿出境。又有臺南大天后宮鎮南媽祖由稻江迎到。參加繞境。此舉乃市內十八保輪番。本年值十八堡代表汪福蔭。十七保代表陳厖。十六保代表賴憂。三保合辦。是日會基隆神社大祭。內地本島餘興參半。由三保代表。日昨招集市內各團體。協議成行。踵事增華。務使刷新面目。在來之藝閣。諸腐陳故事。不足雅觀。當事者傾盡全力。準備非常忙碌。各團體亦匠心獨運。爭奇鬪巧。操必勝之權。欲得優等賞品云。	

時 間	日 期	新聞標題	報導內容	備 註
1921	02／27	赤崁短訊／慶祝上元	臺南大天后宮。每當陰曆元宵市民供奉盆景。以慶祝上元。於今已三年。本年尤盛。其盆景彫刻盡致。爭妍鬪巧。無奇不有。花松約二百盆。蒼翠可掬。水仙花約三百盆香氣襲人。有以五色石花螺殼。砌成山水池亭花徑樓閣寺院及禽獸。又以異草。點綴其問。無不涉目成趣中如盧水獻──盆。名曰萼樹。僅一直幹。挺然而立。絢二尺長。如沙魚劍。傳聞七月半結子。八月間開花。一盆內地大輪種菊。花開二朵。一朵如碗而大。一朵稍遜。一盆拜歲蘭。花開十餘莖。香與色皆可愛。二者不知何人所獻。錦榮發所獻花之富貴者。歷年皆是香港交關客寄贈。二盆已自初間開花。現就凋謝。一盆有三莖含三蕊。須俟月終花開。此一二月。物色人擁擠不開云。	
1921	02／27	演子弟戲	自來島人北管。只學唱唸。以便迎神賽會。聲音熱鬧而已。臺南小媽祖街遏雲軒北管。一行五六十名。其鐘鼓管絃。及長衫馬掛。本極整頓。近鑑於臺北大稻埕基隆艋舺及嘉義皆有子弟戲。來南大天后宮扮演。彼自技癢。延請上海班名師來教習。關目恢諧步驟。各己闌熟。又購買新鮮服色件々周備。此陰曆十五十六十七三日間。在大媽祖宮開檯扮演。準擬五月間奉鎮南媽上北。以燦行迎霞海城隍。並欲於城隍廟前演戲三天云。	
1921	03／10	赤崁短訊／祭典改期	臺南大天后宮鎮南媽組。每年自陰曆正月初起。香火繁盛。至四月間方稍開散。故歷年正月至三月演戲約二百臺進香者絡繹不絕。其祭典例以三月十五日舉行。十六十七日繞境。然十七日年々降雨頗為掃興。近日董事石學文爰傳集市內重要諸紳商。會議祭典改定十四日。而繞境故定十五十六兩日云。	
1921	04／16	準備迎神	臺南大天后宮鎮南媽祖。例年陰曆三月十五六兩日。出為遶境。因去年景氣不佳。遂有傳言本年暫停止者。然臺南迎后。中南北來觀者。動以數萬計。市內各途生意。	

時　間	日　期	新聞標題	報導內容	備　註
			大見活潑。是迎神所以振商況。停止則商況愈衰退矣。是故各商團體益加勉強。準備忙碌。如西市場之魚肉商團。羊豚會計最博暴利者。聲言所裝詩意故事。必為各團冠。客歲生理蒙損失者。布及糖最劇。雖創鉅痛深。然猶極力鼓舞。與他商團較。無稍色遜。當市米商團將近百間。多則易為力。向皆閒散。茲有人出為提倡。況際此粟價大跌後。白米商皆獲利。此團必有可觀。其他雜貨團金銅鐵紙煙草銀紙等々。依然爭奇鬪巧。力不少懈。福州團始也一二年裝出藝題趣味無能出其右者。自醉仙樓唐大漢亡後。草々從事。今有寶美樓主人蕭宗琳。及鄭三妹吳服店二有力者。竝出主事。當必較為出色。惟金銀店目下商業最丕振。團力益廣厚。竟互相推諉。寂々無聞。但一部無傷於大局。兼之七良境迎岡山佛祖。大銃街奉白龍庵帝爺。出為燦行。內地人側尤見踴躍。旗幟議加鮮明。屆時盛況。或駕歷年以上云。	
1921	04／19	臺南迎鎮南媽	臺南大天后宮鎮南天上聖母。依例將於來二十二二十三兩日。即舊曆三月十五六等日。出為遶境。本年各境神輿隨駕。及各商團裝飾故事。列隊燦行。現正準備一切。務臻極盛。其首事之錦榮發石學文氏喬梓。尤為奔走。馳書各地延客。遠至北部。每年自北部往觀者。兩三日前即絡繹不絕。本年想亦如是也。	
1921	04／23	稻江恭迎媽祖	稻江人士為地方繁榮策。決議乘此舊曆三月廿三日媽祖誕辰。恭迎臺南媽祖來稻繞境。現各街已徧貼香條。諒屆時必有一番如荼如火之觀。	
1921	04／27	祭聖延期	大天后宮天上聖母祭典。已於去廿一日午前十時。由荒卷市尹主祭飾施行矣。而聖廟春祭。本定於廿四日。緣枝臺南州知州有事。故將他行。歸期須十日間。大約來月初旬丁日。當能舉行云。	
1921	05／07	赤崁特訊／爭迎媽祖	鎮南媽祖。原塑十餘神像。以備各地恭迎。本年因景氣不佳。信仰者愈眾相傳媽祖聖駕若臨。到處五谷豐登。人民吉慶。	

時　間	日　期	新聞標題	報導內容	備　註
			故每日金皷喧天。入市進香者。絡繹不絕。有所謂小滾水庄者。有所謂仁武庄者。有所謂外武定十八庄者。陰曆二十日楠梓坑庄長林土城。二十一日大竹林首事郭景各隨該地媽祖來謁祖。與天后宮董事石謨記相商。各迎一鎮南媽而去。此外蕃薯簝管內人民。計二三千名。各奉其神輿。到大天后宮拈香。嘉義郡義興軒子弟戲。來演三天宮內香火旺盛。較之祭典前。尤彩熱鬧云。	
1921	05／18	赤崁特訊／監督無禮	高雄州屏東郡屏東街。奉祀天上聖母。廿餘年來。未嘗迎神。者番為欲振興商業起見。議請鎮南媽及北港媽。同去繞境三日。竝延臺南天后宮董事長石大謨一遊。石於迎神之二日往。見安置北港媽於上案。安置鎮南媽於下案。出遊北港媽坐新轎鎮南媽坐舊轎。甚至以鎮南媽之鑾駕。排列於北港媽之輿前。石見之有怒容。問何人主事有施鞍者出頭承認。語言甚不遜。石旋以不遜應之。施即搶步欲毆石。幸被大眾阻止。又裝飾藝閣有一二三等賞牌。當地紳士。請臺南郭芷涵鑑定。郭以貴妃醉酒。較有詩意。應該一等賞。施本肉眼。更阿其所好。偏不謂然。大聲惡言。無禮於郭。查施係該地刑事耳目。人畏之如虎。任其指揮。何阿緱全無人物。用此而作監督乎。	
1921	5／31	合同賽會續報	六月三日。基隆之合同大賽會。遠自臺南大天后。北港朝天宮近而關渡宮。各宮媽祖聖駕。均參加奉迎。以俾信仰者。篤於誠敬。是日各地方往觀者比常年當大多數。該當事者乃與鐵道部交涉。增發往復臨時列車。即臺北至基隆間。猴洞至基隆間。使香客及來觀者便利。又各團體或個人之餘興。皆熱誠準備故事。及種種陣頭。各團體中。聞有裝一故事而費數百圓者。意匠經營。該當事者。乃籌設賞品。以為獎勵。已製金牌五面。自一等至五等。又製銀牌七面。自六等至十二等。各與以賞品。各團體有五十團以上。而賞品十二等（四分之一者）。可知其必爭奇鬥巧。欲為邀賞也。	

時　間	日　期	新聞標題	報導內容	備　註
1921	06／04	鎮南媽之信仰	臺南大天后宮鎮南媽祖。一尊長□駐北。在大稻埕慈聖宮。以備北部附近人民。參詣恭迎。去三日基隆媽祖其他諸神合同祭典。來迎鎮南媽參加繞境。來六日新庄迎大眾爺。亦欲迎鎮南媽繞境。其他北部各街庄賽會。亦多迎鎮南媽。已成為例。蓋鎮南媽之靈應。有足以感動人者云	
1921	06／11	遏雲軒將來北	臺南市北管遏雲軒。一行約五十人。將束裝來北。於舊曆五月十三日。參加霞海城隍繞境行列。該軒亦能登臺演唱。希望在城隍廟附近築臺。一展其技臺南音樂團之來北。以此次為嚆矢。近年以來。稻艋各軒音樂團多有至南。向大天后宮媽祖進香。即於宮前演唱。接連數日。該宮董事其他關係者。極力招呼。設備宿所。供給茶飯。時或設筵┐洽。又各商團聯絡。金牌以贈之者。有製綢旗以贈之者。所費不資。此番遏雲軒來北。禮尚往來。想不至落寞而歸可知已。	
1921	06／29	鎮南媽之靈威	臺南大天后宮。在前清時代。香火頗盛。每年自舊正起至三月止南北進香之人。絡繹不絕。帝國領臺以後。曹洞宗僧侶借居大殿。凡內地人官紳及商人有死者。皆异往廟內讀經。廟門嚴閉。終日不開。後該宗移去。三郊又將廟租潮州班演劇。神前香火全無。後因北港媽祖復循舊例。蒞南進香。遂畧有人參拜。蓋明治三十八年有人善貼香條。謂北港朝天宮往郡進香。時北港人曾席珍氏在南賣糖。錦榮發主人石學文氏問以事之有無。曾氏答以無此計劃。石氏乃託辛西准氏請諸當時廳長山形脩人氏。欲迎北港媽祖蒞南。以除疫癘。山形廳長許之。即由當時三郊組合長許藏春氏具名。請得許可。石氏更邀參事區長保正會議。委石氏至北港恭請。北港媽蒞南後臺南市果見平安。於是石氏與重要人士。議欲自塑一尊。奉祀於大天后宮。同詣神前擲筶。得許。塑成之後。擇日開光。名曰鎮南天上聖母。並舉盛大祭典。官紳參列。自後年以為例。香火日盛。南北各地之恭請者。應接不暇。前年既塑四尊。	

時　間	日　期	新聞標題	報導內容	備　註
			仍不足供人之求。現正新塑三尊。擇吉日良時啓斧。塑成開光云。雖由神之靈威使然。而石氏之勞亦足多矣。	
1921	09／04	諸羅特訊／媽祖蒞嘉	臺南大天后宮。鎮南媽祖。月之二日午後五時。爲嘉城人士。迎請到嘉。奉祀城隍廟與祭。四五兩日。將迎神駕。同出邊境。	
1921	09／10	諸羅特訊／賽會紀盛	嘉義城隍遶境。因四五兩日降雨。延至六日舉行。是早城隍爺。臺南大天后宮媽祖。彰化南瑤宮媽祖。及各境神駕齊集內教場。發砲連行。巡繞市內。各商團特粧詩意閣三十二閣爍行。就中屠畜商。西市魚商。茱商。金銀商。藥郊。雜貨郊。各粧競爭藝閣。其巧麗皆非曩年所罕覩者。廣告旗五花十色。燦爛可觀。如金銀郊之金銀旗綴以金銀花鳥。值數千金。閃爍奪目。他如義和興之車腳旗。乚郊。時計舖。商工銀行諸旗。皆稱逸品。要之。曩年劣陋不堪寓目之旗幟。及帶枷隨香漸減。全體俱見進化。僉謂市況如此困頓。能臻盛觀。若非爐主黃明火氏。熱誠皷舞。與西門各保正。協力幫忙。豈容易也。	
1921	09／16	諸羅特訊／南友祭神	日前嘉邑城隍賽會。董事特與臺南大天后官爐主石學文氏接洽。迎請媽祖神駕蒞嘉與祭。該地善信。隨駕而來者甚眾。頗爲同地士商歡迎。茲者主腦者石學文氏。及南人蘇友讓諸氏倡首。組織嘉南善友會。凡關宗教愍善之事。兩地互相提攜。	
1921	09／17	臺南媽祖祭	臺南於衛生展覽會開會中。擬自十七日起三日間。舉行媽祖祭典。十四日下午七時。集委員于公館。協議裝飾街市。軒燈及其他等頂。祭典委員長爲荒卷市尹。副委員長里見四郎。陳鴻鳴。委員長專屬石謨記。謝群我諸氏。其他委員。各爲準備奔走。I	
1921	09／19	諸羅特訊／南友祭神	臺南大天后宮鎮南媽祖。日前神駕蒞嘉。適遇城隍祭典。該地巨商錦榮發石學文氏等。虔誠隨駕。備受同地人士歡迎。石氏乃與僑嘉南人蘇友讓等。結嘉義南友團。去十五日晚。虔備清酒庶饈。致祭城隍。邀請河東田郡守拈香。廟前開演義和義興	

時　間	日　期	新聞標題	報導內容	備　註
			兩班子弟戲。午後八時。置酒南座。饗宴同地官紳數十名。酒酣。蘇友讓氏。離席敘禮。略謂昨秋制度改正。嘉義歸臺南州。彼此固屬同一州內。深望嘉義經濟。諸般益爲融和聯絡。已而河東田郡守。起致謝詞。竝乾杯爲東道壽。一座名花。往來勸酒。鐘鳴十下。始各盡醉而歸。	
1921	10／10	諸羅特訊／重陽賽神	嘉義關廂境。例於夏曆重九。迎請媽祖到嘉。恭舉祭典。以介景福。今秋仍欲依例迎迓。南北港溪北媽祖。崇祀於該處福神廟。又新店尾朝天宮溫陵媽祖廟。亦由該境善信。往迎臺南天后宮及朴子配天宮天上聖母。蒞嘉舉祭。二境踵事增華。各聘臺南梨園開演。以鬥熱鬧。其勝負將以徵之將來也。	
1922	02／11	上元遶境	二月十一日紀元節佳辰。又逢古曆燈節。當地依例恭昪各境神輿遶境。以介景福。竝請臺南大天后宮天上聖母鑾駕遙臨。元宵有龍燈戲舞。大街燈火。一夜花開。士女觀光。定有金吾弛禁之感。北港街亦將元夜三夜間。依例迎請媽祖遶境。有無數連環棚。爭新鬥豔。尤有可觀也。	
1922	03／09	赤崁特訊／議祭天妃	臺南大天后宮。天上聖母祭典。目下將屆其期。月初總理事石秀芳氏。發柬邀市內有力者。議於大天后宮事務所。結果決來九日。通知各廟董事。十日各商團舉祭即決來月十日。遶境十一十二兩日云。	
1922	04／01	臺南／祭典打合	大天后宮□事石謨記氏は三十日午後六時濟由閣に市有力者を招じ媽祖祭典に關し打合會を開いた	
1922	04／02	赤崁特訊／香客甚﹂	商界不況。生活程度困難。由是素抱信仰心者。亦與之而俱墜。市內大天后宮。例年自二月中起。便見進香者。絡繹不絕。本年不但寥寥無幾。且如遶境事。亦未聞有甚勇躍云	
1922	04／07	赤崁特訊聖母舉祭	大天后宮鎮南天上聖母舉祭一事。去三日。已由該廟總理事。石謨記陳鴻鳴二氏。發柬邀請市內官紳。以便十日午前九時之例祭參與其云。	

時　間	日　期	新聞標題	報導內容	備　註
1922	04／08	臺南聖母遶境	臺南大天后宮天上聖母。照年例於舊三月十四日舉行祭典。舊十五十六兩日遶境。本年各商團甚踴躍。其熱鬧不減於前云。	
1922	04／11	臺南の媽祖祭	臺南の媽祖祭典は十日午前十時から臺町二丁目の大天后宮に於て執行され優雅な奏樂に諸々の式は莊嚴裡に行はれたが文武官民多數の參拜あり盛典を極めた（臺南電話）	
1922	04／12	臺南市の媽祖祭典例により大賑	年中行事としての臺南媽祖祭典渡御行列は昨十一日正午三發の煙火合圖として臺町たる大天后宮を出發し八爺九爺を始め藝棚北管南管その他の服裝行列は數百旒の□や奏樂と共に一大行列を作り夜遲くまで臺南市內を練り步いたが地方からの人出も多く市中は喧騒の氣に滿ち戸每に大行燈を揭げるなど大賑ひを呈した（十一日臺南電話）	
1923	04／25	赤崁特訊／議迎媽祖	臺南有志者謝群我辛西淮陳明沛石秀芳等。爲恢復市況起見。於去四月二十二日午後一時。招集市內保正紳商團等。到臺南大媽祖宮市務所。敬奉迎媽祖竝祭典。有所協議。決定期日。容後再報。	
1923	04／28	赤崁特訊／迎神認可	前報臺南議迎媽祖一節。因諸有志。並紳商等贊襄。遂決定來五月十一日祭典。十二十三兩日間。舉行奉迎媽祖。巡繞市街。昨以由董事石秀芳外數名。提出認可書於市尹云。	
1923	05／06	臺南の媽祖祭典	臺南に於ける鎮南天上聖母の例祭來十一日午前十時より臺町二丁目なる大天后宮に於て執行さるべく祭典順序左の通りにて市內は例年通りの催あり物大に賑ひを呈するならん 迎神、地方長官拈香、行初獻禮祭典委員長祭文捧讀、行亞獻禮行終獻禮、飲福受胙、撤饌、送神、樂止望燎禮畢。	
1923	05／07	赤崁特訊媽祖祭磋商	臺南市役所。於五月五日午後。就來十一日臺南媽祖祭典任命委員。竝有所磋商云。	

時 間	日 期	新聞標題	報導內容	備 註
1923	05／11	赤崁特訊武聖與媽祖祭（有預告遶境，但未見實況。）	曩報議臺南媽祖遶境事迫在目前。市內各商團機關。咸爲市況挽回計。想多爭先恐後。極力意匠。以備隨駕行列。且自去五月一日以來。南自恆春、旗山北至諸羅竹塹。虔心參詣者。終日絡繹不絕市況遂呈幾分活氣。而十一日午前九時有武聖關夫子祭典執行。同日午前十時媽祖祭典執行。同十二十三之兩日間之媽祖巡境所關。諸當事者極形忙碌。以此推本年之媽祖遶境。當較諸昨年有幾分嶄新云。	
1923	05／15	赤崁特訊兩祭典續報	前報武廟與媽祖祭一節果於去五月十一日午前九時。由董事總代謝群我石秀芳兩氏。在武廟內恭候參列者。以臺南樂□以和社奏樂。次序如下。一、開式。午前九時十分爆竹。二、迎神。三、地方長官拈香。四、初獻禮。五、祭典委員長祭典捧讀。六、行亞獻禮。七、行終獻禮。八、飲福受胙。九、徹饌。十、送神。十一、樂止望燎。禮畢。至同九時五十分。式終退散。竝頒與神饌。此間董事總代謝群我石秀芳。直趨到大千（應爲天）后宮。爲種種準備。亦以同樣聖樂鑾駕。次序如下。一、開式。午前十時二十分。爆竹爲號。二、迎神（以和社聖樂鼓吹）。三、地方長官拈香。松野步兵第二、聯隊。村田守備隊司令部。吉岡州知事。四、行初獻禮。五、祭典委員荒卷市尹捧讀祭文。六、行亞獻禮。七、行終獻禮。八、飲福受胙。九、徹饌。十、送神。十一、樂止望燎。禮畢。至十一時陸續退出。竝頒與神饌。是日惠風和暢。各界參列者。自村田司令部松野部兵第二聯長隊。吉岡州知事。猪股警務部長。增田地方課長。池田文書課長。荒卷市尹。伊關警察署長。田村高等課長。赤堀警務課長等。及各小公學校。各新聞記者。各町委員保正紳商。州事協議員。竝內臺有志者等。無慮數百人。洵盛況也。	
1923	05／18	赤崁特訊商業近況	爲鎭南天上聖母之遶境事在即。以是市內商業界。近日頗騰好況。如吳服。金銀細工品。和洋雜貨與日用雜貨等各商。現每日交易者。俱見絡繹不絕者云。	

時　間	日　期	新聞標題	報導內容	備　註
1924	04／15	臺南媽祖例祭	臺南市大天后宮媽祖例年大祭。訂來十七日上午十時舉行。祭典之順序。十時鳴爆竹爲號。次迎神。地方長官拈香。行初獻禮。祭典委員長祭文奉讀。行亞獻禮。及終獻禮。然後飲福受胙。徹饌送神。樂止望燎禮畢。	
1924	04／15	赤崁特訊／祭典續聞	大天后宮媽祖祭典。訂來十七日舉行。茲聞祭典委員。決議本年度欲盛大舉行。藉以振興市況。而商團亦熱心贊助。力求奇巧翻新。且向鐵道部交涉於斗六屏東間。以利觀客。神輿遶境。擇十八九兩日	11
1924	04／21	赤崁特訊賽會狀況	去十八日。臺南媽祖遶境一事。是日天朗氣清。當地市民。遍樹國旗。懸掛街燈。排設香案。虔心誠敬。殆至正午。砲聲三響。鑾駕啓程。順序行列。先爲路關引導。繼而北管。正音。藝閣。其他諸故事。繞遊街市。紅男綠女。扶老攜幼。結伴成群。沿途參觀。人山人海。擁擠不開。洵盛況也。	11
1924	04／21	附設景品	新竹街北門瑞記製襪商。去十八日乘臺南媽祖賽會之機。來南設臨時出張所販賣。減價一割。又豫購煙火三十發。內藏景品引換券二種。一紙碑。一旗仔連紅貢條。在當市爆發。有拾法蓋印紙牌。可換襪一雙。有拾得蓋印紅貢條。可換襪半打。場所在市內竹仔街。自十七日起。販賣三日云。	
1924	04／21	商人獲利	去十八日。臺南媽祖遶境一事。商界中最得利者旅館。每處客滿。次則飲食商。銀紙商。雜貨商。吳服商。其他。莫不多少獲利。市況爲之一振。	11
1924	05／06	赤崁特訊／舉行抽籤	去四日午後二時。臺南天后宮董事。請警官及新聞記者。以及紳商立會。舉行掛號福引抽籤。一等八角金牌。爲東港郡萬丹庄陳雲當彩。二等三角金牌。爲新化郡大營庄陳氏治當彩。其他三等大形銀牌十個。四等小彩銀碑五十個。各將當籤者。逐一記明住所氏名。不日送呈本人矣。	

時　間	日　期	新聞標題	報導內容	備　註
1925	03／14	赤崁特訊籌備媽祖祭	臺南大天后宮媽祖祭典。歷年皆於舊曆三月中舉行。茲將屆期。日前諸紳商會議。決定舊三月十五朝舉祭。同日午後及翌日。舁神輿遶□。聞本年各商團準備燦行故事詩意。極□踴躍。其熱鬧當不遜往年云。	
1925	03／28	市況引立てにもと今年は盛大にする臺南媽祖廟と文廟祭典	臺南媽祖廟及び文廟の本年度祭典は既報の如く來る四月六、七、八の三日間に亘り行はれる筈で右實施計劃に關し二十七日夜臺南公會堂に於て委員參集の上大體の打合せを行つたが本年は文廟祭典に準じ市況引立の一方法として比較盛大に舉行される見込の下に七八兩日は市內を練り廻り祭典行列の如きも例年より面目を新にする事となる筈で近鄉近在よりの人出も可なり多いもの見込まれて居る（二十七日臺南電話）	
1925	03／30	臺南媽祖廟祭典	臺南媽祖廟及武廟祭典。訂來六、七、八三日間舉行。關此于去二十七日夜七時。假臺南公會堂。會集市尹助役。及各町總代。其他多數列席。開籌設磋商。決定各街施行裝飾。及神輿藝棚音樂（南北管十三腔）其他行列。由各町內及團體助興。祭典中。市內內臺人商店。聯合大賣出。經委□商工會及實業協和會。其時地方參觀者。定不乏人。故對鐵道部。交涉增發連絡客車。該祭典歷年熱鬧。今又豫先籌備。屆時當更一層盛況也。	
1925	04／03	臺南媽祖大祭	臺南大天后宮媽祖。將於來初六日午前十一時。照年例舉行大祭云。	
1925	04／09	臺南媽祖祭盛況	臺南媽祖祭典之第二日。觀客不減前日。行列如前日上午十一時出本廟。自本町經過永樂町。而大賣出之各商店。均得意外暢消。一般盛況。此兩日由地方觀客。約達三萬人云。	
1926	04／16	臺南媽祖祭典（未見遶境實況）	臺南市民。照年例于來二十三日。即古曆三月十三日。舉行天后宮鎮南媽祖祭典。翌二十五六兩日。恭迎媽祖神輿遶境。目下該廟董事及商界人等。暨各團體。華僑商人等。正熱心準備。屆期定有一番熱鬧也。	

時　間	日　期	新聞標題	報導內容	備　註
1926	04／17	安平運河廿五日舉竣成祝賀會	臺南運河工事。前後閱五箇年。工費投下五十萬餘圓。現經告竣。此後可望大大的資臺南市商況發展。同市欣喜之餘。乃於去十五日下午一時起。在臺南公會堂。開協議會月例會。磋商祝賀主要事件。大體決定來廿五日上午十時起。招待伊澤總督。後藤長官。及府內各地方重要官民約千名。在臺南側船溜埋立地。開同竣成大祝賀會。其關於準備。則舉荒卷市尹爲委員長。西崎佐藤兩氏爲副委員長。外委囑評議員五十一名。其他各係員若干名。銳意籌備。餘興有龍舟競渡彰化煙火。小公學生執旗行列。城內新町藝妓手踊。其他運河港口船舶之裝飾等。附記前一日即二十四日上午十一時起臺南大天后宮。要依年例。執行媽祖大祭。兼盛大遶境。故前後當益呈現好況也。	
1926	04／19	臺南媽祖廟大祭	臺南市天后宮。定四月二十四日午前十一時。舉行例祭。由董事者陳鴻鳴。許廷光。黃欣。謝羣我。石秀芳諸氏。發柬邀請官紳參列。	
1926	04／19	臺南媽祖廟大祭	既報の如本年度媽祖廟大祭は來る二十四日午前十一時より大天后宮に於て執行さる筈ゞれが之祭典費及び行列順序其他につき目下打合中である	
1926	04／25	臺南媽祖廟春季祭典	臺南媽祖廟のに春季祭典既報の如くよりにおいて二十四日午前十一時同廟舉行荒卷市尹ほ□として員長參向し官員內地人本□人有志百餘名參列の下に迎神の式があつてそれより順次委員長の祭文捧讀、獻燈、燒香等の式次で終了し參列者一同正午より臺南公會堂において飲福を共にして解散したが該行列は二十五日午前十時より開始さはろはず	
1926	04／25	赤崁特訊／迎神賽會餘文	續報臺南市大天后宮。歷年祭典賽會。即古曆三月十五六兩日。本年因運河開通式之故。變更早一日舉行。即三月十四五兩日。現董事石秀芳等諸氏，目下極力奔走。鼓舞各商團。盛飾故事出爲燦行。勿落人後。屆期定比往年更覺鬧云。	

時　間	日　期	新聞標題	報導內容	備　註
1926	04／30	赤崁特訊／媽祖祭典狀況	既報臺南市大天后宮祭典。經於去二十四日午前十一時舉行。是日懸燈揭旗。陳設祭品畢。文武官員。紳商人□參集。其數約二百餘人。爆竹一聲。肅靜無嘩。首由方爾宜式唱禮。荒卷市尹爲委員長。捧讀祭文。行初獻禮。里見副委負長。行亞□禮。陳鴻鳴副委員長行終獻禮。式終。各官員紳董順序拈香。正午諸事告□。由該廟董事石秀芳諸氏。□內各舉列者。到臺南公會堂。設宴招待。內臺校□侑殤。午後三時宴終。始□退散	
1926	07／21	穢瀆神祇	臺南大天后宮。爲市內有數廟宇。香火之盛。盡人而知。邇來廟內。一任行商歇擔。菓皮紙屑。蒼蠅紛集。油暈氣味。觸人欲嘔。而拜亭上無賴與頑童日聚賭其間。似此豈非穢瀆神祇乎。況該廟冠蓋往來頻繁。觀瞻所及。將何以爲情。有監督責者。稍加留意及之也。該宮某關，係人云云。	
1927	04／08	臺南媽祖遶境未定	臺南大天后宮天上聖母。歷年均於舊三月中舉行祭典。竝出而繞境。本年已屆其期。諸董事現尙在協議中。據聞市衙初以本年尙屬二期喪中。故不表贊意。後經關係者婉商。乃俯順所淸。然囊者是內有數處神廟建醮。均逢諒闇中。未能恭送天師。本屆媽祖祭典。有議同時遶境者。但天師遶境。一日已足。而媽祖須兩天。因經費關係。故尙在討論中。	
1927	04／12	臺南媽祖將舉春祭	臺南市媽祖宮春祭。因是時尙在諒闇中。有主張省略者。然有謂定例祭不舉行。爲冒瀆神靈者。以故決定延期。茲有志等集會于該廟。種々磋商。結局決定十五日午前十時□素舉祭。翌十六、十七。遊繞市內云。	
1927	04／15	赤崁／鎭南媽祭典	臺南大天后宮媽祖。本年例祭。因在諒闇中。故遶境之舉。初擬中止。嗣以市民之希望。爲欲藉以振興市況。乃決定質素行之。其捐欵數。亦較往年爲少。茲訂十五朝舉祭。十六七兩日遶境。而疇昔建醮。未送天師之廟宇。亦定盛裝故事詩意燦行。兼送天師。爲合數境之等備。雖曰素質。其熱鬧當不減於往年云。	

時　間	日　期	新聞標題	報導內容	備　註
1927	4／17	南市爲迎聖母市況一振	臺南大天后宮鎮南媽既如所報。去十五日。舉行祭典矣。本年以爲在諒闇中。嚴肅質素舉行。而日來各地香客來南晉香者。給繹不絕。尤以南部等處來者居多新竹之子第劇。亦依然來南獻技。故市況之一振。如雜貨。匹頭首飾諸生意。猶見利市云。	
1928	4／18	臺南大天后宮祭典展期	臺南大天后宮媽祖祭典。本年原定五月二日舉行。去十五日夜集各界要人磋商結果。當局意見。以久邇宮殿下蒞南在即。如先期舉行祭典。地方觀客來南必多。誠恐衛生不良。故決定將俟臺臨後行之。如殿下豫定期日蒞南則祭典期。當於媽祖誕辰之舊曆三月二十三日。新五月十二日。但各種故事。務欲臻於熱鬧。	
1928	4／28	臺南大天后宮義舉祭典	臺南大天后宮鎮南天妃。其遶境前之例祭。□來二十七日午後七時。假武廟內磋商一切。去二十五日廟董事陳鴻鳴氏。已來邀諸關係人士云。	
1928	4／28	香客大減	臺南大天后宮。興濟宮。東岳殿三廟。例年自舊二月初起。皆有進香々客。南自東港。北至新營。自三月末日常絡繹不絕。昨年後。爲景氣不佳。香客減少。自本年來益見寂寞。然三朝五□。最減退者。莫如天后宮。其原因蓋新營以北。畫歸北港。而屏東媽祖宮。亦於昨年莊塑一尊臺南媽。祀於其內高雄以南香客。遂被分去以是本年來。竟成一外蕭條云。	
1928	05／02	赤崁／祭典日訂	臺南大天后宮聖母祭典。因久邇大將宮將蒞南改期。茲已定五月十二日。即舊曆三月二十三日。媽祖誕辰當日舉祭。翌十三四兩日。昇輿遶境。由執事人員。極力籌備。務期臻於熱鬧。	
1928	05／17	赤崁／媽祖祭典（未見遶境實況）	臺南大天后宮媽祖祭典及繞境。定自本十二日起。三日間舉行。本年因他境有送天師之舉。或意不甚熱鬧。然董其事者。極力出而奔走。現聲明燦行之詩意。故事甚多。	

時　間	日　期	新聞標題	報導內容	備　註
1929	03／24	臺南鎮南聖母遶境磋商	臺南大天后宮鎮南聖母。例年恒於舊三月中祭典遶境。茲將屆期。而諸當事者。因鑑於近數年來。捐欵爲難。各境民眾。態度亦殊冷然。以故本年遶境有作罷之議。第一部商人藉口於振興市況。有望如例舉行者。爲是董事等。乃訂來二十五晚。集各商業團體。於天后宮內磋商以決可否。	
1929	03／29	臺南媽祖遶境期日決定	臺南大天后宮聖母。本屆祭典繞境一事。贊否參半去二十五日。在該廟。再集諸團體磋商。到席者仍寥々無幾。其後決定如例年以舊三月十四日舉祭。十五六兩日繞境。而爛行諸故事。託商工業協會及諸紳董。出而鼓吹。責成各團體擔負。以期熱鬧。	
1929	04／30	臺南天后宮媽祖遶境廿八九兩日	臺南市天后宮媽組祭典。去廿七日午前十一時。在廟內鄭重舉行。茲因知事異動。乃以遠藤市尹爲祭典委員長。其他內臺人參列者眾多。里見四郎氏爲委負長代理。捧讀祝文。一同拈香。即於武廟內飲福。翌廿八九兩日。神輿遍繞市街。各境神佛爛行極形盛況。	
1929	05／01	逃げ出した范謝將軍水牛に狙はる	二十八日午後四時頃臺南媽祖假裝行列が永樂町通りを通過中范謝將軍が悠々として肩をいからして闊步すらのが搖にたのか緊あぎ置きの水牛が一頭突然范謝將軍狙ちてとびかこちてきたので范謝將軍大狼狽逃げやうとしたはづみに翻倒し強か向ふ脛をあうて悲鳴をあげた水牛は難なく飼主になだめられ取押へられつが見物人喜ぶまいことか范謝將軍腰を拔くと拍手喝采	
1929	09／11	臺南方委事務所尙難決定	臺南市內各方面委員。前月中曾受州本部內命。著另設事務所一事。經數次開議。決以大天后宮後進佛祖廳允之。亦以向該廟々董妥協一切。乃近方進行。又有出而異議者。謂事務所設置。雖極完善。第共設書記。恐諸委員委以全責。自己賦閒。使書記坐大妄爲。與保甲同樣有此提議。故設事務所事。又漸擱置云。	

時　間	日　期	新聞標題	報導內容	備　註
1930	03／20	臺南／舉媽祖議	臺南大天后鎮南天妃。例年定舊曆三月中旬繞境市內各街舖戶。以及紳董界。對此籌備種々事故。恒於舊二月中下旬間。者番又屆其期。以是廟董石秀峰氏。去十八日。午後八時。在該廟事務所。招集關係諸人。開媽祖例祭。及繞境等事。徵取各人意見。	
1930	03／23	臺南／來南視察	去十八日午前十時半。朝鮮平安南道園田知事。一行數名。自高雄來南。由堀內地方課長東道。參拜臺南開山兩神社。文武兩聖廟。竝觀察赤崁樓。大天后宮。後更往安平視察赤崁城。養殖試驗場。製鹽會社。	
1930	04／09	臺南大天后宮例年大祭	臺南大天后宮。訂來十一日午前十一時。舉行例年大祭。正由該董事。聯名柬全島各界名士列席云。	
1930	04／10	朝興宮媽廟と臺南媽祖祭典	臺南市末廣町二丁目臺南神社向ひ側なる朝興宮媽祖廟では來る十日から執行さる々北港朝天宮媽祖二十年正年祭に參如の事となつて屆たが同地方な於ける天然痘未終熄の關係と又十一日より執行さるゝ臺南天后宮媽祖廟祭典等の關係があつてその神駕參列を中止し臺南同祭典神駕行列に參加の上一層の盛況を期する事となつたが間ほその他市內外の各寺廟神駕も多數之に加はる罟で本年又例年に劣らぬ賑ひを見る事となるう。	
1930	04／10	臺南媽祖祭遶境兩天	臺南天后宮媽祖祭典行列。乃同市年中重要行事之一。十一日午前十一時舉行春季祭典。十二三兩日正午起。恭舁神輿遶境各境神佛藝閣故事音樂皆為參加。市內梨園子弟雜演。各區盛行裝飾。其熱鬧。定非尋常云。	
1930	04／12	臺南媽祖祭典參加三十五團體大行列で練り步く	既報の如く臺南市の年中行事として多數各團參加の上特に盛大に之舉行さるゝ事となつた臺南媽祖廟祭典に關しては董事その他の係員に於て夫れぐ準備中であるが十二十三の兩日正午より市內を陳り廻る事となつた行列團體は	

時　間	日　期	新聞標題	報導內容	備　註
			本廟神輿の外各派出所管內の路關牌托燈、路關鼓、頭旗大牌その他各業組合並に樂社等現在三十五團を算する罟でその行列延長は一里餘を豫想せられ臺北、屏東等の南北方面よりの參加も見込まれ隨つて近鄉近在の人出も著しかるべく臺南市內は十日より町內裝飾を行つて之等の買客を待つて居る	
1930	04／16	臺南天后宮鎮南媽祖十二、三兩日遶境	臺南年例舉行遶境之鎮南媽祖。已於去十一日午前十一時頃。舉行祭典。越十二、三兩日遶境。此兩日中。市內各商團。合策群力。皆設備新奇故事燦行如雜貨。吳服商東。西兩市商團。以及元大銃街五部堂王爺等。俱皆傾出全力。盡其熱鬧。沿途觀者人山人海。	
1930	12／07	嘉南春萌會主催畫展在嘉義公會堂	嘉義臺南兩市青年畫家所組織嘉南春萌會。目下新加入者二名。定來十三四兩日。在嘉義公會堂。主催第二回試作展覽會。每日午前八時開會。下午五時閉會。出品點數。合臺展出品畫。達五十以上。同會嘗定每年春秋二季。主催試作品展覽。春季利用臺南媽祖祭。秋季嘉義城隍祭典。在嘉義主催。然每年臺展期日。在十一月。爲準備出品。頗感阻碍。同會已變更。此後每年僅主催春季一次。場所以嘉義及台南。彼此輪流云。	
1931	04／14	臺南鎮南媽遶境會議按近日招集各團	臺南大天后宮鎮南媽祖。例年皆於舊曆三月中。舉行祭典後。越日遶境。茲又屆期。以是廟董事陳鴻鳴謝群我。辛西淮三氏。於去十一日午後四時頃。邀集市內林英心。謝恒懋。高順記。莊淵泉。邱天賜。孫寶琳。柯福。曾朝英。邱老得。林英豪諸關係者在天后宮事務所內。開遶境會議。結果贊同依例舉事者佔多數。然須避高雄港勢展後。各擇來五月八日午前九時。舉媽祖祭典。翌九、十兩日遶境。豫定近日中。在東邀請市內各商團磋商燦行事宜云。	
1931	04／28	臺南大天后宮議舉祭典	臺南大天后宮鎮南天妃。其遶境前之例祭。擬來二十七日午後七時。假武廟內磋商一切。去二十五日廟董事陳鴻鳴氏。已來邀諸關係人云。	

時　間	日　期	新聞標題	報導內容	備　註
1931	04／28	臺南香客大減	臺南大天后宮。興濟宮。東岳殿三廟。例年自舊二月初起。皆有進香々客。南至東港。北至新營。至三月末日。常絡繹不絕。昨年後。爲景氣不佳。香客減□。入本年來益見寂寞。然三朝五校。最減退者。莫如天后宮。其原因蓋新營以北。畫歸北港。而屏東媽祖宮。亦於昨年莊塑一臺南媽。祀於其內高雄以南香客。遂被分去以是本年來。意外蕭條云。	
1931	05／06	臺南媽祖廟祭典八日から開始	【臺南電話】臺南□□□□は□の□中□□として□る□□□□びより□□□□□□□□□として執行することゝなつたがなほ□□午□□に九十の兩日□□はもとより□□□□□より□□□□□□□の□□□□□した□□□□□□□□□□□□□□よりの□出もかるべく□□に□□□□□はに□□□されている	
1931	05／07	臺南鎮南媽籌備繞境總商會极力活動	臺南市大天后宮鎮南天妃其祭典與遶境期。訂來八九十。三日間舉行。□□□此祭典□事。臺南總商會長許清江。副長蔡培庭二氏。亦極力活動。並□會□□。爲數三百餘名此回□於□□行。亦此□□。□□□□□□□□□□□□祭□町□□□□□□□□□□□□□□□□□□□□□	
1931	05／07	神駕や樂團藝閣百臺も參加臺南媽祖廟祭典の大行列は九、十兩日	臺南媽祖祭典□□の□く八日□祭九、十の兩日天后□のことゝなつているがなほ□□しに□しこのど□□□□日會を□丁□合を□つたがお□下□□□を□まる由□有關のものとし市內外の祀□より神□□五十臺の參加を乞ひなほ市內の□□□□□□□□はこの□□に□し□定となつたがまた□內□□□□店に□ては□方よりの□□□□□ため□□□□出等□□中□□□□□當日の□はひは今より□□□□□□□ろ	
1931	05／09	天妃遶境總商會蹶起企圖挽回商況	臺南大天后宮鎮南天妃。八日舉例祭。九、十兩日遶境。其事□□□前報本年爲不景氣。且又在高雄港展覽之後。人氣□□稍。以是臺南總商會。企爲挽回商況。	

時　間	日　期	新聞標題	報導內容	備　註
			期收成□□□起活動。力爲鼓舞。除□藝閣外。參加團體。且有臺南郵局共和團。□伊商團。┌郊商團。吳服商團。金物商團。內地商團。雜貨商團。金物商團。料理店組合團。旗舘團。貸□敷組合團。材木商團。□□團。飲食商團。及西羅殿東岳殿。普濟殿。大士殿。慈蔭亭。沙淘宮。良皇宮等云	
1931	05／10	臺南天后宮媽祖の大行列市內は嘗て見ぬ大雜沓	【臺南電話】臺南の天后宮媽祖大典は□□の即く九日中午臺町なる□□□に□□三十一□□□二十丁に□ら大□□は□□□□を先□に本町より嗣有□□を□り□つたが電日は□く臺北、新竹、□□方□より汽車で□ばれた□□□なの數は□しく臺南□の□□□した人□は一萬四□□人に□し此爲□年尚て見ない大□□□を□し市內□□□もかなりの□ひを見た□□である	
1931	08／10	果事實耶佛祖化討廟宇復變蛇旋轉廟庭	臺南大天后宮右四佛祖廳中祀觀音大士改隸後二年□□曹洞□僧侶□居。自是□踵□□是處□成曹僧侶有。大正五年。大天后宮鎭南媽祖香火盛□。董事石學文氏。屢次交涉□□。當時僧人均不允□□。人□□中曹洞寺宣佈□□於南□□儀堂□□。□□時。僧人□以□□。別借□□□清水某一日。□□□□□□后□□□□□日、□□□□□□□□□□□□□□□。□□□□□□□中。【□□陪□庭有盈□蛇□□□□□□。□□出□□□。台階際蛇□不見。□□□□。□□龜亡。□□□□□。□□□□□□□居□。	
1932	04／06	臺南大天后宮諸董事與北港朝天宮當事者議決媽祖懸案	臺南大天后宮諸董事。自曩年因眞假媽祖問題。與北港朝天宮各執事。發生意見後。感情疎隔。不相聞問者。十載於□。今回爾廟紳董。鑒於是案久懸不特者乘敬神觀念。且於兩廳生意。亦深受影響。故諸有志。乃出爲斡旋。務期重敦爲誼。以答神庥。事緣十數年前。當朝天宮建築時。經費浩繁。曾託臺南豪商石謨記。爲之勸捐。石氏乃與之約。謂將來廟成。北港媽須留一尊永爲臺南鎭座。於是石氏晝夜忙。計	

時　間	日　期	新聞標題	報導內容	備　註
			勸捐七萬於金。事後該廟執事。不踐前約。竟以該地□□□之□郊媽。僞充朝天宮媽祖來南進香□留祀□其後經人道破。臺南人士大憤。欲謂其以正身。渠等不肖。糾葛因是而生。幾經交易。終難解決。兩廟之交誼。等於冰炭。百數十年來相沿來南相之舉。亦遂中□。此次計議妥協動機。關係該地糖郊媽諸淚下。以已等所奉之神。久客不歸。勢□緘默乃向朝天宮當事者欲索還元所祀之神。以此久年懸案。又見重□。去三日臺南諸紳商。□於天后宮辦事處。磋商其事。眾說謂境神不分□境。彼此均可讓步。結局決議三數條件將與蘇顯蔡氏等安協。其決議案如下。一，依大天后宮還定日期。通知於北港廟事務所。印刷『臺南大天后宮進香』換條。漏貼神輿經過各鄉村。二、□香神輿。當將元有朝天宮二媽三媽。迎進入大天后宮爲信徒□詣之便。三、歸港之日。須將三媽寄祀入大天后宮。而二媽期前之□郊媽。得以迎歸□祀。四、曩年進香時。仍將二媽迎進入大天后宮。與寄祀之三媽合祀。以供信徒參拜翌日歸廟。二媽迎回。餘略	
1932	04／19	臺南鎮南天妃爲諸團體熱誠籌備燦行改延繞境期日	臺南大天后宮鎮南天妃。本年例祭。元定來二十二朝十時舉行。越二十三四兩日。繞行城廂內外。聞市內諸團體。準備許多故事。□臻熱鬧。以達到賑興市況爲目的。恐期間□□迫促。乃□□□二十□日。是日適逢天長節□□。仍照穩定時間致祭十日。及四月一日。兩日間慢行繞□。聞本年最踴躍者。□□市金銀商團。□□團□□□□□□□。□之□。仍然不滿。故□□全員出動。□□□會□。□□□□□。□□□□□。信仰媽祖。□□□□□。會□□□□□。若干燦行故事。次總商會。綿布商。□□商。鮮魚商。雜貨商。材木商。飲□商。料理商。□茱商。東西兩市。以及各町組合。各廟宇神□等。齊各□□出燦行。□屆期定有一□之熱鬧云。	

時　間	日　期	新聞標題	報導內容	備　註
1932	05／08	十四の神駕を迎へ藝閣長蛇の如く練步く臺南媽祖祭第一日	【臺南電話】既報の如く臺南の媽祖廟祭典行列は前日來各地方からの參拜者を集めて朝來久し振りの祭典氣分出したが媽祖廟神駕行列は七日正午大旆旗を先頭に天后宮を□し本町より諸定の順路を練廻つたが市內では西羅殿その他十四廟の神駕董に地方からの分を含し市內各商店團その□他の□□よりなる藝閣等五十臺は夫々特殊の裝ひをなして樂隊等の賑やかさを加へ、入延長約二十丁に互る大人員で炎天の街路を燦つた 沿道には多數の參拜者は堵をなして迎ふる賑やかさは特殊の氣分を示し 午後十時すぎ第一日の行列を終つたが市內各町別に獻燈を揭げ町內裝を行つて視意を表した	
1933	02／12	臺南大天宮花燈再行列	臺南市大天后宮。附近住民。及舖戶等。合舉舊元宵夜春燈陳列會。因出品者向前。頗舉成績。以是廟董石秀芳氏。再出提倡訂來十四夜七時起。再舉行列。以大天后宮爲集合地。然後出發繞行市內各町云。	
1933	02／17	臺南開山神社祭典十五夜大天后宮迎春燈士女沿途觀覽備極熱鬧	臺南縣社開山神社之祭典於去十四晚。先行宵祭。而本祭典則於十五朝九時起執行。今川知事。幣帛供進使。以宮尾林兩課長爲隨員。舉修祓醴。一同著席。啓扉。奏樂。供饌。社司進祝詞。幣物奉奠後乃由幣帛供進□。上奏祝詞。既竟。依官階奉玉出撤饌。退神閉扉。於是式告終。是日神社境內。陳列生花。榕樹盆栽。竝演劇。少年角力等。種々餘興。兼以天氣晴和。遊人紛至沓來。而臺南公會堂亦列園藝草花。以供眾覽又大天后宮。爲點綴春光入夜則倡迎春牛及春燈。繞遊街市。士女沿途堵觀極見熱鬧云。	
1933	03／09	臺南議祭媽祖	臺南大天后宮媽祖。每年均於□三月中。舉行祭典□遶境本年將屆其□。該廟董事等。爲磋商祭典事宜。定來十日下午四時。邀集市內各商團。於廟之□□處會議。聞本年亦將如前舉祭。惟市有識人士。以刻下國□□事。似不宜過□浮舉。虛糜□用之材云。	

時　間	日　期	新聞標題	報導內容	備　註
1933	03／19	大天后宮祭典及繞境期定	臺南大天后宮天上聖母。每年均於舊三月中舉祭。本年已屆其期。經由廟之董事。與諸官紳。商團磋商結果。已決定新曆四月七日祭典。八九兩日。迎神輿遶境云。	
1933	04／13	臺南／祭典延期	臺南市大天后宮鎮南天妃。年中行事之遶境。原訂來十四。五兩舉行。因董事辛西懷氏現□內地。視察各處□□狀況黃欣氏旅行滬上。陳鴻鳴氏最近忙於□察後援會。石秀芳氏。爲家務鞅□。故不能如期舉行。然黃氏雖屬期未定。辛氏即指日□旋。以是天后宮事務所。再爲□期。至來二十九三十兩日□。決爲繞行云。	
1933	04／15	臺南香客漸多	臺南市內東嶽□。大天后宮。興濟宮三□。香火之盛。素甲於市中各廟。數日來爲附近村落□作漸閒。村中男女每日來廟參詣者。頗爲絡繹。外如屏東。古亭庄等處□□□□□進香。益呈熱鬧云。	
1933	04／20	大天后宮遶境至十七日聲明燦行陣頭	臺南市大天后宮天妃。年例繞境。經決定來二十八日上午十一時祭典。二十九、三十兩日。舉行繞境燦行者至去十七日。聲明參加。有雜貨卸、小商二團。海產同一團。吳服同二團。及林木。皮原料。靴鞋、料理、金銀各商團。神輿參加行列者。即西羅殿。普濟殿。七星廟。上帝廟。頂下物太子宮。開山宮。大崗岩佛祖。佛祖廟。永華宮。大士殿。共善堂。廣安宮。外新街福德正神。臺南郵局團。家將團。外如元和宮五福大帝。原爲市中婦女最信仰者。因積年不出。聞此番有南報王寶成氏極力出爲幹□。董事許星樓。林英豪兩氏亦有承諾。又如總商會々長蔡培庭氏。謂此對商人。頗有直接影響。亦願率先提倡。以爲各團長之表率。亦極力慫恿會員一切。而蔡氏箇人亦願寄附藝閣兩臺云。	
1933	04／23	大天后宮祭典	【臺南電話】臺南大天后宮祭典は媽祖大祭二十八日午前十時森市尹祭典委員長の下に執行される	
1933	04／27	臺南媽祖祭二十八日盛大に	攝影寫眞	

時　間	日　期	新聞標題	報導內容	備　註
1933	04／27	臺南媽祖祭二十八日盛大	【臺南□話】臺南名物たる媽祖祭典たる媽祖大行列は既報の通り二十八日臺南大天后宮で祭典執行二十九、三十日の兩日に互つて正午から夜にかけ例年通り蜿蜒大行進が行はれる罟である	
1934	02／14	開山神社十五日祭典	臺南開山神社。本年例祭訂來十五朝九時起。於社內執行自十四日則行宵祭。祭典當日。有生花。榕樹會。演劇。電戲。舞踊。花卉展覽。以當餘興而臺南大天后宮。亦於是晚恭迎春牛。藉助豐年而慶王春。此外有安平九鯉化龍團。弄龍團等燦行云。	
1934	03／15	臺南大天后宮媽祖例祭	臺南大天后宮媽祖例祭。爲期不遠。該廟董事等爲磋商本年祭典與繞境諸事。折柬邀請市內各界人士。與各商團。於來十五日晚七時。於廟之辦事處會議云。	
1934	03／18	大天后宮例祭開磋商會決定	臺南市大天后宮媽祖例祭。及繞境磋商事。經如既報於去十五晚七時。由石董事等。招集三郊及各保正商團。協議進行事宜。因昨年爲寶町五福大帝參加遲於接洽。故此回豫定較早準備。結局決定來四月二十七日午前十一時。舉行祭典翌二十八、九兩日間繞境云。	
1934	04／24	臺南大天后宮祭典偕道路祭同時舉行訂來五月五六兩日間	臺南大天后宮鎮南天妃。本年例祭。及遶境事。元訂來二十七、八、九三日舉行。因得市當局之勸。與臺南新報社主催道路祭聯絡。乃改訂來五月四日午前十一時祭典。越五、六兩日。與道路祭竝行遶境經去二十三日。在天后宮事務所。開行事磋商會。小寺市社寺係長。云欲列席。鼓舞爲市內各廟宇。出爲參加。而道路祭。乃市內向所未有之行事。加以內臺人各商業團體之應援。決兩日間。必臻其熱鬧。以挽救市況。且欲計來觀者之便。對於輕便車自動車。及高雄。嘉義間官線鐵道亦擬交涉降價。而向被新豐。新化。曾文北門四郡下有數庄民所信仰之東岳廟天醫眞人。此回欲決定出境粲行。又現在陸續聲明參如者。有普濟殿。老古石。媽祖樓。西羅殿。金安宮。頂下大道。共善堂。七娘廟。牛磨後。元和宮各廟等云。	

時　間	日　期	新聞標題	報導內容	備　註
1934	05／06	臺南の媽祖祭市中は大賑ひ	【臺南電話】臺南媽祖大行列は既報の通り五日午前十一時大天后宮よ出發文字通り蜿蜒長蛇の如く各神輿、藝閣、幟旗其他とりぐの假裝は盈る所を知らず全市を廻つているが隨所に交通止を行ふ程の大賑はひを呈している	
1934	05／06	臺南鎮南媽四日祭典行三獻禮	臺南大天后宮鎮南媽祖祭典。如既報。去四日午前十一時。在該廟內執行。定刻一屆。爆竹聲喧。奏樂請神。先由川村內務部長代理知事上香畢。祭典委員長古澤市尹行初獻禮奏讀祭文。鹿沼。陳鴻鳴兩氏爲副委員長。行亞獻禮。終獻禮。古澤委員長飲福受胙。於是參列者相繼行香。撤饌。送神。望燎。至正午祭禮告終。移宴武廟。是日參列者鈴木法院長。高山警察署長。伊藤州教育課長。星野警察課長。各中等學校長。永野刑務所長。黃欣。及各界人士。極呈盛況云。	
1934	05／08	臺南大天后宮媽祖遶境熱鬧行列到處徒爲之塞	臺南大天后媽祖遶境。如所豫報。去五六兩日舉行。初日游行城內。次日則巡游城外。本年適逢南報。有道路祭之舉。故內臺人各商團。俱皆盛飾故事。詩意藝閣燦行。市內諸廟。亦均備神輿參加。而各種故事。除宋江陣、獅隊、馬隊、高蹺戲、採茶歌、太平樂外其匠心獨運花樣翻新者。則推金物商團之以其所販賣品。湊成之涼傘頭旗人形等。餘亦多含有廣告意義。五光十色。鬪巧爭奇。他如醫家。亦以其所理部門。給就燈籠。參加宣傳。兩日朝來雖有雨意。然皆至過午放晴。天氣清朗。巡游之處。堵列觀者。途爲之塞。而隣州高雄。並州下各郡人士蒞南者。爲數不知凡幾。旅寓住客均滿。市況大振。而第二晩。有臺南新報主倡之綵棚音頭游行。綵棚中載嬌小玲瓏少女。行各種音頭舞踊。到處圍觀尤眾。呈近年來稀有之熱鬧云。	
1934	05／17	屏東迎神各界準備湄洲媽十八日到	屏東市慈鳳宮天上聖母遶境。各地神佛鑾駕。參加燦行。新竹城隍。已由新竹團代表吳錦和。謝火爐兩氏。去十四日午後五時頃。奉送抵屏。而臺南鎮南媽祖。亦由	

時 間	日 期	新聞標題	報導內容	備 註
			臺南團代表莊玉霖。顏朝潭兩氏。奉送同時到著。僑駐屏新竹臺南兩團體。均備陣頭出迎。又鹿港湄洲媽祖。亦由臺中團代表施水清。許尙兩氏。去十四日。赴鹿港恭請。豫定十八日午後二時十二分到屏。至九曲堂驛。煙火一發。六塊厝驛一發。屏東驛著。煙火再一發。以便通知市民。安排香案迎接。聞此數日間華僑團。異常熱心。不分晝夜。練習陣頭。以備屆期。不落人後云。	
1935	02／14	臺南天后宮舊元宵春燈	臺南市臺町大天后宮。自昨年舊曆新正。由市內各町有志。任意出品春燈。懸吊宮前。一作競技。一作元宵仕女一般之消遣處。故一時燈光數百盞。推陳出新。都是未曾見過當時竝豫定繞行市上。藉以鼓舞翌年之出競技。因開山神社例祭較早。故改而就之。是以自年來。有迓春牛之舉。今回又屆期出品者爭先恐後。廟董石秀氏擬於來十五日即舊正月十二日。當社例祭盛況中。入夜豫較熱鬧於昨年故出頭勸誘。對此有聲明寄附作陣頭費用者。三郊組合七十圓。辛西淮。石秀芳。邱天賜諸氏各十圓其他五圓。以下不下數十名。蓋欲使晝熱鬧。想屆期必有一觀之價値云。	
1935	03／16	臺南／老同樂軒	新竹老同樂軒素人劇團員。一行六十餘名。訂來十七日。由代表陳福全氏引牽。到臺南大天后宮參詣祀典天上聖母。竝豫定同夜在該宮前演素人劇。	
1935	04／25	臺南市大天后宮董事	臺南市大天后宮董事。爲媽祖例祭及繞境。官民協同鼓舞事。訂本二十五日午後四時。招請州市當路。及市內紳商等於媽□宮市務所。開催磋商會云。	
1935	04／27	臺南天后宮磋商例祭	臺南大天后宮媽祖例祭。繞境事磋商會。經如既報於去二十五日午後四時。開於大天后宮事務所。列席者有市尹代理平良助役小寺有會事業書記。及南驛長。其他督察商業團體□關係各官民。計四十多名□。□□時。由陳鴻鳴石秀芳兩氏先後起述今回媽祖繞境期日決定。不幸前起數日。中部突遭地震大變。誠屬遺憾。然易地而觀。我南部可謂幸□天眷。雖對今回	

時　間	日　期	新聞標題	報導內容	備　註
			震災躍出義捐甚多。而市民一般。自以得此幸福。安然無事。□彼□此。喜悅之餘。皆欲比之□年加爲□發。求諸官商當局協力援助。就其所能勸誘者。爲市內五市場商人。及旅館業。料理業等。煩爲□□勸其加入云云等。□小寺市。去二十六日。興南報外交員王寶成氏同出。就市內各廟宇董事。勸誘其加入云。	
1935	04／27	臺南鎮南媽籌備繞境	臺南大天后宮鎮南媽祖。本年例際。已定來舊四月一日。於廟執行。而二三兩日。則舁神輿繞境。本年遲々不行者。關係吳服與雜貨諸商團。以現□不寒不暑之際。如遇早遊行繞境。誠恐影響市況。倘接近□季。夏貨可望暢銷。策劃下對於燦行故事極力籌備。務期絡鬧。藉以招徠外客云。	
1935	05／05	臺南大天后宮舉行祭典	臺南大天后宮媽祖祭典。去三日。如所豫訂以午前十一時舉行。定刻到。參列員約百五十名以上。先爆竹合圖開式。療毛血。迎神。主祭市尹代理平良助役行上香禮。宮本一學氏祭典委員長行初獻禮。祝祭文。陳鴻鳴氏行亞獻禮。主祭行終獻禮。於是一同拈香。飲福受胙。撤饌。送神。望燎。禮畢時正午十二勾鐘。而四、五兩日遶境。本期乃得官民協同鼓舞。頗舉贊同。兩日間豫定出陣者計四十四團體云。	
1936	04／12	臺南／大天后宮	臺南大天后宮天上聖母。本年例祭。因逢潤月。遲於舉行。茲以決定新曆五月八日舉行祭典。九、十兩日遶境。現由廟之關係者。竝各商業團體。極力籌備。務期熱鬧備勝往年。而日來島內各地之來進香者。相屬於途。如去八日新竹同文軒一行。多至五百六十八名。而十一日高雄州旗山郡古亭坑七十二庄聯合進香團。亦達七百餘名。市況爲之一振。	
1936	05／06	臺南大天后宮八日例祭	臺南大天宮媽祖例祭。定來八朝十一時。在該廟舉行。九十兩日。即舁神輿繞境。本年祭典較遲者。實爲振興市況計。將盛大舉行。市內各舖戶。商團竝市青年團之	

時　間	日　期	新聞標題	報導內容	備　註
			音樂團。潮州團。與各境廟。均欲參加。現在籌備之中。諸商舖且將乘此機。出而宣傳廣告。故本年熱鬧。當必倍勝於前云。	
1936	05／10	臺南大天后宮鎭南媽祭	臺南大天后宮鎭南媽祭典如既報。於八日午前十一時。以古澤市尹祭典委員長。陳鴻鳴氏爲副。在該廟舉行。獻禮後。古澤市尹朗讀祭文。與祭者行香。終獻禮。望燎畢。乃於廟之事務室。開祝宴。是朝參列者。山田刑務所長。渡邊一中校長。橫山市助役。民間黃欣。鹿沼諸氏。竝州市議員。又繞境則於九十兩日間行之。本年各境廟宇神輿。及詩意閣。音樂參加者。俱皆推陳出新。商業團體。與舖戶參加者亦多。隣郡來觀之衆。途爲之塞。先期則見絡繹。市況一振云。